Ciropédia

F✹SF✹R✹

XENOFONTE

Ciropédia

tradução e introdução
LUCIA SANO

7 INTRODUÇÃO
A variedade de pareceres da *Ciropédia*
Lucia Sano

35 NOTA À EDIÇÃO E TRADUÇÃO DO ORIGINAL GREGO

37 Livro I
89 Livro II
123 Livro III
160 Livro IV
199 Livro V
248 Livro VI
282 Livro VII
325 Livro VIII

389 NOTAS DA INTRODUÇÃO
393 LEITURAS ADICIONAIS

INTRODUÇÃO

A variedade de pareceres da *Ciropédia*

Em crônica publicada em 1º de janeiro de 1894 na *Gazeta de Notícias*, Machado de Assis pondera a instabilidade política global do século que se encerrava. O autor reflete principalmente sobre o ano de 1893, em que eclodiu no Brasil a Revolução Federalista, guerra civil que veio a se tornar o pior conflito dos primeiros anos da República. É nesse contexto, após dizer que "a guerra é má em si mesma, mas a guerra pode ser boa, se comparada ao anarquismo", que Machado faz menção ao célebre início da *Ciropédia*, obra escrita por Xenofonte de Atenas em cerca de 360 a.c. O mote da guerra que, sendo má, "pode ser boa" é relacionado por Machado ao tom paradoxal do autor grego ao começar sua *Ciropédia*, quando faz uma reflexão sobre a instabilidade de qualquer regime político. Xenofonte observa que democracias, monarquias, oligarquias e tiranias foram todas elas, igualmente, destituídas pelo povo ao longo da história. Assim, ao comparar, na sequência, os homens a animais que obedecem a seus pastores, conclui que nenhum outro animal é, por natureza, mais difícil de governar do que o homem — fato que faria de Ciro da Pérsia, o Grande (c. 590--530 a.C.), que conquistou e governou o maior império então visto, um líder excepcional, capaz de manter seu posto até o fim da vida:

Quando, porém, refletimos que existiu Ciro, o Persa, o qual se assenhorou de um vasto número de homens que lhe eram obedientes, de um vasto número de cidades e de um vasto número de povos, fomos forçados, a partir desse fato, a repensar e a considerar que não é feito nem impossível nem difícil governar os homens, caso alguém o faça com conhecimento.

Xenofonte, então, sugere que aprender sobre a vida de Ciro e a criação de seu império pode ajudar a entender o que é necessário para superar o problema da instabilidade política. A sua tese é a de que Ciro se distinguiu no governo dos homens por uma junção de três fatores: nascimento — pois era um homem de ascendência divina —, natureza e, sobretudo, educação. Assim, no Livro I, o autor representa a infância e a juventude do seu herói, período fundamental em que ele aprende muito daquilo que justificaria seu sucesso, narrado nos livros subsequentes. Neles, são relatadas as conquistas que vêm a formar o império persa, em especial o domínio da Lídia e do reinado assírio e o estabelecimento da sede imperial na Babilônia, num processo que nos permite conhecer o caráter de Ciro e as estratégias que adotou em seus discursos e ações. A obra se encerra, no Livro VIII, com o relato da morte do persa, já idoso, e a descrição de como seu império entra em decadência, com a disputa do trono entre seus dois filhos.

Machado aponta que a universalidade do que diz Xenofonte na passagem citada é resultado de relativismo e de contradição nas ideias apresentadas pelo autor grego e que suas declarações acerca da dificuldade de governar os homens seriam tanto ambíguas quanto vantajosas, porque podem ser interpretadas do jeito que mais agradar ao leitor. Diz o autor brasileiro:

> Não consultemos Xenofonte, que, ao ver as trocas de governo nas repúblicas, monarquias e oligarquias, concluía que o homem era o

animal mais difícil de reger, mas, ao mesmo tempo, mirando o seu herói e a numerosa gente que lhe obedecia, concluía que o animal de mais fácil governo era o homem. Se já por essa noite dos tempos fosse conhecido o anarquismo, é provável que a opinião do historiador fosse esta: que, embora péssimo, era um governo ótimo. A variedade dos pareceres, a sua própria contradição, tem a vantagem de chamar leitores, visto que a maior parte deles só lê os livros da sua opinião. É assim que eu explico a universalidade de Xenofonte.

Ainda que se pondere aqui a ironia machadiana, a obra de Xenofonte se presta, de fato, a leituras variadas e frequentemente contraditórias. Trata-se, como veremos, não de demérito, mas antes de uma qualidade do autor, que prova sua vitalidade como *clássico* em sentido mais amplo ao provocar ainda hoje leituras múltiplas, consequência também de um estilo de escrita que, pelas raras intervenções do narrador, convida o leitor a se engajar na interpretação do texto, em vez de lhe apresentar respostas prontas.

Além disso, embora a *Ciropédia* trate da constituição de um império regido por um único, ainda que excepcional, homem no século 6 a.C., é notável que a obra de Xenofonte seja relevante ainda hoje pelo tratamento dado ao tema da boa liderança. Vivienne Gray[1] observa que o texto é uma leitura de interesse até mesmo para democratas modernos, uma vez que Xenofonte reconhece questões problemáticas na administração política e oferece soluções para elas. Alguns desses recursos até mesmo poderiam ser usados para lidar com colegas de trabalho e no convívio com familiares e amigos, uma vez que a ideia de liderança proposta pelo autor grego é baseada no consenso e na busca do bem coletivo. Que a *Ciropédia* possa hoje oferecer conhecimento útil para quem deseja ser um líder não tem, aliás, passado despercebido; um exemplo é a revista *Forbes*, em cujas páginas foi publicado um texto em 2012 no qual a *Ciropédia* é chamada de "a maior obra sobre administração e liderança" já escrita, uma declaração que foi acompanhada de nove conselhos atemporais retirados de Xenofonte, úteis para os businessmen.

A bem da verdade, por algum tempo o autor grego e, em especial, a obra que agora apresentamos não foram considerados dignos de muita atenção — por certo período se julgou que Xenofonte seria um escritor menor, longe do brilhantismo de alguns de seus contemporâneos, e a *Ciropédia*, um texto demasiadamente edificante, carente de profundidade, até mesmo enfadonho, em razão das sucessivas vitórias e das boas decisões de Ciro, que vive, como líder, uma trajetória impecável até o fim da vida. Embora a escrita de Xenofonte tenha sido bastante apreciada na Antiguidade e no Renascimento, no final do século 19 e em boa parte do século 20, os estudantes de grego a liam interessados menos no que ela informava e mais no estilo do autor, cujas simplicidade e graça foram admiradas ao longo do tempo como um dos grandes exemplos da prosa ateniense do período clássico. Isso não impedia, porém, que ele fosse visto também como "um filósofo melhor do que Tucídides, um historiador melhor do que Platão".[2] No início do processo recente que tem levado à maior compreensão das sutilezas da obra de Xenofonte, aliás, não raro as publicações começavam em tom apologético,[3] parecendo haver uma obrigatoriedade inicial dos pesquisadores em lidar de algum modo com o problema da falta de prestígio do autor grego.

Nas últimas duas décadas, porém, foram publicados trabalhos críticos que trazem uma série de conclusões fundamentalmente antagônicas acerca de como se deve ler Xenofonte e, nessa reavaliação do autor como filósofo, historiador e teórico político, a *Ciropédia* tem recebido crescente atenção. Percebe-se atualmente o quanto Xenofonte foi um autor prolífico e inventivo, e o que conhecemos de sua biografia expõe um gênio inquieto. De fato, sua própria vida "renderia um livro". Ele nasceu em Atenas, filho de uma família aristocrática, por volta do ano 430 a.c., e sua relação com Sócrates, pela qual costuma ser mais conhecido, data de fins do século 5 a.c. Assim como Platão, ele escreveu obras chamadas socráticas, em que o filósofo figura como personagem central (*Memoráveis*; *Econômico*; *O Banquete*; e *Apologia de Sócrates*). Entre os anos 401 e 399 a.c., empregou-se como soldado na Ásia Menor, atuando no chamado grupo dos Dez Mil, composto na maior parte de gregos mercenários, numa campanha iniciada por outro persa também chamado Ciro, conhecido como "o Jovem" e que tinha a intenção de destituir seu irmão, Artaxerxes II, do trono da Pérsia. O exército dos Dez Mil participou da batalha de Cunaxa, na qual Ciro foi morto. Xenofonte e seus companheiros se viram então derrotados, longe do mar e em território hostil. Sua difícil retirada da Anatólia no comando do grupo é narrada na obra *Anábase*. Foi nesse momento que o autor se aproximou dos espartanos e depois veio a conhecer o rei Agesilau II, sobre quem escreveu um texto laudatório homônimo.

Ao lado do rei e de outros veteranos do grupo dos Dez Mil, Xenofonte teria possivelmente lutado contra a sua Atenas natal na batalha de Coroneia, no verão de 394 a.c., durante a Guerra de Corinto. Embora pouco se saiba com certeza sobre a vida do autor, muitos especularam que não é de estranhar que, após a batalha de Coroneia, Xenofonte tenha sido exilado de Atenas, uma vez que havia se tornado um amigo dos espartanos e fora discípulo de Sócrates (cuja condenação à morte data de 399 a.c.), além de ter participado da expedição ao lado dos persas — mas o fato é que não conhecemos os motivos alegados para seu exílio, que deve ter sido decretado por volta de 394-393 a.c. Nessa época, ele teria recebido dos espartanos uma propriedade perto de Olímpia, que seria forçado a abandonar tempos depois, em 371 a.c., quando a cidade de Elis conquistou a região após a batalha de Leuctra.

É possível que Xenofonte tenha então voltado a Atenas, onde talvez tenha escrito a *Ciropédia*, por volta do ano 360 a.c.,[4] embora Diógenes Laércio declare que ele teria passado a viver em Corinto. Ele ainda narrou os eventos na Grécia que datam de 411 a 362 a.c. na obra *Helênicas*, em que dava continuidade ao que fizera Tucídides em sua *História da Guerra do Peloponeso*, produziu um diálogo filosófico intitulado *Hieron* e também escreveu tratados que versam sobre cavalaria, caça e guerra. Seu interesse por Esparta e a suposta predileção por governos oligárquicos podem ser ainda notados na obra *A constituição dos Espartanos*. A visão de Xenofonte como um oligarca convicto, porém, também começou a ser questionada nos últimos anos, com o entendimento de que sua obra em diversos momentos demonstra simpatia por posturas democráticas. O Sócrates xenofontiano, por exemplo, que incorporaria a visão política do próprio autor, poderia ser visto como um democrata em sentido amplo pelo seu interesse primordial em cooperar com a pólis, mesmo que essa postura fosse assumida não sem ressalvas e crítica às práticas e à organização do sistema político ateniense.[5] A representação que o autor faz da democracia restaurada em Atenas após o golpe dos Trinta Tiranos nas *Helênicas* é, além disso, bastante positiva.

Assim, a versatilidade de Xenofonte pode ser observada tanto no número de gêneros literários que praticou e nas questões que abordou, quanto na maneira de tratar essas formas e temas, expandindo seus limites. Em razão dos experimentos com a escrita praticados na *Ciropédia*, por exemplo, em que vemos questões políticas apresentadas na forma de narrativa biográfica, é difícil de determinar o gênero literário da obra; biografia, tratado político, romance histórico ou romance de formação *avant la lettre* são algumas das classificações possíveis. O texto, além disso, é considerado o principal antecedente do que se convencionou chamar de "espelho de príncipes", cujo representante maior é

O príncipe, de Maquiavel, autor que reconhecia em Xenofonte uma influência. A *Ciropédia* é por ele mencionada na sua mais famosa obra, no capítulo XIV, quando se aconselha a leitura de obras historiográficas para "refletir sobre as ações de homens excelentes", como fizera Cipião: "quem ler a vida de Ciro, escrita por Xenofonte, reconhecerá depois, na vida de Cipião, quanto este deveu de sua glória àquela imitação e em quanto, em sua castidade, afabilidade, humanidade, liberalidade, Cipião se conformava ao que Xenofonte escrevera sobre Ciro".[6]

É interessante a escolha de um autor grego por retratar Ciro, o Grande, como figura histórica e líder ideal. Tal opção deve ser vista à luz da complexa relação entre gregos e persas no momento em que Xenofonte escreve. Mais de cem anos antes, as Guerras Greco-Persas haviam culminado na invasão da Grécia continental pelo rei Xerxes e seu exército em 480-479 a.C. e ajudado a reunir a comunidade helênica em torno de um objetivo comum: a derrota do invasor e a manutenção da liberdade dos gregos. É nesse momento que a percepção do "bárbaro" persa como um oposto genérico, moralmente inferior, fraco e efeminado torna-se relevante para a constituição de uma identidade grega; diferentemente deles, os persas estariam sujeitos a vontades e caprichos de um governante autocrata — estereótipos contestados por Xenofonte na *Ciropédia*.

Os conflitos com os persas tiveram ainda influência decisiva no cenário político grego nas décadas subsequentes à campanha de Xerxes, com Atenas se valendo tanto do prestígio advindo de seu protagonismo na expulsão dos persas quanto de sua poderosa armada para ascender a uma posição hegemônica em boa parte do mundo grego. A política imperialista da cidade a levou a uma série de conflitos indiretos e diretos com Esparta, no que ficou conhecido como Guerra do Peloponeso (431-404 a.C.), vencida por esta com apoio da Pérsia. É pouco depois da derrota ateniense nessa guerra que o próprio Xenofonte se junta ao grupo de soldados mercenários contratados por Ciro, o Jovem, em sua tentativa de destronar o irmão do governo do império persa. As hostilidades entre cidades gregas, porém, não cessaram com a vitória de Esparta, e essa desunião consolidada concedeu aos persas um papel fundamental na política grega também pela maior parte do século 4 a.C. Por meio de ajuda militar e de recursos financeiros, eles intervinham ora de um lado, ora de outro.

É certo, porém, que o público grego estava já familiarizado com narrativas sobre a vida de Ciro, a julgar por *Histórias*, de Heródoto (escrita na segunda metade do século 5 a.C.),[7] pelo que sabemos sobre a obra perdida *Pérsica*, de Ctésias de Cnido, historiador do final do século 5 a.C., e sobre *Ciro*, texto também perdido de Antístenes, filósofo contemporâneo de Xenofonte. A impressão geral sobre o rei persa era provavelmente positiva, se considerarmos que na tragédia *Os Persas*, de Ésquilo, encenada em 472 a.C., o imperador é descrito como um homem que conquistou para si o favor divino e cujo governo trouxe paz aos amigos. Também se deve considerar, contudo, a influência da história oral persa na criação da *Ciropédia*. Ainda que os estudiosos da literatura grega com mais frequência entendam o livro como um texto de ficção ou um tratado político em forma narrativa, ele é usado por especialistas na história da Pérsia como fonte de informações sobre a época que descreve.[8]

Escrevendo dois séculos depois das conquistas de Ciro, Xenofonte não pretendia apresentar a educação e os feitos do persa com o que hoje entendemos por acuidade histórica. Deve-se ponderar, no entanto, que as expectativas do público grego do século 4 a.C. acerca de um texto historiográfico eram bastante diferentes das nossas. O tratamento que Xenofonte dá à narrativa, talvez mais próximo do que entendemos como romance, não chega a ser motivo para desconsiderar aquilo que a aproxima da historiografia — e aqui aponto sobretudo a seleção dos temas tratados na obra e as formas de intervenção do narrador.[9] Variações na biografia de Ciro também eram muitas: Heródoto chega a afirmar que pretende relatar como os persas se tornaram os senhores da Ásia conforme o que diziam autoridades persas que não procuram engrandecer os feitos de Ciro, contando somente a verdade, e que ele próprio conhece três outras versões acerca da ascensão do imperador.

Tanto Heródoto quanto Xenofonte registram que Ciro é filho do rei persa e de Mandane, filha de Astíages, rei da Média, então um reinado muito mais poderoso que o dos persas. Entretanto, as diferenças entre os dois relatos são grandes. À guisa de exemplo, em Heródoto, dois sonhos de Astíages são interpretados como presságios de que seu neto o destituiria do trono um dia. Por esse motivo, o rei primeiro concede a filha em casamento a um persa, acreditando que isso diminuiria as chances de ela vir a gerar uma criança capaz de destroná-lo, mas, posteriormente, em razão do segundo sonho, ordena que Mandane, já grávida, retorne à Média e que seu neto seja morto. Ciro deveria ser assassinado logo após o seu nascimento por Hárpago, um dos homens mais leais a Astíages, mas ele não tem coragem de realizar um ato tão vil e encarrega um pastor de abandonar a criança à morte; o pastor, porém, decide salvar o menino. Astíages descobre o neto vivo dez anos mais tarde e se vinga de Hárpago servindo-lhe um banquete feito com as carnes do próprio filho. Ciro, por sua vez, é então enviado à Pérsia, por se entender que ele teria já cumprido a profecia de se tornar rei numa brincadeira de crianças.

Muito diferente é o relato de Xenofonte, que descreve como Ciro, um menino amoroso, teve uma infância feliz ao lado do avô na corte meda, onde recebeu muitos mimos e onde teria aprendido a arte da cavalaria, que depois almejaria ensinar a todos os persas. Já adulto e vitorioso em campanha contra os assírios, herdaria o trono medo do seu tio Ciaxares (personagem que não é mencionado por nenhuma outra fonte, sendo provavelmente uma invenção de Xenofonte), que não tivera filhos homens legítimos. Na versão registrada por Heródoto e outros (entre os quais, o próprio Xenofonte na *Anábase*), Ciro teria na verdade comandado os persas em uma revolta contra o domínio de seu avô Astíages. Apenas depois de criar o reinado medo-persa, teria investido contra o rico reinado lídio, tornando Creso seu súdito, e tomado a Babilônia. A campanha contra o rei assírio relatada por Xenofonte na *Ciropédia* também está, aliás, em desacordo com as fontes: o bisavô de Ciro ainda reinava na Média quando o império assírio foi subjugado, com exceção da cidade de Babilônia, tomada mais tarde por Ciro graças ao brilhante estratagema do desvio do rio Eufrates, que, embora descrito de formas distintas, está presente tanto no relato de Xenofonte como no de Heródoto.

Também não há registro em outros autores da primeira investida de Ciro no comando de um exército, na Armênia, quando ele impede uma revolta contra o poderio medo, episódio narrado nos livros II e III da *Ciropédia*. Esse é o momento em que Xenofonte dá a seus leitores a primeira grande demonstração da inteligência de seu herói como líder militar e político, ao fazer com que homens derrotados pensem estar sendo beneficiados por ele, que assim obtém lealdade e gratidão dos armênios. Além disso, embora Xenofonte liste ainda no prólogo da obra dezoito outros povos que teriam sido dominados por Ciro, ela carece de exatidão: é seu filho quem subjuga o Egito; Chipre só cairia em domínio persa sob o reinado de Dario (c. 550-486 a.C.); e a Índia jamais seria conquistada pela Pérsia.

Ainda na Antiguidade, Aulo Gélio (c. 125-180 a.C.) em *Noites Áticas* declara que alguns consideravam a *Ciropédia* uma resposta à *República* de Platão, opinião compartilhada por certos estudiosos modernos.[10] Se em sua obra Platão apresentou aquilo que constituiria seu Estado ideal, Xenofonte também teria exposto o que entendia como o governo mais justo. Ele teria criado personagens importantes que não existiram e fatos que jamais aconteceram, escolhendo a narrativa ficcional para propagar um ideal utópico de governo por ela ser um recurso superior e eficaz para apresentar de forma simples conceitos políticos complexos e para expor diferentes pontos de vista por meio de diálogos. Nesse sentido, a obra adotaria método semelhante ao do diálogo socrático, que servia à introdução e à análise de grandes questões humanas, sendo Sócrates apresentado como um modelo de vida filosófica.

Por outro lado, não só a forma como Xenofonte representa a vida de Ciro antecipa a junção de prosa, ficção e ambientação histórica que veríamos nos primeiros exemplares do chamado romance grego antigo, como também o tom idealizado da caracterização do protagonista levou a obra a se tornar um dos modelos a serem imitados por romancistas gregos, quando da invenção do gênero, possivelmente no século 1 d.C.[11] Na *Ciropédia*, como nos romances que viriam a ser escritos quatro séculos mais tarde, elementos históricos parecem constituir um pano de fundo contra o qual o narrador inscreve a história da vida de personagens idealizados. O que distancia Xenofonte dos romancistas é a centralidade dos propósitos didáticos da obra. Nesse sentido, cada personagem criado por ele é uma peça no cenário maior da ascensão do império de Ciro e representa um problema a ser enfrentado e resolvido por esse líder excepcional.

Na célebre história do amor infeliz de Panteia e Abradatas, por exemplo, na qual mais claramente observamos elementos que seriam retomados pelos romancistas gregos, o aspecto moralizante e político da narrativa restringe a temática erótica do episódio e faz com que ele se torne não apenas uma lição sobre os perigos de sucumbir ao amor, mas também uma demonstração da exemplaridade do caráter de Ciro. Araspas, um dos companheiros mais próximos de Ciro, faz uma descrição vivaz do seu primeiro encontro com Panteia, quando ela é feita prisioneira dos persas, e aconselha Ciro a visitá-la. A força retórica com que Araspas narra a experiência de ver Panteia, porém, afasta Ciro, que se recusa a encontrá-la, temendo os efeitos de Eros sobre si. Fica claro pela conversa que, embora tenha vontade de vê-la, Ciro tem controle sobre seus desejos, virtude que os gregos chamavam de *sophrosyne* e que os persas eram ensinados a praticar desde a infância. Araspas, por sua vez, mesmo se julgando imune à beleza da mulher e acreditando ser o amor uma questão voluntária, mais adiante se mostrará dominado pelo desejo e capaz até mesmo de ameaçar violentar Panteia. A situação de Araspas sugere que a mulher mais bela da Ásia, uma cativa de guerra, teria o poder de desestabilizar com sua beleza o caminho de Ciro rumo à construção de seu grandioso império. Por outro lado, logo se esclarece que ela poderia também lhe trazer novas alianças políticas — e, como sempre acontece, o futuro imperador toma nesse momento a melhor das decisões. Abradatas, rei de Susa e marido de Panteia, personagem provavelmente também fictício, torna-se na sequência um devoto aliado do persa, em razão do tratamento nobre que este fora capaz de dispensar a sua esposa, e morrerá lutando pela afirmação do poder de Ciro.

Além da moderação (*sophrosyne*) e do autocontrole (*enkrateia*), ambos relacionados ao domínio dos apetites e das emoções, as virtudes mais enfatizadas por Xenofonte na composição do caráter de Ciro são a piedade (*eusebeia*), a justiça (*dikaiosyne*) e a generosidade (*philanthropia*). Antes de entrar em campanha ao lado de seu tio Ciaxares, Ciro tem uma longa conversa com o pai, Cambises, enquanto os dois cavalgam lado a lado até a fronteira da Pérsia. Um dos principais conselhos que o pai lhe dá é louvar e respeitar o desejo dos deuses, que Ciro seria capaz de reconhecer, uma vez que seu pai havia lhe ensinado a arte da divinação. Recorrentemente, ao longo da *Ciropédia*, vemos Ciro oferecer sacrifícios antes de cada nova batalha e aguardar um sinal favorável; ele os oferece também depois de cada vitória e ordena sempre que a primeira parte do butim seja separada para os deuses.

O período da infância que ele passa entre os persas garante também seu aprendizado do que é justiça. Xenofonte afirma que as escolas persas tinham como principal objetivo ensinar essa questão específica aos seus alunos, em oposição às escolas atenienses, que, segundo o autor, as crianças gregas diziam frequentar com o objetivo de aprender a ler e a escrever. Ao longo de toda a campanha do exército até a instalação definitiva da corte na Babilônia, podemos observar que uma preocupação fundamental de Ciro é agir com justiça e que ele tem sempre a expectativa de que seus aliados agirão da mesma forma. Ciro é, além disso, chamado diversas vezes de "benfeitor", sobretudo em circunstâncias em que garante ganho material para os homens a sua volta. Já se apontou, contudo, que suas benesses parecem questionáveis e que nunca são dadas por razões altruísticas, como discutiremos a seguir.

AS POLÊMICAS EM TORNO DA *CIROPÉDIA*

A possibilidade de que ocultos sob o estilo simples e o tom laudatório da *Ciropédia* existam sentidos outros a serem decifrados tem sido sugerida nas últimas décadas a partir das aparentes contradições do texto. Além daquela apontada por Machado de Assis na passagem discutida, outra se apresenta ainda no prólogo da *Ciropédia*, antecipando a complexidade que será empregada no tratamento do personagem de Ciro: Xenofonte afirma que os súditos dele teriam lhe obedecido voluntariamente, mas acrescenta logo a seguir que o imperador fora capaz de inspirar medo em toda a extensão territorial sob seu domínio, assim impossibilitando revoltas.

Nos últimos anos, a "universalidade de Xenofonte" e do seu Ciro foi se revelando por meio de uma série de questões polêmicas: o que temos é um retrato edificante de um líder ideal, generoso e moralmente exemplar ou Ciro é representado, desde a infância, como um governante "maquiavélico", que subverte leis em seu próprio interesse? Essa última postura é apresentada de forma negativa ou podemos entender que ela vem coordenada com o objetivo de fazer o bem para um maior número de pessoas? O que pensar a respeito do controverso final da obra, que descreve a decadência moral da Pérsia logo depois da morte de Ciro e a disputa pelo poder entre seus dois filhos? Esse epílogo confirmaria a excepcionalidade de Ciro ou, ao contrário, apontaria o imperador como responsável em parte pelo que ocorreu após a sua morte, o que demonstraria a fragilidade das instituições por ele fundadas? Os antigos encontravam na obra, afinal, meros conselhos úteis de liderança, um manual que orientava os gregos a conquistar um império, uma utopia política ficcional ou uma crítica velada ao governo de Esparta, já que a constituição persa faz lembrar a da famosa cidade grega?

Essas indagações demonstram que hoje enxergamos na obra de Xenofonte dificuldades que muitos num passado recente não percebiam. Desejo aqui apresentar brevemente tais questões não para guiar o leitor pela via da interpretação "correta" de cada uma delas, mas para introduzi-lo nos problemas que podem ser observados na história, aparentemente simples, de como um persa conquistou e manteve uma grande parte do mundo sob seu domínio.

COMO LER A *CIROPÉDIA*: A QUESTÃO DA IRONIA

Na segunda metade do século 20, era comum classificar as leituras das obras de Xenofonte entre irônicas e não irônicas. Isso decorreu sobretudo dos estudos de Leo Strauss,[12] para quem o estilo de Xenofonte e a sua clareza teriam levado os críticos a considerá-lo um pensador menor. Ao compararem os diálogos socráticos de Xenofonte e Platão, alguns críticos julgaram o primeiro um autor simplório, ao passo que Strauss percebeu nele uma ironia socrática característica que o tornaria um mestre da dissimulação. A ironia sutil de Xenofonte, no entanto, seria algo a ser descoberto nas entrelinhas, por meio de um trabalho de interpretação absolutamente necessário para decodificar os seus textos. Em linhas muito gerais, Strauss baseia sua visão no que chama de "contradição estrutural" dos escritos do autor grego: a parte mais longa de um texto apontaria em dada direção, que entraria em contradição com uma seção menor e mais importante para o seu correto entendimento. No caso da *Ciropédia*, essa contradição se apresentaria no último capítulo do texto; após percorrermos toda uma narrativa que glorifica os feitos de Ciro, o final da obra apresenta a disputa de poder entre seus filhos e a decadência moral dos persas, o que nos obrigaria a reconsiderar toda a narrativa precedente.

A dissimulação seria necessária em razão do que Strauss entende ser um conflito insolúvel entre a filosofia e a pólis. Uma vez que a filosofia questiona crenças fundamentais da sociedade, o filósofo teria necessidade de apresentar suas ideias verdadeiras não a um público amplo, mas apenas àqueles capazes de decodificar seu discurso.[13] Para Strauss e seus seguidores, Xenofonte "é um dramaturgo que, pela cuidadosa justaposição de palavras e feitos de vários personagens, leva os leitores a verem abaixo da superfície, treinando-os a tirarem suas próprias conclusões".[14] Um dos argumentos a favor de tal dissimulação vem do fato de que o autor teria vivido muitos anos no exílio e, se de fato ele retornou a Atenas, teria motivos para ser prudente.[15] Outro argumento é baseado no suposto receio que Xenofonte teria dos espartanos. Isso porque o retrato idealizado da república persa, que se transforma em império e, ao fim da narrativa, entra em decadência, teria semelhanças com o governo de Esparta.[16]

Mais recentemente se elaborou a hipótese de que nossa atual antipatia pela monárquica Esparta (por oposição à democrática Atenas) leva os leitores modernos a questionar quão simpático Xenofonte poderia, de fato, ter sido àquela que era rival da sua cidade de nascimento. Dessa forma, ler ironicamente a *Ciropédia* significaria ver de forma negativa uma associação entre persas e espartanos que estaria presente na obra de forma sutil.[17] Vivienne Gray,[18] por sua vez, uma das principais especialistas da obra de Xenofonte e uma das responsáveis por tornar a interpretação straussiana hoje pouco prestigiada, observa que a tendência de fazer uma leitura irônica da *Ciropédia* está relacionada apenas ao gosto moderno pela ironia e ao nosso ceticismo com relação ao tipo de liderança admirado e exaltado pelo autor.

Atualmente, a maior parte dos críticos entende que, embora Xenofonte apresente Ciro de forma de fato positiva, ele não o idealiza totalmente nem aprova sem restrições o seu comportamento. Não se pode negar que, em uma leitura mais atenta, a impressão de um retrato completamente edificante de Ciro é desfeita e uma faceta ambígua do monarca é relevada, sobretudo na seção que narra o período seguinte à conquista da Babilônia. Os seus modos passam a se parecer cada vez mais com os do avô medo, Astíages, cuja aparência física um dia causara estranhamento ao pequeno Ciro recém-saído da austera corte persa. Isso pode ser exemplificado pela decisão de Ciro de se vestir com pompa após a conquista da Babilônia, para "enfeitiçar" seus súditos. Não há dúvidas de que se trata de uma decisão política de Ciro, não de uma fraqueza moral. Quando ele se instala na Babilônia e faz sua primeira procissão esplendorosa, os persas se prostram diante do líder pela primeira vez. Ainda assim, Xenofonte observa que talvez isso tenha ocorrido não por causa da admiração que sentiam, mas porque teriam recebido ordens para fazê-lo.

Como bem observa Deborah L. Gera,[19] "cada um dos aspectos menos idealizados do comportamento de Ciro como governante de um império, se tomado apenas por si mesmo, não é, talvez, um pouco mais do que ligeiramente inquietante; vistos em conjunto, eles são perturbadores e exigem algum tipo de explicação". Vários desses aspectos dizem respeito a sua relação com os persas e aliados, não com os inimigos vencidos. Ciro confisca bens dos homens que frequentam sua corte quando fica descontente com eles, mas mantém a prática de ser generoso com quem lhe conta coisas de seu interesse, passando a ter espiões, os chamados "olhos e ouvidos do rei", presentes em todos os lugares o tempo todo, ao menos na imaginação dos seus súditos. Uma das características principais, senão a mais importante de todas, do Ciro criado por Xenofonte é a sua *philanthropia*, que traduzi na maior parte das vezes como *generosidade*, mas que também verti, procurando preservar algo da etimologia da palavra em grego, como "afeto pela humanidade". Essa generosidade é frequentemente observável no modo como Ciro oferece recompensas copiosas, vendo maior utilidade em contentar os homens com os muitos bens que distribui do que em guardar as riquezas para si. Não se pode negar, porém, que há utilitarismo nesse seu amor, sendo seu objetivo final sempre a manutenção do poder. A multidão de "olhos e ouvidos do rei" é assim apresentada (VIII.2.12):

> [...] não apenas ninguém ousava falar a outra pessoa qualquer coisa ruim sobre Ciro, mas todo homem sempre se portava diante dos presentes como se eles fossem olhos e ouvidos do rei. Eu, por certo, não sei se há outra maneira de justificar o fato de que as pessoas se comportavam assim com relação a Ciro senão porque ele estava disposto a retribuir com grandes favores os pequenos.

Do mesmo modo, a distribuição de presentes entre os homens da sua corte é muito mais do que uma demonstração de amizade, pois seu objetivo, segundo o narrador, é fazer com que as pessoas gostem mais do imperador do que de seus próprios irmãos, pais e filhos. Afirma-se ainda que Ciro promovia competições para estimular a rivalidade entre os nobres, dando-lhes a oportunidade de escolher os juízes também entre seus pares. Para Ciro, os nobres acabariam por odiar os árbitros que não fossem favoráveis a eles, sem, entretanto, sentirem gratidão especial pelos que fossem. Assim, ele fazia com que os homens poderosos tivessem maior estima por ele do que a que reservavam uns aos outros. Outra estratégia de manutenção de submissão voluntária é mencionada por Xenofonte de forma mais evidente: Ciro, quando saía para caçar, não impunha aos escravos nenhum tipo de privação, diferentemente do que fazia com os homens livres, que tinham de ser treinados a suportar fome e sede, de modo que "também eles, como os nobres, chamavam Ciro de pai, porque cuidava deles, mas a fim de que permanecessem eternamente escravos, sem protestar" (VIII.1.44).

O que fazer com esse retrato contraditório? Esse é um dos aspectos que tornam a interpretação da *Ciropédia* difícil. Alguns indagaram se essa atuação de Ciro como líder político não o aproximaria mais de um tirano do que de um monarca legítimo, conforme se considerem diferentes critérios que circulavam entre autores gregos à época da escrita da obra. Ciro, de fato, não é um tirano típico, como o jovem rei assírio, que permanece anônimo durante toda a história. Este é caracterizado por Xenofonte como um homem violento e arrogante e que perde dois de seus aliados para os persas por ter cometido crimes odiosos contra eles ao matar o filho de um e tornar eunuco o outro. Ciro também não é como seu tio Ciaxares, um líder retratado como incompetente, hedonista, furioso e cruel com os próprios homens. Por outro lado, ainda que não agisse apenas em seu interesse, mas também no de seus subordinados, ele se afasta igualmente de seu pai, Cambises, rei persa subordinado às leis de seu povo.

Assim, a *Ciropédia* é interpretada por alguns como um alerta contra os perigos da tirania. James Tatum[20] aponta que se trata de um estratagema da tirania fazer com que os interesses do tirano pareçam coincidir com os dos seus subjugados. Sugeriu-se que a narrativa daria indícios aos leitores de que, sob o aparente louvor do governo de Ciro, haveria nele um líder despótico que não poderia ser considerado aceitável e que, na realidade, o autor estaria questionando as vantagens da conquista de um império, se isso trouxer consigo um governo igualmente tirânico.

Como já mencionei, mesmo quem é da opinião de que Xenofonte faz em geral um retrato positivo do imperador é obrigado a se confrontar com aspectos menos agradáveis da política de Ciro. Assim, outra possibilidade de entender essa suposta contradição é considerar que o autor não pode fugir da realidade histórica. Para Vivienne Gray, essa justificativa explica a menção ao medo que Ciro provocava em todos os seus súditos, mesmo nos que viviam distantes. Gray argumenta ainda que não é de estranhar que Xenofonte aprovasse o uso do medo por um líder como forma de controle de seus homens[21] e que não podemos confundir nossa atual concepção de líder ideal com a de um grego do período clássico, ainda que os princípios do governo de Ciro possam parecer modernos por vezes. Outros críticos[22] também defendem que a generosidade de Ciro na distribuição de benesses não é maquiavélica, mas que suas ambições estão, de fato, conjugadas a um interesse maior, que também é o dos homens a sua volta. Além disso, os dois governantes retratados de forma negativa ao longo da *Ciropédia*, Ciaxares e o rei assírio, são descritos como homens capazes de atos violentos e cruéis. Se pensada em oposição a essas caracterizações, a forma de Ciro garantir obediência de seus súditos num território muito amplo sob seu domínio, ainda que bem mais coercitiva do que gostaríamos, tem o mérito de não recorrer às terríveis e imoderadas punições que, no relato de Heródoto, por exemplo, vemos empregados pelos reis persas.

O FINAL DA *CIROPÉDIA* E A DECADÊNCIA MORAL DOS PERSAS

Outro motivo de disputa entre os estudiosos da *Ciropédia* diz respeito ao último capítulo da obra, que relata como o império criado por Ciro decaiu rapidamente após a sua morte e sucumbiu em razão da disputa de poder entre seus filhos. Tudo isso é narrado em tom diferente do restante da narrativa. Não é exagero dizer que a passagem é vista como um verdadeiro enigma. Xenofonte passa a descrever, no fim da obra, os persas que lhe eram contemporâneos como desrespeitosos com os deuses e com as leis, entregues à gula, à luxúria, à preguiça e negligentes com a caça — uma das atividades mais tradicionais de sua cultura e das mais importantes na educação de Ciro. De fato, mais de uma vez o autor afirma que a prática da caça permitia aos persas não apenas resistir à fome, à sede e ao frio quando necessário, mas também aprender algumas táticas militares desde a infância.

No século 19, o final da *Ciropédia* constituiu um grave problema filológico, já que não se entendia como ele poderia manter a coerência do texto; afinal, Xenofonte passava do tom laudatório para outro, negativo, e o estilo adotado nesse momento parecia enfatizar ainda mais o retrato desfavorável dos persas do período em oposição aos do passado. Numa conhecida edição em inglês do texto publicada em 1914,[23] o responsável pela tradução alertava os leitores de que o final "estraga a perfeita unidade da obra até esse capítulo [...]. O capítulo é incluído aqui para estar de acordo com todos os manuscritos e edições; mas se recomenda que o leitor feche o livro e não continue a leitura". A autenticidade da passagem não é mais questionada, como foi um dia,[24] mas ainda se especula que possa ter sido uma adição tardia à narrativa que se encerraria originalmente com a morte de Ciro e com sua reflexão sobre a eternidade da alma, que faz lembrar a morte de Sócrates tal como descrita por Platão em *Fédon*.

Já os antigos[25] consideravam que Platão, no livro III das *Leis*, critica na *Ciropédia* o retrato de Ciro como líder ideal e o responsabiliza pela decadência do seu império.[26] Nesse diálogo platônico, situado em Creta, em que Sócrates não está presente, ele faz o personagem principal, um estrangeiro de Atenas que permanece anônimo o tempo todo, declarar que o rei persa não possuía a educação correta (*paideia orthe*) e nunca se importara com a administração doméstica — duas coisas que são evidentemente centrais na obra de Xenofonte para justificar o sucesso de

Ciro. Platão ainda afirma que ele negligenciou a educação dos filhos, deixando-a a cargo de mulheres e de eunucos da corte, enquanto saía em campanha, enchendo seus herdeiros de privilégios e de proteção contra qualquer tipo de oposição.

O fato é que, na *Ciropédia*, parece ter sido justamente a educação persa tradicional recebida por Ciro aquilo que mais contribuiu para sua atuação como líder, e esse sistema estava instituído num regime monárquico de pouca expressão política, cujo rei se orgulhava de cumprir as leis de maneira mais estrita que os seus súditos. As conquistas militares dos persas, por sua vez, levaram à criação de uma administração centralizada na corte na Babilônia, com todo o seu luxo e opulência, e a um regime absolutista que nada tem a ver com a Pérsia de Cambises e da infância de Ciro. Se continuarmos nessa linha de pensamento, a decadência não seria outra coisa que fruto do despotismo, ainda que ele tivesse sido útil para a constituição de um império.[27]

Pode-se, porém, entender o capítulo final da *Ciropédia* também como peça que encerra uma narrativa de louvor e confirma, pelo contraste, o caráter excepcional de Ciro, o único capaz de manter íntegro o império e os valores por ele propagados, o que constitui hoje a opinião mais aceita entre os críticos. De fato, esse é um padrão retórico utilizado por Xenofonte em textos de caráter laudatório, como nas *Memoráveis*, mas sobretudo na *Constituição dos espartanos* — nesta, Licurgo seria louvado também por meio da descrição do declínio das instituições em Esparta quando os homens deixam de observar as leis criadas por ele.

Louis-André Dorion[28] questiona se há de fato contradição estrutural entre a narrativa e o capítulo final. Ele argumenta que a corrupção do Estado é provocada pelos mesmos fatores que desencadeiam a corrupção do indivíduo tal como apresentada nas *Memoráveis*, o que explicaria uma narrativa de desilusão e decadência tanto nessa obra quanto na *Constituição dos espartanos*. Na passagem das *Memoráveis* (I.2.19-23), um discípulo empenha-se na direção da virtude na presença de um mestre virtuoso que se apresente como um bom exemplo para ele; de modo semelhante, todo um povo poderia se tornar virtuoso ao respeitar as instituições criadas por um soberano. Na ausência do mestre e do soberano, no entanto, indivíduo e Estado podem se corromper. Desse modo, o final da *Ciropédia* serviria para enfatizar as qualidades ímpares de Ciro. Xenofonte não teria interesse em discutir como assegurar a longevidade de um império, mas apenas em confirmar que Ciro era o único responsável pela manutenção da paz entre os povos sob seu domínio.

Mais recentemente, uma interpretação ousada foi oferecida pelo estudioso Erich Gruen para o final da *Ciropédia*.[29] Ele observa que, embora uma parte dos críticos tenha seguido a ideia de Platão de que Ciro erra ao não educar bem os filhos, o capítulo final do livro não trata das falhas do imperador e sua família, mas da decadência moral do povo persa como um todo. Para Gruen, não há contraste entre passado idealizado e presente decadente na Pérsia ao longo da narrativa. Ele sustenta ainda que deve ser considerada a experiência pessoal de Xenofonte com os persas e a admiração declarada do autor (no início da *Anábase*) por Ciro, o Jovem, que ele aproxima de Ciro, o Grande. Assim, estaríamos diante de uma grande caricatura de estereótipos contemporâneos, que zomba e ri de uma visão grega comum e ignorante da realidade persa. Por exemplo, no capítulo final da *Ciropédia*, diz-se que antigamente os persas eram frugais e passavam o dia com apenas uma refeição, ao passo que no presente também fazem uma única refeição, mas porque começam a comer pela manhã e continuam até a hora em que mesmo os mais notívagos já se preparam para dormir.

Haveria um exagero bem-humorado nos estereótipos, ao ponto do absurdo. O texto seria, portanto, não apenas um encômio a Ciro, o Grande, mas também ao povo persa.

Há nessa leitura alguns problemas, pois se trata de uma interpretação que não abarca a coerente representação negativa de Artaxerxes II e de outros persas na *Anábase* e no final da *Ciropédia*. Além disso, ainda que Gruen observe que Xenofonte não pretende discutir as falhas dos herdeiros de Ciro no comando do império, não vejo como possível uma leitura em que a decadência moral que se segue a sua morte não seja resultado da ausência de uma liderança capaz de se colocar como exemplo e de inspirar um comportamento virtuoso em seus súditos.

A REPÚBLICA DE CAMBISES E O IMPÉRIO DE CIRO: A QUEM SE DIRIGE A *CIROPÉDIA*?

Já foi opinião comum que Xenofonte, na *Ciropédia*, não apenas louva Ciro, mas também quer demonstrar que a monarquia é um regime político superior aos demais. Porém, como vimos, há dois sistemas políticos representados no texto, ambos importantes na criação da imagem de Ciro como líder e com diferenças fundamentais entre si: o próprio império, uma monarquia absolutista que ele cria e consolida ao longo da narrativa, e a constituição persa tradicional, segundo a qual todos os persas são iguais perante a lei. É importante observar que Xenofonte parece associar a organização política da Pérsia com a de uma cidade grega ao chamar a Pérsia de *pólis*, termo que optei por traduzir como "país".

Nenhum persa era impedido, por lei, de estudar e ocupar cargos oficiais, mas essa igualdade, na prática, era impossibilitada por diferenças sociais. Famílias mais ricas podiam manter seus filhos nas escolas de justiça, onde eles passavam por duas etapas de formação, baseadas também na prática do autocontrole, da obediência e da resistência física, enquanto famílias pobres não podiam prescindir da força de trabalho de seus filhos. Dessa forma, a tradicional monarquia persa era uma oligarquia, na qual os pares (termo que uso para traduzir o grego *homotimoi*, ou seja, aqueles que gozam de mesmas honras ou status), que viviam à custa do trabalho dos mais pobres, tomavam as decisões e formavam uma elite militar, estando em posse do armamento mais sofisticado e sendo treinados para se engajar em lutas corpo a corpo. Já os homens comuns faziam uso de armas como arcos, lanças e fundas. Quando a Pérsia se junta à Média na campanha contra os assírios, é Ciro que, movido por uma estratégia militar, tem a ideia de dar aos persas mais pobres as mesmas condições de luta e de recompensa da elite, tornando-os iguais.

O regime oligárquico tinha diversos defensores à época de Xenofonte, mas peculiar à *Ciropédia* é o fato de seu autor parecer estar mais interessado em explorar não a organização da sociedade persa, mas as condições políticas de um grande império. Interessante notar que a obra, para alguns, chegaria a antecipar alguns conceitos próprios do chamado período helenístico, posterior às conquistas de Alexandre, o Grande, e à formação das dinastias. Isso porque Xenofonte, na *Ciropédia* e em outras obras, sugeriria uma política centrada na personalidade e nos modos do monarca e na propagação da ideia de que governante e comunidade compartilham os mesmos interesses.[30]

O Ciro de Xenofonte já chegou a ser acusado de ter destruído o sistema político tradicional persa, corrompendo-o com seu poder imperial e tornando homens que antes eram iguais por lei em seus subordinados. De fato, pouco se pode defender Ciro nesse ponto, ainda que alguns aleguem que ele, ao contrário, acata o pedido do pai, Cambises, de manter os persas livres e de deixar, quando se ausenta da Pérsia (ou seja, praticamente o tempo todo), um parente no governo do país.[31] Diante da oposição entre os dois regimes, variadas interpretações já foram oferecidas para a questão.

Entre aqueles que percebem fins políticos mais bem determinados para a *Ciropédia*, sugeriu-se que Xenofonte indica ao público da Atenas do século 4 a.C., tendo Esparta em mente, que é preciso escolher entre a virtude republicana representada pelos persas e um império despótico.[32] Outra hipótese já formulada é que o autor pretende apresentar aos atenienses um exemplo de decadência que poderia atingir sua cidade caso eles abandonem seus princípios tradicionais e caiam em dissolução política.[33] Há quem defenda ainda que Xenofonte visa a um público amplo, movido por intenções bem mais abrangentes — como já se mencionou, a *Ciropédia* é lida até hoje como texto que oferece conhecimento útil para aquele que quer ocupar uma posição de liderança. Estão propagadas na obra ideias do autor não só sobre educação e política, mas também sobre moral, administração doméstica, equitação e arte militar, servindo para monarcas, mas também para qualquer situação de comando, em especial generais de exército, posição que, como vimos, o próprio autor ocupara em expedição na Ásia. Nesse sentido, Xenofonte poderia estar se dirigindo aos indivíduos na pólis ateniense e outras elites gregas, sem qualquer motivo para esperar que seus leitores tivessem um projeto de fundar um império, mas que atuassem de forma virtuosa no interior das próprias comunidades.

Assim, podemos constatar que a "variedade dos pareceres" e a "universalidade de Xenofonte", apontadas por Machado de Assis, resultam na verdade da complexidade do texto grego que o leitor tem agora em mãos numa nova tradução para o português. A leitura da *Ciropédia*, um verdadeiro clássico produzido na Antiguidade sobre como conquistar e manter o poder político, convida o leitor a aprender com Ciro, mas também a rir com ele e torcer por sua vitória numa guerra contra um rei cruel. Que parte dos leitores possa, mesmo assim, concluir que o sucesso de Ciro é algo a se lamentar, e não que se está diante de um grande líder, confirma mais uma vez a afirmação de Xenofonte de que não há animal mais difícil de governar do que o homem.

LUCIA SANO

Nota à edição e tradução do original grego

Para a tradução, dei prioridade à edição do texto grego estabelecida por M. Bizos e E. Délebecque para a coleção Les Belles Lettres (em três volumes, publicados em 1971, 1973 e 1978), mas também consultei a edição de E. Marchant para a Oxford Classical Texts, de 1910. Gostaria de agradecer a algumas pessoas que, de diversas formas, colaboraram para que esta tradução da Ciropédia viesse à luz: Alcino Leite Neto, Breno Sebastiani, Camila Zanon, Christian Werner, Daniel Rossi Nunes Lopes, Flávio Ribeiro Oliveira, Rafael Brunhara e Rodrigo Cerqueira. Agradeço ainda à Fapesp, que financiou em forma de auxílio regular minha pesquisa sobre a obra de Xenofonte (processo 2014/10441-7). As opiniões, hipóteses e conclusões ou recomendações expressas neste material são de minha responsabilidade e não necessariamente refletem a visão da Fapesp.

Livro I

1

1. Certa vez nos ocorreu refletir sobre quantas foram as democracias depostas por aqueles que preferiam outro tipo de regime que não a democracia, quantas monarquias, por sua vez, bem como oligarquias, já foram destituídas pelo povo, e quantos homens com intenção de se tornar tiranos foram, alguns, logo completamente depostos, enquanto outros que tenham resistido no governo por qualquer período são admirados como homens sábios e afortunados. Cremos ter observado também, em residências privadas, vários homens — tanto os que possuem numerosos servos como os que possuem bem poucos — que, na posição de senhores, nem mesmo por esses muito poucos são capazes de se fazer obedecer.

2. Além disso, refletimos que os boiadeiros são os governantes de seus bois, os cavalariços, de seus cavalos, e todos aqueles chamados de pastores podem ser considerados apropriadamente governantes dos animais sob seu cuidado. Acreditamos ter observado, ainda, todos esses rebanhos mais propensos a obedecer aos seus pastores do que os homens àqueles que os

governam. Os rebanhos vão aonde os pastores os guiam, pastam nos locais para onde tenham sido conduzidos e se mantêm distantes dos que lhes são vedados, permitindo, aliás, que os homens utilizem os produtos que deles advêm da forma como bem desejarem. Jamais soubemos de nenhum rebanho que tenha conspirado contra seu pastor, fosse para desobedecê-lo, fosse para não permitir o uso do que produzem, e se mostram, ainda, mais bravios a estranhos do que aos seus senhores e àqueles que deles se beneficiam. Os homens, por sua vez, mais do que contra quaisquer outros, conspiram contra os que percebam na tentativa de governá-los.

3. Ao ponderarmos sobre essa questão, começamos a compreender que o homem, por natureza, é de todos os animais o mais difícil de ser governado pelo homem. Quando, porém, refletimos que existiu Ciro, o Persa, o qual se assenhorou de um vasto número de homens que lhe eram obedientes, de um vasto número de cidades e de um vasto número de povos, fomos forçados, a partir desse fato, a repensar e a considerar que não é feito nem impossível nem difícil governar os homens, caso alguém o faça com conhecimento. De qualquer modo, sabemos que os homens obedeciam a Ciro de forma voluntária, muitos deles a dias de viagem de distância, alguns a meses, outros sem nunca tê-lo visto e havia ainda os que estavam cientes de que jamais o veriam e, mesmo assim, todos eles estavam dispostos a obedecê-lo.

4. Tão distinto ele era dos outros reis — tanto daqueles que receberam o poder de seus pais, quanto dos que o obtiveram por conta própria —, que o rei cita, embora os citas sejam numerosos, não seria capaz de governar nenhum outro povo, mas se contentaria caso continuasse até o fim da vida no governo do seu próprio; e o mesmo ocorre com o rei trácio e os trácios, com o rei ilírio e os ilírios e, do mesmo modo, com todos os ou-

tros povos de que ouvimos falar — ao menos na Europa se diz que eles são até o momento autônomos e independentes uns dos outros. Ciro, porém, que encontrou igualmente autônomos também os povos da Ásia, pôs-se em marcha com um pequeno exército de persas e acabou por se tornar comandante dos medos com o consentimento deles e também dos hircanos com seu próprio consentimento; depois, subjugou os sírios, os assírios, os árabes, os capadócios, ambos os povos frígios, os lídios, os cários, os fenícios e os babilônios. Governou também a Báctria e ainda a Índia e a Cilícia, bem como os sacas, os homens da Paflagônia, de Magadida e um vasto número de outros povos, cujos nomes não seria possível citar.* Assenhorou-se também dos gregos da Ásia e, ao descer em direção ao mar, igualmente de Chipre e do Egito.**

5. Ele governou todos esses povos, sem que falassem a sua língua ou uma mesma entre si, e foi capaz, apesar disso, de espalhar o medo que sentiam dele por toda essa extensão territo-

---

* Hircanos: povo que habitava a costa sudeste do mar Cáspio, região que hoje pertence ao Irã e ao Turcomenistão. Não se sabe se foi submetido aos persas pelo próprio Ciro ou por seu filho, Cambises. Árabes: provavelmente se trata dos árabes que habitavam a região a oeste do rio Eufrates. "Ambos os povos frígios": a Grande Frígia se localizava entre a Lídia e a Capadócia; a Frígia Menor, também chamada Helespontina, ao sudeste do Helesponto (Estreito de Dardanelos). Lídios: povo que habitava a parte oeste da Anatólia. Cários: povo que habitava ao sul da Lídia, hoje região costeira sul da Turquia. Babilônios: a Babilônia era capital da Assíria. Báctria: região que hoje pertence ao Afeganistão e ao Tajiquistão. Cilícia: região na costa sudeste da Turquia, está a nordeste da ilha de Chipre. Sacas: segundo Heródoto, esse era o termo persa para designar todos os que os gregos chamavam de citas; é possível que o termo designasse apenas tribos citas que viviam mais próximas da Pérsia. Paflagônia: região situada na região norte-central da Anatólia, na costa do mar Negro, chamada pelos gregos de Ponto Euxino. Magadida: povo desconhecido.

** Ainda que os fatos sejam pouco conhecidos, a extensão do império conquistado por Ciro como descrita por Xenofonte está certamente equivocada. A conquista do Egito pela Pérsia é posterior, e Ciro nunca conquistou a Índia.

rial, de forma que atemorizava a todos os homens e ninguém atentava contra ele. Conseguiu, ao contrário, instilar em todos um tamanho desejo de lhe agradar que a eles sempre parecia que ser comandados pelo seu juízo era algo pertinente. Anexou um número tão grande de tribos que visitá-las todas é uma tarefa difícil, seja lá por onde se comece a viagem a partir do palácio, em direção ao leste ou ao oeste, ao norte ou ao sul.

6. Sendo esse homem digno de admiração, examinamos quem ele era por nascimento, qual era a sua natureza e com que tipo de educação foi instruído, para que viesse a se distinguir tanto no governo dos homens. Tentaremos relatar, portanto, tudo o que tivermos aprendido ou que julgarmos ter entendido a seu respeito.

2

1. Dizem que o pai de Ciro foi Cambises, rei dos persas. Esse Cambises era da raça dos persidas, que assim são chamados por causa de Perseu. Há consenso de que sua mãe foi Mandane e essa Mandane era filha de Astíages, rei dos medos. No que diz respeito à sua natureza, Ciro até hoje é mencionado em histórias e canções dos bárbaros como o homem mais belo de todos em aparência e, de alma, o que maior afeto tinha pela humanidade, maior afeto pelo aprendizado e maior afeto pela honra, de modo que enfrentou todo tipo de trabalho e encarou toda sorte de perigos para ser louvado.

2. Ele é lembrado com tal natureza de físico e de alma. Quanto à sua educação, ela ocorreu de acordo com as leis persas. Essas leis parecem tomar como princípio o bem comum a partir de um ponto diferente da maioria dos países, pois a maior parte deles permite que cada um eduque os filhos como bem entender

e que os homens mais velhos vivam como quiserem. Posteriormente, porém, recebem ordens de que não furtem nem roubem, de que não forcem sua entrada numa casa, de que não agridam uma pessoa injustamente, de que não cometam adultério, de que não desobedeçam a um oficial e várias outras ordens semelhantes. Caso alguém transgrida uma dessas leis, aplicam-lhe uma punição.

3. As leis persas, porém, por antecipação, zelam para que os cidadãos desde o princípio não se inclinem a cometer um ato vil ou vergonhoso. Esse cuidado é tomado da forma relatada a seguir. Há entre os persas uma praça, chamada Praça da Liberdade, onde estão o palácio e outros edifícios do governo. Dali as mercadorias, os vendedores e seu falatório e vulgaridades foram banidos para outro lugar, a fim de que o tumulto não se misture com a ordem dos homens que receberam educação.

4. Essa praça dos edifícios do governo está dividida em quatro partes: uma é para os meninos, outra para os jovens, ainda outra para homens adultos, e a última para aqueles que já estão acima da idade de prestar serviços militares. Segundo a lei, cada um desses grupos deve estar presente nas áreas a eles designadas; os meninos e os adultos de manhã e os mais velhos quando lhes for conveniente, com exceção de alguns dias nos quais têm obrigação de ali comparecer. Os jovens chegam a dormir ao redor dos edifícios, armados com armas leves, excetuando-se aqueles que são casados. Estes não são ali requisitados, a não ser que tenham recebido uma ordem com antecedência, mas estar ausente com frequência não é algo bem-visto.

5. Os oficiais de cada um desses grupos são em número de doze, pois os persas estão divididos em doze tribos. Para os meninos são escolhidos, do grupo dos mais velhos, aqueles que são reputados por torná-los melhores; para os jovens, são selecionados, do grupo dos homens adultos, aqueles que pareçam

igualmente torná-los melhores; para os homens adultos, aqueles que pareçam torná-los especialmente capazes de cumprir suas obrigações e os comandos dados pelas autoridades. São também escolhidos chefes para os homens mais velhos, que exercem sua liderança a fim de que eles cumpram igualmente com seus deveres. Apontaremos quais são as tarefas indicadas para cada uma dessas idades, de forma a deixar mais claro como os persas cuidam para que seus cidadãos venham a se tornar excelentes.

6. Os meninos que frequentam a escola passam seu tempo aprendendo justiça e eles dizem que é com esse objetivo que vão até lá, assim como os nossos dizem que é para aprender a ler e escrever. Seus oficiais atuam como juízes durante a maior parte do dia, pois também os meninos fazem acusações uns contra os outros — assim como ocorre entre adultos —, de furto, roubo, violência, engodo e calúnia, entre outras que é natural que ocorram; e eles punem os que consideram ter cometido alguma injustiça.

7. Punem igualmente quem quer que descubram fazendo uma denúncia injusta, e trazem a juízo a acusação que mais faz os homens odiarem uns aos outros, mas que menos faz com que procurem a justiça: a de ingratidão. Dão punições severas àquele que reconheçam como capaz de retornar um favor, mas que não o retribui, pois consideram que os ingratos são também os homens que mais tendem a ser negligentes para com os deuses, para com seus pais, sua pátria e seus amigos. Consideram que a ingratidão leva sobretudo à impudência e que ela, por sua vez, parece ser o principal guia dos homens a tudo que é indecoroso.

8. Ensinam aos meninos também a moderação. O fato de que veem os mais velhos agindo com moderação dia após dia é uma grande contribuição para seu aprendizado. Educam-nos também para obedecer aos oficiais, e muito contribui para isso

poderem observar os mais velhos se submetendo com rigor aos seus oficiais. Ensinam-lhes a ter controle sobre a fome e a sede e para isso muito contribui o fato de verem que os mais velhos não se retiram para comer sem que os oficiais tenham autorizado, e de que os meninos não comem junto de suas mães, mas com seus professores, e apenas quando os oficiais sinalizam sua permissão. Trazem de casa pão para se alimentar e agrião como acompanhamento; para beber, quando têm sede, um copo para apanhar água do rio. Além disso, aprendem a usar o arco e a atirar com lança. Até os dezesseis ou dezessete anos, essas são as atividades dos meninos. Depois, passam a fazer parte do grupo dos jovens.

9. Já os jovens passam seu tempo da seguinte forma: por dez anos após deixarem o grupo dos meninos ficam dia e noite ao redor dos edifícios do governo, da forma como dissemos anteriormente, tendo em vista não só a vigilância da cidade como também a moderação, pois nessa idade parece ser necessária maior atenção com ela. Durante o dia, eles ficam à disposição dos oficiais, caso haja necessidade deles para algum serviço público. Sempre que preciso, todos se mantêm ao redor dos edifícios do governo, mas, quando o rei sai para caçar, leva metade da guarda, o que ele faz várias vezes no mês. Os que vão com ele devem portar arcos e, além da aljava, um sabre dentro de uma bainha ou um machado, também escudo e duas lanças, uma para arremessar e outra para ser usada no corpo a corpo, caso necessário.

10. Eis por que tratam a caça como uma questão pública: o rei é o seu comandante também na guerra e cuida para que não só ele mas outros homens participem da caça, pois para os persas essa prática parece ser, entre todas, a que mais se aproxima de uma preparação para a guerra. Ela os acostuma a acordar cedo e a suportar tanto o frio quanto o calor, é um treino para longas caminhadas e para corridas, e eles ainda precisam atin-

gir os animais com flechas ou com a lança sempre que um se aproxima. São muitas as situações na caça, no confronto com um dos animais selvagens, em que o espírito é necessariamente aguçado, pois é claro que devem golpear o animal que se acerca, mas também estar em guarda contra outro que possa atacar. Enfim, não é fácil encontrar algo que se faça ausente na caça mas presente na guerra.

11. Quando saem para caçar, levam um almoço maior que o dos meninos, como é natural, mas semelhante em todo o resto. Enquanto caçam nem pensam em comer, mas se por algum motivo for necessário esperar por causa de um animal ou se por outra razão desejarem permanecer caçando, depois de jantar o que seria um almoço, no dia seguinte saem para caçar de novo até a hora do jantar, e contam esses dois dias como um só, por consumirem o alimento de um único dia. Fazem isso para se acostumar, a fim de ser capazes de agir da mesma forma, caso haja necessidade durante uma guerra. Para comer com seu pão, os jovens dessa idade têm aquilo que tiverem caçado; quando não, comem também agrião. Caso alguém suponha que eles se alimentam sem nenhum prazer quando têm apenas agrião para comer com seu pão, e que bebem sem nenhum prazer quando bebem água, que se lembre de como é delicioso comer pão de cevada ou de trigo quando se está com fome e como é delicioso beber água quando se está com sede.

12. Os contingentes que ficam na cidade, por sua vez, além de passarem seu tempo se exercitando nas atividades que aprenderam quando meninos, também praticam o uso do arco e das lanças, competindo o tempo todo uns com os outros. Há, aliás, disputas públicas dessas atividades, com oferecimento de prêmios. Dentre esses contingentes, aquele que tiver o maior número de jovens mais bem treinados, mais corajosos e mais disciplinados vê não apenas seu oficial ser honrado e lou-

vado pelos cidadãos, mas também aquele que os educou quando eram crianças. Os magistrados do mesmo modo utilizam os jovens que permaneceram na cidade caso haja necessidade de vigilância, de procurar criminosos, de perseguir bandidos ou de qualquer outra tarefa que exija força ou rapidez. Essas são as atividades dos jovens. Quando tiverem completado dez anos nesse grupo, passam ao dos adultos.

13. A partir do momento em que saem do grupo dos jovens, passam vinte e cinco anos da forma descrita a seguir. Primeiro, como os jovens, eles se põem à disposição dos magistrados, caso haja necessidade de prestar serviços públicos em quaisquer tarefas que requeiram homens já experientes e ainda vigorosos. Se for necessário sair em expedição militar, aqueles que tenham recebido tal educação não lutam mais com arcos ou com lanças, mas com as chamadas armas para embate corpo a corpo: couraças que cobrem o peito, um escudo redondo na mão esquerda como aqueles que os persas seguram em pinturas e, na direita, um sabre ou uma espada. Desse grupo também são escolhidos todos os magistrados, com exceção dos professores dos meninos. Quando tiverem completado vinte e cinco anos nesse grupo, terão pouco mais de cinquenta anos de idade. Passam, nesse momento, ao grupo dos anciãos e assim também são chamados.

14. Os anciãos, por sua vez, não prestam mais serviço militar fora do seu próprio país, mas permanecem em casa e são os juízes de todas as questões públicas e privadas. São eles que julgam os casos de pena capital e também eles que escolhem todos os magistrados. Se um dos jovens ou dos adultos deixa de cumprir algo estipulado por lei, os oficiais do seu respectivo grupo, ou qualquer outra pessoa que o deseje, apresentam uma queixa e os anciãos dão o seu veredito depois de uma audiência. O condenado é excluído e passa o resto da vida em desonra.

15. Para que a organização política dos persas seja apresentada de forma mais clara, voltarei um pouco na questão, pois agora será possível expô-la o mais brevemente em vista do que já foi dito. Dizem que os persas são em número aproximado de cento e vinte mil. Nenhum deles sofre impedimento legal para receber honras e magistraturas e todos os persas têm permissão de enviar seus filhos às escolas públicas de justiça. No entanto, só enviam os filhos aqueles que podem sustentá-los sem sua ajuda no trabalho; os que não podem não os enviam. Os que tenham sido educados por professores públicos têm a possibilidade de passar a juventude no grupo dos jovens, o que não é permitido aos que não tenham recebido tal educação. Por sua vez, apenas aqueles que tenham completado o período entre os jovens, conforme estabelecido nas leis, têm permissão de se reunir aos adultos e tomar parte das honras e magistraturas. Os que não tiverem passado a juventude no grupo dos jovens não podem fazer parte do grupo dos adultos. Quanto aos adultos, apenas os que completarem seu tempo no grupo sem nunca ter recebido qualquer repreensão podem participar do grupo dos anciãos. Assim, esse grupo é formado por homens que receberam todas as distinções. Tal é a organização política dos persas, a qual empregam na crença de que podem vir a ser cidadãos excelentes.

16. Até hoje permanecem evidências da sua dieta moderada e de como consumiam com exercícios os alimentos que ingeriam, pois mesmo nos dias de hoje é vergonhoso para os persas cuspir, assoar o nariz e demonstrar sofrer de flatulência; igualmente vergonhoso é se deslocar, diante de todos, para urinar ou outra coisa desse tipo. Não seriam capazes de manter tal comportamento se não tivessem um regime moderado e despendessem os líquidos de seu corpo no trabalho pesado, eliminando-os, assim, de outra forma. É isso que podemos falar so-

bre os persas de uma forma geral; mas, para retomar o motivo pelo qual nosso discurso teve início, agora falaremos sobre a vida de Ciro, começando por sua infância.

3

1. Ciro, até os doze anos ou um pouco mais, recebeu essa educação e, distinguindo-se entre todos os colegas de sua idade, mostrava-se superior tanto pela rapidez no aprendizado quanto por realizar todas as tarefas de forma nobre e corajosa. Foi nessa época que Astíages chamou para junto de si sua filha e o filho dela, por desejar vê-lo, uma vez que tinha ouvido dizer que ele era belo e nobre. Então Mandane partiu para junto de seu pai, levando o filho, Ciro.

2. Assim que Ciro chegou e soube que Astíages era o pai de sua mãe, sendo por natureza uma criança afetuosa, foi logo abraçá-lo, como abraçaria alguém com quem estivesse sendo criado há muito tempo e há muito tempo tivesse por ele amor. Então Ciro observou que ele se enfeitava contornando a parte debaixo dos olhos, esfregando pigmentos no rosto e usando um aplique de cabelo, coisas que são costume entre os medos, pois todas elas são de origem meda, bem como as túnicas púrpuras, os mantos com mangas, os colares ao redor do pescoço e os braceletes ao redor dos punhos; entre os persas, porém, até hoje as roupas são muito mais simples, e o modo de vida, bem mais frugal. Vendo todos os adornos do avô, olhava para ele e dizia: "Mãe, como é bonito meu avô!". Quando sua mãe perguntou quem lhe parecia ser mais belo, seu pai ou seu avô, Ciro logo respondeu: "Mãe, meu pai é de longe o mais bonito dos homens persas, mas dos medos que vi tanto na viagem quanto na corte, meu avô é de longe o mais bonito".

3. Astíages o abraçou de volta, deu-lhe belas roupas para usar e colares e braceletes para honrá-lo e adorná-lo. Quando ia a algum lugar, levava-o consigo sobre um cavalo com brida de ouro, um com o qual ele próprio estava acostumado a sair. Como Ciro era uma criança que amava a beleza e a distinção, comprazia-se com a roupa e ficava muito feliz por aprender a cavalgar, pois na Pérsia, por ser difícil não só criar cavalos, como também montá-los em terreno montanhoso, era muito raro até mesmo ver um deles.

4. Quando Astíages jantava com sua filha e com Ciro, desejando que o menino tivesse o mais prazeroso dos jantares para que sentisse menos saudade de casa, oferecia-lhe gulodices e todo tipo de molhos e carnes. Dizem que um dia Ciro falou: "Meu avô, quanto trabalho você tem ao jantar, pois é preciso estender as mãos para pegar todos esses pratinhos e provar todos esses tipos de comida!".

"Como assim?", perguntou Astíages, "Mas você não acha nosso jantar muito melhor que o dos persas?".

E a essa pergunta Ciro teria respondido: "Não, meu avô, para nós o caminho da satisfação é muito mais simples e direto do que para vocês, pois pão e carne nos levam a ela, mas vocês, que anseiam afinal pelo mesmo que nós, pegam muitos caminhos tortos para chegar com dificuldade aonde já estamos há muito tempo".

5. Astíages teria então retrucado: "Nós não vemos problema nesses caminhos tortos, menino; se você prová-los, verá que são deliciosos".

Dizem que Ciro respondeu: "Mas, meu avô, vejo que até você está enjoado dessas comidas".

E Astíages teria perguntado: "E que evidência você tem para dizer isso, menino?".

Ele então falou: "Estou vendo que você não seca as mãos em nada quando pega o pão, mas quando toca alguma dessas outras coisas, imediatamente limpa a mão no guardanapo, como se estivesse muito incomodado por ela ter ficado suja".

6. A isso, porém, Astíages respondeu: "Muito bem, se é assim que você pensa, menino, regale-se ao menos com as carnes, para que retorne para casa já um rapaz". Enquanto dizia isso, eram servidos muitos tipos de carne, tanto de animais de caça quanto de domesticados.

Ciro, contudo, depois que viu todas essas carnes, perguntou: "Você está me dando toda essa comida, meu avô, para que eu faça com ela o que bem entender?".

7. E ele respondeu: "Por Zeus, estou, sim". Então dizem que Ciro pegou a carne e a distribuiu entre os servos do avô, falando a cada um deles: "Isso é para você, por ter tido a boa vontade de me ensinar a cavalgar"; "esse pedaço é para você, por ter me dado uma lança e agora eu possuir uma"; "esse outro é para você, por servir ao meu avô nobremente"; e "isso é para você, pela sua grande estima por minha mãe". Ele continuou assim até que houvesse distribuído toda a carne que havia recebido.

8. "E a Sacas", disse Astíages, "meu escanção, a quem estimo mais do que os outros, você não dá nada?".

Acontece que esse Sacas, ao que parece, era um homem bonito e tinha a honra de introduzir a Astíages aqueles que o procuravam e de impedir a entrada daqueles que ele julgasse não ser ocasião de lhe apresentar. Ciro perguntava de forma petulante, como uma criança que ainda não se acanha por nada: "Por que, meu avô, você o preza tanto assim?".

E Astíages respondeu, brincando: "Você não vê quão bem e com que elegância ele nos serve o vinho?".

De fato, os escanções desses reis executam sua função de forma refinada e vertem o vinho com esmero; oferecem-no segurando a taça com três dedos e entregam a copa àquele que dela vai beber do jeito que for mais conveniente segurá-la.

9. "Então ordene, meu avô, que Sacas entregue a mim a taça, para que também eu, vertendo o vinho de forma bela para que você o beba, ganhe o seu favor, se eu puder."

Astíages ordenou que Sacas entregasse a taça, e Ciro, recebendo-a, primeiro a lavou bem, da forma como havia visto Sacas fazer, e, depois de colocar uma expressão bastante grave e digna no rosto, apresentou a copa e a entregou a seu avô, provocando muitas risadas em Astíages e em sua mãe. O próprio Ciro, gargalhando, pulou no colo do avô, beijou-o e disse: "Oh, Sacas, você está perdido! Vou tirá-lo do seu cargo! Também nas demais tarefas servirei o vinho melhor do que você e eu próprio não beberei dele". Sabe-se que os escanções reais, sempre que servem uma taça, recolhem antes um pouco do vinho com uma concha, pingam algumas gotas na mão esquerda e as sorvem, a fim de que não lhes seja interessante adicionar veneno nele.

10. Então Astíages disse, brincando: "Ciro, por que, ao imitar Sacas em tudo, você não bebeu o vinho?".

Ele respondeu: "Porque, por Zeus, tive receio de que tivessem misturado veneno no copo! Quando você entretinha seus convidados no seu aniversário, observei claramente que ele havia servido veneno a vocês".

"Como você percebeu isso, menino?", Astíages perguntou.

"Por Zeus, vi que vocês tinham cambaleantes tanto o corpo quanto o juízo; em primeiro lugar, as coisas que vocês não deixam as crianças fazerem eram exatamente aquelas que vocês faziam; todos gritavam ao mesmo tempo, ninguém estava entendendo ninguém. Depois, vocês começaram a cantar da forma mais ridícula e, sem nem ouvir o cantor, juravam que ele cantava de forma excelente. Cada um de vocês ficava se gabando da sua própria força, mas, caso se levantasse para dançar, não só não conseguia dançar no ritmo, mas sequer era capaz de ficar reto. Todos estavam completamente esquecidos, você de que era o rei, o resto, de que você era o seu governante. Foi então que observei, pela primeira vez, que era direito de expressão o que vocês praticavam; bem, vocês não se calavam nunca!"

11. Astíages disse: "Mas e seu pai, menino, não fica embriagado quando bebe?".

"Não, por Zeus!", ele respondeu.

"E como ele consegue evitá-lo?"

"Ele para quando não tem mais sede, de modo que não sofre de nenhum mal, pois, creio eu, não há um Sacas lá para lhe servir vinho, meu avô."

Então sua mãe disse: "Por que motivo você está em guerra contra Sacas, filho?".

"Por Zeus, porque o detesto! Muitas vezes, quando tenho desejo de me juntar ao meu avô, esse desgraçado me impede. Mas suplico, meu avô, concede-me três dias para eu governá-lo."

Astíages perguntou: "E o que você faria?".

Ciro respondeu: "Eu ficaria, como ele, na entrada; então, quando ele quisesse almoçar, eu diria que ainda não é possível encontrar o almoço, que ele está ocupado com algumas pessoas; depois, quando viesse jantar, eu diria que o jantar está tomando banho; e se ele ficasse muito ansioso para comer, eu responderia que o jantar está na companhia de mulheres; até chegar ao ponto de isso lhe ser uma tortura, como ele me tortura ao me manter longe de você".

12. Dizem que era dessa forma que Ciro lhes divertia durante o jantar, mas, ao longo do dia, caso percebesse que seu avô ou o irmão de sua mãe precisavam de algo, era difícil que outra pessoa se adiantasse a ele, pois Ciro se alegrava imensamente em lhes prestar qualquer favor que pudesse.

13. Uma vez que Mandane estava se preparando para voltar a seu marido, Astíages pediu que deixasse Ciro com ele. Ela

respondeu que desejava agradar o pai em tudo, mas que considerava difícil deixar a criança contra sua vontade. Então Astíages disse a Ciro:

14. "Menino, se você ficar comigo, em primeiro lugar, Sacas não controlará seu acesso a mim, mas, sempre que você quiser me ver, a decisão será sua e lhe serei cada vez mais grato conforme a frequência com que você me visitar. Em segundo lugar, você poderá cavalgar meus cavalos e todos os outros que quiser e, quando você partir, levará aqueles que desejar. Além disso, durante o jantar, você tomará o caminho que tiver vontade em direção ao que lhe pareça ser a justa medida. Também lhe darei os animais que estão agora no parque e reunirei outros de várias espécies para que os cace assim que tiver aprendido a cavalgar e você vai abatê-los com flechas e lanças, como fazem os homens adultos. Procurarei também algumas crianças para que sejam seus companheiros e, se desejar qualquer outra coisa, é só me dizer e você não deixará de recebê-la."

15. Depois que Astíages disse isso, a mãe perguntou a Ciro se ele desejava permanecer ou partir. Ele não hesitou em dizer que gostaria de ficar. Questionado mais uma vez pela mãe sobre o motivo, dizem que Ciro falou: "Em casa, entre os meninos de mesma idade, não apenas sou, mas também me consideram, o melhor tanto com o arco quanto com lanças, enquanto aqui sei que sou inferior aos meus companheiros como cavaleiro. Tenha certeza, mãe", ele disse, "de que isso me aborrece muito. Porém, caso você me deixe aqui e eu aprenda a cavalgar, acredito que vencerei com facilidade os homens bons da infantaria quando estiver na Pérsia e, quando eu vier à Média, aqui tentarei ser para o meu avô um aliado, o melhor cavaleiro entre os bons cavaleiros".

16. "E como você aprenderá justiça aqui, meu filho, se os seus professores estão lá?", sua mãe perguntou.

Ciro teria respondido: "Mãe, desse assunto, pelo menos, já possuo um conhecimento preciso".

"E como você obteve esse conhecimento?", Mandane indagou.

"Porque meu professor, por eu já ter entendimento preciso da justiça, indicou-me como juiz dos outros. E, de fato, apenas num único caso apanhei por não ter julgado corretamente.

17. "O caso era este: um garoto grande usando uma túnica pequena despiu um garoto pequeno que usava uma túnica grande e colocou nele a sua própria túnica, enquanto ele vestiu a do outro. Eu, então, como juiz, entendi que era melhor para ambos ficar com a túnica que lhes servisse melhor. Nisso, o professor me bateu, dizendo que, caso eu estivesse julgando o caimento das roupas, era assim que se deveria agir, mas uma vez que era necessário julgar a quem pertenciam as túnicas, deve-se investigar qual aquisição é justa: manter o que é obtido pela força ou aquilo que alguém adquire ao fabricá-lo para si ou numa compra. Já que o que está de acordo com a lei é justo e o que está contra ela é uma violência, ele ordenou que o juiz desse seu veredito sempre em conformidade com a lei. Assim, minha mãe, ao menos o que é justo já investiguei de todas as formas. Se eu precisar aprender algo mais", ele concluiu, "meu avô aqui me ensinará".

18. Mandane respondeu: "Mas, meu filho, aquilo que é justo na corte do seu avô não coincide com o que é justo na Pérsia, pois ele fez de si mesmo senhor de tudo entre os medos, ao passo que para os persas a igualdade é vista como justiça. O primeiro a fazer o que é determinado pelo país é seu pai e ele aceita as determinações; o seu limite não é sua alma, mas a lei. Como, então, você evitará ser morto pelos açoites, quando for para casa, se voltar depois de aprender com seu avô o que é tirania em vez da realeza, na qual se considera que alguém pode ter mais do que todos os outros?".

"Mas ao menos o seu pai", disse Ciro, "é mais hábil em ensinar a ter menos do que a ter mais; ou você não está vendo que ele ensinou todos os medos a ter menos do que ele próprio? Assim, fique confiante; seu pai não enviará de volta nem a mim, nem a ninguém que tenha aprendido com ele a ser ganancioso".

4

1. Ciro tinha conversas como essas frequentemente. Afinal sua mãe partiu, mas Ciro ficou e ali cresceu. Ele logo estava tão bem integrado com os meninos da sua idade que se sentia em casa, e também logo conquistou os pais deles, ao visitá-los e ao demonstrar que tinha afeto por seus filhos, tanto que, se precisassem de algo do rei, ordenavam às crianças que pedissem a Ciro para conseguir o que queriam. Ciro fazia de tudo para obter o que quer que os meninos solicitassem porque era generoso e queria ser admirado.

2. Astíages, por sua vez, não conseguia se opor a nenhum favor que Ciro lhe requisitasse, pois, quando ele adoecia, Ciro não saía nunca de perto do avô, chorava continuamente e era claro a todos que ele tinha pavor de que seu avô morresse; e mesmo à noite, se Astíages precisasse de alguma coisa, Ciro era o primeiro a perceber e não hesitava em pular da cama e ir, antes de todos, prestar o serviço que acreditasse ser do agrado do avô, assim conquistando Astíages por completo.

3. Ele era nessa época, talvez, falante demais, em parte por causa da sua educação, porque tinha sido obrigado pelo seu professor tanto a relatar suas atividades quanto a ouvir o relato de outros quando atuava como juiz. Também porque era ávido por aprender e sempre fazia muitas perguntas a quem quer que estivesse por perto sobre o motivo de as coisas serem do jeito

que eram e, toda vez que ele próprio era questionado por outras pessoas, respondia sem demora, porque tinha a mente ágil; disso tudo lhe resultou sua loquacidade. No entanto, assim como acontece com o corpo quando os jovens ganham estatura, apesar da meninice evidente que lhes denuncia a pouca idade, na loquacidade de Ciro não transparecia insolência, mas simplicidade e afeição, de modo que as pessoas mais desejavam ouvi-lo falar do que estar ao seu lado em silêncio.

4. Porém, quando o tempo e a estatura o levaram àquela idade em que já se é quase um homem, ele passou a se valer de menos palavras e de uma voz mais serena, e se tornou tão envergonhado que corava quando encontrava os homens mais velhos. Também não era mais proeminente o hábito de se atirar de modo indistinto a qualquer um, como um cãozinho. Assim, ele se tornou com certeza mais sereno, mas absolutamente agradável nas relações, pois até nas frequentes vezes em que os meninos competiam entre si ele não desafiava seus colegas naquilo em que sabia ser superior, mas tomava iniciativa naquilo mesmo em que tinha certeza de que era inferior, declarando que lhes superaria. Ele tomava logo a dianteira, pulando em cima dos cavalos para competir no arco ou no arremesso de lança, embora ainda não tivesse muita firmeza, e, derrotado, era quem mais ria de si mesmo.

5. Como não se furtava a ser superado se recusando a participar de atividades em que fosse inferior, mas perseverava no esforço de melhorar na vez seguinte, conseguiu se igualar rapidamente aos rapazes de sua idade na cavalaria e, por causa do seu amor por essa atividade, logo os superou; sem demora passou a dar cabo dos animais do parque, caçando-os, acertando-os com lanças e os matando, de forma que Astíages não conseguia mais lhe arranjar animais. Ciro, percebendo que ele não era capaz de lhe fornecer muitos animais vivos, embora o

desejasse, disse-lhe: "Meu avô, por que você deve se dar ao trabalho de procurar animais para mim? Se me enviar para caçar com meu tio, considerarei que todos os animais que eu encontrar foram criados por você para mim".

6. Embora Ciro tivesse muita vontade de sair para caçar, não era mais capaz de ser inconveniente como quando era criança, e sua abordagem se tornou mais contida. Quanto àquilo que antes censurava em Sacas, não permitir que ele entrasse para ver o avô, ele próprio se tornou um Sacas para si mesmo, pois não o procurava a não ser que fosse um momento oportuno e pedia invariavelmente a Sacas que lhe sinalizasse quando a ocasião fosse ou não apropriada; assim, Sacas passou a ter muito amor por ele, como todos os outros.

7. Quando, porém, Astíages soube que ele sentia grande vontade de sair para caçar, enviou-o junto com o tio, mandando também guardas mais velhos montados em cavalos, para que o mantivessem longe de lugares perigosos e no caso de algum animal selvagem aparecer. Ciro, então, começou a perguntar com entusiasmo a quem o acompanhava de quais animais ele não deveria se aproximar e quais deveria perseguir sem medo. Eles responderam que ursos, javalis, leões e leopardos haviam matado muitos homens que se aproximaram deles, mas que cervos, antílopes, carneiros e asnos selvagens eram inofensivos. Disseram mais uma coisa: que era necessário ficar em guarda com relação aos lugares perigosos não menos do que com os animais, pois muitos já haviam rolado dos precipícios com os seus cavalos.

8. Ciro aprendia todas essas lições com entusiasmo, mas ao ver um cervo aparecer saltitando esqueceu-se de tudo o que havia escutado e começou a persegui-lo sem ver mais nada além do caminho por onde ele fugia. Por algum motivo, seu cavalo tombou sobre os joelhos ao dar um salto e, por pouco, não o

lançou por cima de sua cabeça. Ciro quase não conseguiu se manter montado, mas o cavalo se levantou e, quando chegou ao campo, Ciro abateu com sua lança o cervo, que era uma bela e grande presa. Ele estava muitíssimo feliz, mas os guardas se aproximaram e começaram a repreendê-lo, explicando-lhe a que tipo de perigo havia se exposto e afirmando que o delatariam. Então, Ciro desceu do cavalo e se sentiu contrariado ao ouvir essas palavras, mas em seguida escutou um bramido, pulou sobre o cavalo como se estivesse possuído e, quando viu um javali selvagem avançar na sua direção, cavalgou até ele, estendeu o braço e com uma mira certeira alvejou o javali na testa, abatendo-o.

9. Nesse momento, porém, o seu tio também começou a repreendê-lo, depois de observar sua imprudência. Embora ele o censurasse, Ciro lhe implorava permissão para que tudo o que ele próprio houvesse obtido fosse levado para casa e dado ao seu avô. Dizem que seu tio respondeu: "Se ele perceber que você estava caçando, não censurará apenas a você, mas a mim também, por permitir que você caçasse".

Ciro teria dito: "Se ele quiser, que me açoite, mas só depois que eu tiver lhe dado os presentes. Também você, meu tio," ele acrescentou, "pode me punir da forma que desejar, mas me conceda esse favor".

Ciaxares disse, por fim: "Faça como você quiser, pois parece que você agora virou o nosso rei".

10. Assim, Ciro, levando as caças, deu-as ao avô e contou que ele próprio as havia abatido para ele. Quanto às suas lanças, ele não as mostrou, mas as deixou, manchadas de sangue, onde achou que seu avô poderia enxergá-las. Astíages então disse: "Meu menino, aceito com prazer o que você me dá, porém, realmente não tenho necessidade de nada disso a ponto de você se colocar em risco".

E Ciro respondeu: "Bem, se você não precisa de nada, meu avô, me dê tudo para que eu possa distribuir entre meus colegas".

"Leve, então, menino, tudo isso e mais o tanto que você desejar do resto da caça e distribua para quem você quiser", disse Astíages.

11. Ciro então pegou as caças e as deu a seus amigos, enquanto dizia: "Meninos, como bancávamos os bobos quando caçávamos os animais que ficavam no parque! Para mim, ao menos, isso agora parece ser o mesmo que caçar animais que estão amarrados, porque, em primeiro lugar, eles ficavam num espaço pequeno e eram também magros e sarnentos, um deles era manco, e o outro, aleijado. Mas os animais nas montanhas e nos campos, que belos eles são e quão grandes e lustrosos! Os cervos saltavam em direção ao céu como se tivessem asas, e os javalis vinham para cima, como dizem que os homens corajosos fazem em guerra, e era impossível não notá-los por causa de seu tamanho. Realmente, mesmo mortos, ao menos para mim eles parecem mais belos do que os animais que viviam cercados. Mas, bem", ele perguntou, "seus pais por acaso não permitiriam que vocês também fossem caçar?".

"Prontamente, se Astíages ordenasse."

12. Ciro então disse: "Quem poderia mencionar o assunto a Astíages em nosso nome?".

"Quem", eles responderam, "seria mais capaz de persuadi-lo do que você?".

E ele retrucou: "Mas, por Hera, não sei que tipo de pessoa me tornei; pois nem sou capaz de falar eu mesmo com meu avô nem consigo olhar nos seus olhos como antes. Se eu continuar assim, temo que venha a me tornar um palerma tolo. Quando era criança, parecia que eu era muito bom de lábia".

Os meninos disseram: "É complicado isso que você diz, que

não é capaz de agir em nosso nome quando preciso, mas que seremos obrigados a pedir a outra pessoa por sua causa".

13. Ciro ficou irritado ao ouvir isso; afastando-se em silêncio e exortando a si próprio a ter audácia, entrou para ver o avô, já tendo planejado como falar da forma menos ofensiva com ele e como conseguir para si e para os meninos o que desejavam. Começou, então, da seguinte forma: "Diga, meu avô", ele falou, "se algum dos seus servos fugir e você o capturar, o que fará com ele?".

Ele respondeu: "O que mais, a não ser acorrentá-lo e forçá-lo a trabalhar?".

"Mas como você agirá se ele voltar por vontade própria?"

"De que outra forma, senão o açoitar para que não faça isso de novo e tratá-lo como antes?"

"Bem", disse Ciro, "você pode começar a se preparar para me açoitar, pois planejo mesmo assim fugir e levar meus colegas para caçar".

Astíages respondeu: "Você fez bem em me alertar, pois proíbo que você se desloque para além do palácio; que bela coisa seria se eu perdesse o filho de minha filha, como um mau pastor, por causa de uns pedaços de carne!".

14. Depois de ouvir essa resposta, Ciro foi obediente e lá permaneceu, mas passava os dias quieto, cabisbaixo e triste. Quando Astíages percebeu que ele estava profundamente desapontado, quis agradá-lo e o levou para caçar; depois de reunir muitos infantes e cavaleiros, além dos meninos, mandou levar animais para uma região onde se podia cavalgar e realizou uma grande caça. Estando ele próprio presente na sua autoridade real, proibiu que qualquer pessoa usasse as lanças antes que Ciro estivesse farto da caça, mas Ciro não deixou que ele os impedisse e falou: "Meu avô, se você deseja tornar a caça prazerosa para mim, permita que todos os meus colegas participem

da caçada e da competição de modo que cada um possa dar o seu melhor".

15. Então Astíages deu sua permissão e de onde estava observou os meninos competindo na caça dos animais, desejosos da vitória, perseguindo-os e atirando suas lanças. Dava-lhe prazer ver que Ciro não conseguia se calar de tanta alegria, mas que gritava como um cão filhote de boa raça quando se aproximava de um animal e que exortava cada um dos seus colegas chamando-os pelo nome. Alegrava-se ao vê-lo dando risada de um e notava que ele elogiava os outros sem qualquer indício de inveja. Por fim, Astíages partiu levando muitos animais e ficou tão contente com essa caça que, desse dia em diante, sempre que possível saía com Ciro, na companhia de muitos outros homens e, por causa de Ciro, também dos meninos. Assim passava Ciro a maior parte do tempo, sendo causa de algum bem e de prazer para todos, sem fazer mal a ninguém.

16. Quando ele tinha por volta de quinze ou dezesseis anos, o filho do rei assírio, que estava para se casar, quis ele próprio sair para caçar nessa ocasião. Ao ouvir que na fronteira de seu país e da Média havia muitos animais que não haviam sido abatidos por causa da guerra, quis se deslocar até lá. Assim, para que pudesse caçar em segurança, levou muitos cavaleiros e peltastas, que deveriam expulsar os animais da mata na direção de campos onde fosse possível cavalgar. Ele chegou aonde estavam seu forte e sua guarda e jantou para caçar na manhã do dia seguinte.

17. Quando já havia anoitecido, chegou a guarda que substituiria a anterior, vinda da cidade, composta tanto por cavaleiros quanto por infantes. Pareceu-lhe, então, que tinha à sua disposição um exército numeroso, pois eram duas guardas reunidas e ele próprio, que também conduzia muitos cavaleiros e infantes. Decidiu, assim, que a melhor coisa a fazer seria

pilhar a Média e julgou que esse feito pareceria mais ilustre do que a caça e que haveria grande abundância de vítimas para sacrificar. Então, levantou-se cedo e conduziu suas tropas; os infantes, deixou reunidos na fronteira, enquanto ele próprio avançou com os cavaleiros até o forte dos medos e ali permaneceu, junto com a maior parte dos seus melhores homens, para que os guardas medos não pudessem partir em socorro contra os saqueadores. Ele enviou o número necessário de homens em contingentes para percorrer a área numa e noutra direção, com ordens para capturar o que quer que encontrassem e levar até ele. Essas eram as ações que estavam pondo em prática.

18. Quando Astíages foi informado de que havia inimigos no país, ele próprio saiu em expedição para socorrer seus homens, dirigindo-se à fronteira com sua guarda pessoal, com o seu filho e com os cavaleiros que estavam disponíveis, além de assinalar a todos os outros que viessem em seu auxílio. Quando viram os numerosos homens dos assírios posicionados e seus cavalos parados, porém, também os medos decidiram fazer uma paragem. Ciro, que via os homens partir com urgência, saiu em expedição com eles, vestindo suas armas pela primeira vez, algo que ele tinha a impressão de que nunca aconteceria, tamanho era o seu desejo de vesti-las. Elas eram muito bonitas e lhe serviam bem, pois seu avô havia pedido que fizessem sob medida para seu corpo. Assim, portando todo o seu equipamento, partiu a cavalo. Astíages lhe perguntou sob ordem de quem ele havia chegado até ali, mas acabou por aceitar que permanecesse ao seu lado.

19. Quando Ciro observou os muitos cavaleiros diante de si, perguntou: "Meu avô, esses homens, os que estão tranquilamente montados nos cavalos, são nossos inimigos?".

Ele disse: "Sim, claro, são inimigos".

"E os que estão cavalgando", Ciro continuou, "são também nossos inimigos?".

"Sim, claro, também eles."

"Bem, por Zeus, meu avô", ele disse, "ainda que pareçam uns miseráveis montados em pangarés miseráveis, eles estão levando nossos bens! Então é preciso que alguns dos nossos avancem contra eles!".

Astíages respondeu: "Mas você não está vendo, menino, a massa de cavaleiros que está ali posicionada? Se os atacarmos, os outros nos interceptarão; as nossas forças não estão ainda totalmente presentes".

"Se você permanecer aqui", disse Ciro, "recebendo os homens que vêm em nosso socorro, eles sentirão medo e não se moverão, ao passo que os saqueadores logo abandonarão a pilhagem, ao perceberem alguns de nós avançando na sua direção".

20. Quando ele disse isso, Astíages achou que suas palavras faziam algum sentido. Enquanto se admirava de quão prudente e alerta Ciro era, ordenou ao seu filho que, tomando a divisão da cavalaria, marchasse sobre os homens que faziam a pilhagem. Ele disse: "Quanto a mim, avançarei contra esses outros homens, caso eles se movam na sua direção, para que sejam obrigados a voltar sua atenção para nós". Ciaxares tomou alguns dos cavalos e dos homens mais vigorosos e avançou. Quando Ciro viu que eles começavam a sair, partiu e tomou ele próprio a frente rapidamente; Ciaxares, por sua vez, vinha logo na sequência e nenhum dos outros ficava para trás. Quando os saqueadores viram que os medos se aproximavam, largaram imediatamente o butim e se puseram em fuga.

21. Os homens que estavam com Ciro buscavam interceptá-los e golpeavam imediatamente aqueles que eram apanhados, Ciro sendo o primeiro a fazê-lo; perseguiram também aqueles

que haviam conseguido escapar, sem arrefecer, e capturaram alguns deles. Assim como um cão de boa raça, mas inexperiente, lança-se sem pensar contra um javali selvagem, foi dessa forma que Ciro se lançou, pensando somente em golpear quem caísse em suas mãos, sem nenhuma premeditação. Já os inimigos, quando viram como sofriam os seus, avançaram em massa, na expectativa de interromper a perseguição quando os medos os vissem em movimento de ataque.

22. Ciro não arrefecia, mas em júbilo chamava pelo tio e mantinha a perseguição; pressionando os inimigos, punha-os em fuga com todas as suas forças. Ciaxares, por sua vez, acompanhava-o, talvez para não se envergonhar diante do pai, enquanto os demais os seguiam, sentindo-se mais confiantes para a perseguição nessas circunstâncias, mesmo aqueles que nunca eram muito corajosos diante dos oponentes. Astíages, porém, quando viu que se engajavam na perseguição sem qualquer premeditação, enquanto os inimigos avançavam contra eles em bloco e ordenados, temeu que algo acontecesse a seu filho e a Ciro, caso eles caíssem em desordem diante de homens bem preparados, e se dirigiu imediatamente até os inimigos.

23. Os inimigos, por sua vez, quando viram os medos marchando na sua direção, pararam, estendendo uns as lanças, outros, os arcos, com a expectativa de que eles também parassem no momento em que chegassem à distância de uma flechada, como eles estavam acostumados a fazer em geral: marchavam em direção aos outros até certo ponto em que estivessem próximos o bastante e atiravam projéteis muitas vezes até anoitecer. Quando viram os seus companheiros em fuga vindo na sua direção, os homens de Ciro atrás deles e Astíages com a cavalaria já à distância de uma flechada, deram meia-volta e começaram a fugir, mas os medos os perseguiam com afinco e

capturaram vários deles. Golpeavam os que alcançavam, tanto homens quanto cavalos, e aqueles que caíam eram mortos; eles não pararam até estarem diante da cavalaria dos assírios. Então, temendo que uma força maior estivesse escondida numa emboscada, detiveram-se.

24. Depois disso, Astíages iniciou a retirada, muito satisfeito pela vitória da cavalaria, mas sem saber o que deveria dizer a Ciro, pois, mesmo que soubesse ser ele o responsável por tal feito, por outro lado, percebia que sua ousadia o deixara enlouquecido. E ainda, enquanto os outros estavam tomando o caminho de casa, Ciro, sozinho, não fazia outra coisa a não ser observar os mortos, cavalgando ao redor deles; foi com dificuldade que os homens destacados para a tarefa o arrastaram dali e o levaram até Astíages. Ciro fez, então, com que eles ficassem bem na sua frente, porque tinha visto no rosto do seu avô que ele estava furioso diante da sua visão.

25. Foi isso que se passou na Média, e não apenas Ciro estava na boca de todos tanto em histórias quanto em canções, mas também Astíages, que antes o estimava, agora o admirava imensamente. Cambises, o pai de Ciro, ficou satisfeito ao ser informado dos acontecimentos, mas, quando ouviu que Ciro já estava empreendendo feitos de um homem, chamou-o de volta, para que concluísse sua formação segundo os costumes persas. Dizem também que Ciro declarou que gostaria de voltar para lá a fim de que seu pai não ficasse descontente e o povo não o censurasse. Até Astíages achava que deveria enviá-lo de volta. Então, não só lhe deu os cavalos que quis levar, mas também despachou na sua bagagem muitos outros bens, por seu amor por ele e por ter grandes expectativas de ele vir a se tornar um homem capaz tanto de ajudar os amigos quanto de causar dor aos inimigos. Na partida de Ciro, todos o escoltaram, meninos, rapazes, homens e anciãos, montados sobre cavalos, bem como

Astíages, e dizem que não havia ninguém que não estivesse chorando durante a volta.

26. Contam que Ciro também voltou para casa com muitas lágrimas nos olhos e que distribuiu para seus jovens amigos muitos presentes dentre os que Astíages havia lhe dado e que, por fim, despindo a vestimenta meda que estava usando, deu-a para um deles, demonstrando que era por esse que tinha mais afeição. Dizem, porém, que aqueles que receberam os presentes os entregaram para Astíages e que Astíages, tendo-os recebido, enviou-os para Ciro, mas que ele os mandou de volta para Média, com a mensagem: "Meu avô, se você quiser que eu volte sem motivo para me envergonhar, permita que aqueles a quem dei algum presente fiquem com ele". Ao ouvir essas palavras, Astíages fez como Ciro havia ordenado na carta.

27. Se devemos, porém, mencionar também uma anedota amorosa, contam que, quando Ciro estava partindo e davam adeus uns aos outros, os parentes se despediam dele com um beijo na boca, como manda o costume persa, pois até hoje os persas fazem isso. Certo medo, homem muito nobre, há bastante tempo se sentia atônito com a beleza de Ciro e, quando viu os seus parentes o beijando, ficou para trás. Assim que os outros foram embora, aproximou-se de Ciro e disse: "Apenas a mim você não reconhece como parente, Ciro?".

Ciro respondeu: "Como assim? Você também é meu parente?".

Ele teria dito: "Certamente!".

Ciro falou: "Então é por isso que você ficava me observando, pois creio que muitas vezes o notei".

"Sempre com vontade de me aproximar de você, mas, pelos deuses, eu sentia vergonha."

Ciro respondeu: "Mas não deveria ter sentido, se de fato você é meu parente", e ao mesmo tempo se aproximou e lhe deu um beijo.

28. O medo que recebeu o beijo perguntou: "Isso de beijar os parentes é mesmo um costume na Pérsia?".

E Ciro disse: "Com certeza, ao menos quando nos vemos depois de passado algum tempo ou quando partimos para um lugar distante".

"Talvez seja hora", disse o medo, "de você me beijar mais uma vez, pois, como você pode ver, já estou de partida".

Então Ciro, depois de beijá-lo, despediu-se e partiu. Eles ainda não haviam chegado muito longe no caminho quando o medo apareceu de novo, com um cavalo banhado em suor. Ciro, ao vê-lo, disse: "Mas por acaso você se esqueceu de falar alguma coisa que queria?".

Ele respondeu: "Por Zeus, estou chegando aqui depois de passado algum tempo!".

E Ciro falou: "Por Zeus, ó parente, um tempo bem curto!".

"Como assim curto?", respondeu o medo, "Você não sabe, Ciro, que mesmo o tempo que levo piscando me parece bem longo, porque nesse momento não posso ver você, que é tão belo?".

Então Ciro abriu um sorriso debaixo das lágrimas e lhe disse que se animasse, que estaria com eles em pouco tempo, de forma que logo seria possível vê-lo — e sem piscar, se essa fosse sua vontade.

5

1. Assim, depois que Ciro voltou para a Pérsia, dizem que ficou ainda um ano na classe dos meninos. De início, os meninos zombavam dele, falando que ele teria voltado para lá depois de aprender a ter uma vida de prazeres entre os medos. Quando, porém, viram que ele saboreava a comida e a bebida como eles

e perceberam que, no caso de haver jejum em alguma celebração, ele estava mais disposto a doar a sua parte do que a pedir mais comida e, além disso, notaram que era superior a eles em outros aspectos, os seus companheiros se curvaram. Depois de completar a educação entre os meninos, passou à classe dos jovens, entre os quais, por sua vez, era considerado superior no cuidado com as tarefas e em resistência, no respeito aos mais velhos e na obediência aos oficiais.

2. Algum tempo depois, Astíages faleceu na Média e Ciaxares, o filho de Astíages e irmão da mãe de Ciro, tornou-se rei dos medos. O rei dos assírios, que tinha nesse momento dominado todos os sírios, um povo muito numeroso, e tinha tornado o rei dos árabes seu súdito e súditos também os hircanos, enquanto um cerco contra os báctrios já estava armado, começou a considerar que seria fácil governar todos os povos da região, caso conseguisse enfraquecer os medos, pois lhe parecia que eram os mais fortes entre os seus vizinhos.

3. Assim, ele mandou emissários para todos sob seu domínio, para Creso, rei da Lídia, para o rei da Capadócia, para ambas as Frígias, para Paflagônia, Índia, Cária e Cilícia, de certa forma deturpando quem eram os medos e os persas, ao dizer que eram dois grandiosos povos, poderosos, que haviam se unido com um objetivo comum ao realizar casamentos entre si, e que ofereciam perigo de atacar e subjugar cada um desses povos, a não ser que alguém os enfraquecesse antes. Alguns, convencidos por esse discurso, fizeram com ele uma aliança, outros foram subornados com presentes e dinheiro, pois isso ele tinha muito.

4. Quando Ciaxares, o filho de Astíages, soube dessa conspiração e dos preparativos dos homens associados contra ele, imediatamente preparou uma defesa na medida da sua capacidade e enviou uma embaixada aos persas, tanto para o Conselho quanto para Cambises, que era marido de sua irmã e rei dos

persas. Enviou emissários também a Ciro, pedindo que tentasse vir até ele no comando de um grupo de homens, caso o Conselho decidisse enviar soldados, pois Ciro, tendo completado dez anos na classe dos rapazes, já estava na dos adultos.

5. Com a concordância de Ciro, os anciãos do Conselho o escolheram comandante da expedição à Média. Permitiram-lhe selecionar como companheiros duzentos dentre os pares, e a cada um dos duzentos deram o direito de escolher outros quatro, também dentre os pares; assim eles se tornaram mil homens.* E cada um desses mil, por sua vez, pôde selecionar, do povo comum dos persas, dez peltastas, dez fundeiros e dez arqueiros. Desse modo, passaram a ser dez mil peltastas, dez mil fundeiros e dez mil arqueiros, sem contar os mil homens do início. Esse era o tamanho do exército dado a Ciro.

6. Assim que ele foi escolhido, começou pelos deuses; fez sacrifícios que indicaram bons presságios e só então selecionou os seus duzentos. Quando cada um deles também havia escolhido seus outros quatro, reuniu-os e se dirigiu a eles pela primeira vez da seguinte forma:

7. "Caros, escolhi vocês não por aprová-los no dia de hoje, mas por tê-los observado desde a infância se esforçando de vontade própria por aquilo que o país julga ser direito e se abstendo completamente daquilo que julga ser indigno. Os motivos pelos quais fui apontado para esse cargo, não contra a minha vontade, e pelos quais os convoquei quero agora esclarecer.

8. "Vim a refletir que nossos ancestrais não foram em nenhum aspecto piores do que nós. Ao menos também eles passaram suas vidas praticando aquilo que consideramos feitos de virtude. Porém, o que eles ganharam sendo assim, fosse para

---

* "Pares" se refere ao termo *homotimoi*, homens que, na Pérsia, gozavam do mesmo status social e formavam a elite do país.

o bem dos persas, fosse para o bem deles próprios, é algo que ainda não consigo perceber.

9. "Penso, no entanto, que nenhuma virtude é praticada pelos homens a fim de que os bons não tenham nada além do que têm os maus; aqueles que no presente momento se abstêm dos prazeres não fazem isso com intenção de não se divertir jamais, mas se preparam, desse modo, para que tenham posteriormente diversões muitas vezes maiores graças ao seu autocontrole. Os que anseiam por se tornar excelentes no discurso estudam para isso, não com o objetivo de ser continuamente eloquentes, mas porque têm a expectativa de persuadir os homens, por meio da eloquência, a realizar muitas e grandiosas ações. Por sua vez, aqueles que praticam atividades militares se esforçam não para lutarem continuamente, mas julgando também eles que, ao se tornarem bons, trarão muita riqueza, muita alegria e muitas honras para si e para o seu país.

10. "Se, porém, depois de todos esses esforços e antes de terem colhido qualquer fruto, alguns aceitaram se tornar incapazes por causa da velhice, ao menos para mim se parecem com um homem que deseja ser bom fazendeiro e faz uma boa plantação e um bom cultivo, mas larga o fruto no pé para cair ao chão no momento em que deve colhê-lo. E se um atleta passar a vida sem participar de disputas, depois de se empenhar o bastante para ter a possibilidade de sair vitorioso, parece-me que não seria certo considerá-lo um homem livre de insensatez.

11. "Quanto a nós, homens, que não passemos por isso, mas, conscientes de que começamos a praticar ações nobres e belas desde a nossa infância, avancemos contra os inimigos, que tenho certeza de serem homens simples demais para rivalizar conosco. Eles ainda não são adversários capazes e, embora tenham domínio do arco, da lança e da cavalaria, mostram-se deficientes quando é preciso encarar os trabalhos pesados e

são uns leigos quando se trata de suportá-los; homens que são abatidos pela situação quando é preciso ficar acordado e que se mostram principiantes ao suportar o sono. Eles não são competentes porque não foram educados a lidar com aliados e inimigos, e é evidente que não estão familiarizados com nenhuma das lições mais importantes.

12. "Mas vocês, creio eu, são capazes de fazer da noite o mesmo que os outros fazem do dia; vocês julgam que o trabalho pesado é aquilo que leva a uma vida prazerosa; habituaram-se a ter a fome como tempero; beber apenas água é, para vocês, mais fácil do que é para os leões, e mantêm guardada em suas almas a mais bela de todas as aquisições e a mais importante para a guerra: vocês se comprazem com o elogio mais do que todos os outros homens. E os que amam o louvor devem, por isso, submeter-se com prazer a todo tipo de trabalho e a todo tipo de perigo.

13. "Se digo essas coisas, mas na verdade penso o contrário, é a mim mesmo que estou enganando, pois sou eu que pagarei pela deficiência caso alguma dessas qualidades falte em vocês. Vejam, porém, que estou confiante de que não erro ao manter boas expectativas, pela experiência que tenho tanto com vocês quanto com os inimigos. Mas partamos com confiança, já que até a aparência de desejar injustamente bens alheios não é mais um empecilho no nosso caminho, pois são os inimigos que agora dão início às agressões, enquanto nossos amigos nos chamam em seu auxílio. O que pode ser mais justo do que se defender ou mais nobre do que socorrer os amigos?

14. "Além disso, creio que outro fato pode lhes dar confiança, o de eu não ter negligenciado os deuses ao realizar essa expedição, pois vocês me conhecem o bastante para saber que, não apenas nos grandes, mas também nos pequenos eventos, busco sempre começar pelos deuses. O que mais devo dizer?", ele concluiu, "uma vez que vocês tenham escolhido e reunido os

seus homens e realizado as demais preparações, marchemos para a Média! Quando a mim, depois de voltar até meu pai, irei na frente para conhecer o mais rápido possível a situação dos inimigos e para fazer as preparações necessárias para que lutemos da melhor forma que pudermos, com auxílio divino". E eles passaram a fazer o que ele havia ordenado.

6

1. Depois que Ciro foi para casa e dirigiu preces a Héstia Ancestral,* a Zeus Ancestral e aos outros deuses, deu início à campanha, e até mesmo seu pai juntou-se à sua escolta. Dizem que começou a relampejar e a trovejar quando eles saíram de casa, o que indicava bons auspícios para ele. Após essas manifestações, puseram-se em marcha sem mais pensar em presságios, porque os sinais do deus mais poderoso não escaparam a ninguém.**

2. Ciro avançava quando seu pai começou a seguinte conversa: "Meu filho, que os deuses o enviam com aprovação e benevolência está claro tanto por meio dos sacrifícios quanto dos sinais vistos no céu. Você próprio pode reconhecê-los, pois os ensinei a você com a intenção de que não dependesse de intérpretes para entender os conselhos dos deuses e para que você próprio, diante das coisas que seus olhos vissem e seus ouvidos escutassem, fosse capaz de identificá-los em vez de recorrer a adivinhos que poderiam enganá-lo com algo diferente do que os sinais divinos revelam. Além disso, para que não ficasse sem

---

* Filha de Cronos e de Reia, Héstia era uma divindade cultuada pública e domesticamente. Ela era guardiã do fogo, e em grego seu nome também indica o próprio local do culto doméstico , a "lareira", que simboliza o centro do lar.

** Raios e trovões estão associados a Zeus, o mais poderoso dos deuses gregos.

saber o que fazer diante dos sinais caso um dia estivesse sem um adivinho e, interpretando as deliberações dos deuses por meio da arte divinatória, você os obedecesse".

3. "De fato, meu pai", disse Ciro, "a fim de que os deuses nos sejam favoráveis e desejem nos aconselhar, cuido deles constantemente da melhor forma que sou capaz, conforme você me ensinou, pois estou lembrado de ouvi-lo certa vez dizer que é provável que um homem seja mais bem-sucedido em suas ações, tanto com relação aos deuses quanto com relação aos homens, se não bajular os deuses quando estiver em dificuldade, mas ao se lembrar deles especialmente no momento em que realiza as maiores conquistas. E quanto aos amigos, você disse que eles devem receber esse mesmo tipo de consideração".

4. "E agora, meu filho", ele respondeu, "graças a esse cuidado, você não vem neste momento rogar aos deuses com mais alegria e com mais esperança de realizar aquilo que pede, por estar consciente de nunca tê-los negligenciado?".

"Certamente, pai", Ciro disse, "tenho a impressão de que os deuses são como meus amigos".

5. "Pois bem, meu filho, você se lembra das conclusões a que certa vez chegamos? Os homens que têm conhecimento do que os deuses lhes deram agem melhor do que aqueles que o ignoram; os que trabalham são mais bem-sucedidos do que os que não fazem nada; os que são cuidadosos passam a vida de forma mais segura do que aqueles que são incautos e assim concluímos que apenas os homens que se tornaram aquilo que devem ser podem pedir benesses aos deuses."

6. "Sim, por Zeus, de fato lembro de ouvi-lo falar sobre isso, pois fui obrigado a concordar com as suas palavras. Sei que você sempre disse que aqueles que não aprenderam a cavalgar não têm o direito de pedir aos deuses uma vitória; os arqueiros que não tenham conhecimento do arco, de pedir para superar

os que têm; os que não têm conhecimento da navegação, de rezar para que as naus que pilotam sejam salvas; os que não plantaram nada, de rezar para que lhes seja dada uma bela safra; e os que não guardam vigília em guerra não têm direito de pedir que estejam a salvo. Tais pedidos e todos os do mesmo tipo são contrários às leis divinas. Você disse também que os que rezavam pelo que não era direito provavelmente não obteriam resposta dos deuses, do mesmo modo que não obtêm nada dos homens aqueles que solicitam algo ilegal."

7. "Filho, acaso você se esqueceu da conversa durante a qual você e eu refletimos que seria um feito ilustre e digno para um homem dar o melhor de si a fim de se tornar verdadeiramente belo e nobre e de prover o suficiente a si próprio e a seus familiares? Embora esse seja um grande feito, saber liderar outros homens com vistas a que eles possam obter provisões abundantes e para que se tornem aquilo que devem ser foi algo que, acredito, pareceu-nos então admirável."

8. "Sim, por Zeus, meu pai, lembro-me das suas palavras a respeito disso também e concordei naquele momento que é um feito extremamente difícil governar bem. Ainda agora tenho a mesma opinião, quando penso sobre o assunto e examino o que é próprio do ato de governar. Porém, ao observar outros homens e ver que tipos passam a vida como seus líderes e que tipos virão a ser nossos adversários, parece-me uma grande vergonha lhes mostrar respeito e não desejar tê-los como oponentes. Percebo que esses homens, começando por esses nossos amigos aqui, consideram que quem governa deve se distinguir dos governados ao ter jantares mais dispendiosos, possuir mais ouro em casa, dormir por mais tempo e, em todos os aspectos, levar uma vida menos penosa do que a dos homens que governa. Já eu acho que o governante deve se distinguir dos governados não pela boa vida, mas pela precaução e pela diligência no trabalho."

9. "Porém, meu filho, há algumas situações em que não devemos lutar contra homens, mas contra os fatos, e não é fácil superá-los de imediato. Neste momento, você certamente sabe que sua liderança estará arruinada se o exército não receber as provisões necessárias."

"Sim, sei disso, pai. Ciaxares diz que fornecerá o necessário a todos que estão indo comigo, não importa quantos sejam."

"Mas, meu filho, você está partindo confiante nesses recursos de Ciaxares?"

"Sim, estou", respondeu Ciro.

"Você sabe qual o montante?"

"Por Zeus", disse Ciro, "não sei de nada".

"E mesmo assim você tem confiança nesses fatos incertos? Você não percebe que precisará de muitos recursos e que ele agora tem várias outras despesas inevitáveis?"

"Sim, percebo", disse Ciro.

"Então, se seus recursos forem insuficientes ou se ele tiver deliberadamente enganado você, como ficará a situação do exército?"

"Está claro que não será boa; mas, meu pai, se você está vendo uma maneira de eu mesmo obter recursos, conte-me enquanto ainda estamos numa região amigável."

10. "Filho, você está me perguntando onde você próprio seria capaz de obter recursos? De quem é mais provável que surjam recursos do que daquele que está no comando das forças? Você está saindo daqui com uma infantaria que sei que você não trocaria por nenhuma outra, ainda que muitas vezes maior; e a cavalaria dos medos, a melhor de todas, será sua aliada. Qual povo dos nossos arredores você acha que não se colocará às suas ordens, por desejar agradá-lo e por temer sofrer algum mal? Isso tem de ser considerado em conjunto com Ciaxares, para que nunca lhes falte algo de que é necessário dispor, e deve-se

habitualmente planejar uma fonte de recursos. Acima de tudo, lembre-se de nunca adiar o fornecimento das provisões até o momento em que a necessidade o obrigue, mas, quando você tiver abundância de recursos, planeje-se para a falta deles; você conseguirá mais de quem for solicitado caso não aparente estar em dificuldades, e isso fará com que você pareça isento de culpa aos olhos dos seus soldados. Desse modo, você obterá mais respeito dos outros e, caso deseje com suas forças fazer mal ou bem a alguém, os soldados servirão a você de forma melhor se tiverem o necessário. Além disso, tenha certeza de que você poderá fazer discursos mais persuasivos no momento em que for capaz de dar provas definitivas de que está em posição tanto de fazer o bem quanto de fazer o mal."

11. "Pai, parece-me que tudo que você diz está correto por vários motivos, também porque nenhum dos meus soldados será agradecido a mim por aquilo que agora dizemos que ele receberá, pois conhecem as condições de Ciaxares em buscá-los como aliados. Aquilo que receberem para além do que foi acordado considerarão uma honra e é provável que fiquem gratos a quem o conceda. Já sobre o homem que está no comando das forças, graças às quais ele pode tanto receber ajuda em retribuição a benefícios concedidos a amigos, quanto tomar os bens dos inimigos", Ciro perguntou, "caso ele se descuide do fornecimento de recursos, isso você consideraria de alguma forma menos vergonhoso do que um homem que possui terras e lavradores que poderiam nelas trabalhar e, mesmo assim, permite que elas se tornem ociosas e improdutivas? Ao menos no que depender de mim", ele acrescentou, "nunca descuidarei de fornecer as provisões necessárias aos soldados que lutam ao meu lado, seja numa região amiga ou hostil, tenha ciência disso".

12. "Pois bem, meu filho, e dos outros pontos que naquela ocasião nos pareceu necessário não negligenciar, você se lembra?"

"E como não lembraria? Foi na ocasião em que fui até você atrás de dinheiro, para pagar o homem que dizia ter me ensinado a ser um general, e você, depois de me dar o que pedi, perguntou algo assim: 'Diga-me, esse homem a quem você leva o pagamento também mencionou alguma coisa sobre administração doméstica fazer parte dos trabalhos de um general? Pois é certo que os soldados não têm menos necessidade de recursos do que os servos de uma casa'. Quando respondi a verdade, que ele não havia mencionado nada a esse respeito, você me fez outra pergunta, se ele havia me falado acerca de saúde e de força física, pois também essas coisas um general deve supervisionar como comandante.

13. "E quando disse que também não, você me perguntou ainda se ele havia me ensinado algumas práticas que pudessem ser minhas mais importantes aliadas nos trabalhos de guerra. Quando respondi que não, você me apresentou mais uma questão, se ele havia me ensinado uma forma de inspirar disposição no exército, dizendo que, em todo trabalho, faz muita diferença realizá-lo com disposição ou sem. Quando fiz que não com a cabeça, você me perguntou outra coisa, se ele, ao me ensinar, havia discursado sobre a obediência do exército e o modo mais efetivo de consegui-la.

14. "Uma vez que ficou evidente que também esse tópico não havia sido mencionado de modo algum, finalmente você me perguntou o que o homem que dizia estar me instruindo sobre a arte de comandar me ensinava. Nesse momento, respondi que eram táticas. Você, rindo, revisou comigo todos os detalhes, explicando-me cada um deles e perguntando que benefício um exército poderia ter com as táticas, mas sem provisões, sem saúde, sem conhecimento das artes da guerra já desenvolvidas, sem obediência. Como você deixou evidente para mim que as táticas eram uma pequena parte da arte de comandar, quando

perguntei se você poderia me ensinar alguma das outras partes, mandando-me sair dali para conversar com os homens que eram considerados versados na arte de comandar e aprender sobre cada uma dessas questões.

15. "Então passei a conviver com aqueles que ouvira dizer serem os mais hábeis no assunto. Quanto à alimentação, estava convencido de que aquilo que Ciaxares nos forneceria era suficiente; no que diz respeito à saúde, vendo e ouvindo que as cidades que pretendiam ser saudáveis escolhiam seus médicos e que os generais também os levavam para cuidar dos soldados, do mesmo modo eu, ao assumir esse posto, logo tratei dessa questão, e penso, meu pai", ele completou, "que terei comigo homens bastante distintos na arte da medicina".

16. A isso seu pai respondeu: "Mas, meu filho, esses médicos de quem você fala são como uns remendos em roupas rasgadas; quando alguém adoece, eles curam. Seu cuidado com a saúde deverá ser muito maior, pois você deve atentar para o principal, que o exército não adoeça".

"E devo seguir por qual caminho, meu pai, para conseguir isso?"

"Bem, se você permanecer por algum tempo no mesmo local, a primeira coisa a fazer é não descuidar de armar o acampamento num lugar com condições salubres. Nisso você não poderá se enganar, caso seja cuidadoso, pois os homens falam o tempo todo sobre locais salubres e insalubres. Marcas desses dois tipos de lugares estarão visíveis tanto nos seus corpos quanto na sua tez. Em segundo lugar, não basta o exame da região, lembre-se de zelar para que você mesmo esteja saudável."

17. "Em primeiro lugar, por Zeus, tento nunca comer demais, pois me sinto pesado. Em segundo lugar, tento consumir toda minha alimentação em exercícios, pois é dessa forma que me parece que a saúde se mantém e a força se desenvolve."

"É desse mesmo modo, meu filho, que você deve então cuidar dos outros."

"E acaso exercitar o corpo, meu pai, será uma atividade de lazer para os soldados?"

"Sim, por Zeus, isso não só é um lazer, como é obrigação, pois decerto o exército não deve deixar nunca de se preparar para fazer mal aos inimigos e bem a si mesmo, se estiver na iminência de praticar aquilo que lhe é devido. Quão difícil é sustentar até mesmo um único homem ocioso e muito mais difícil, meu filho, é sustentar toda uma casa! O mais difícil de tudo, porém, é sustentar um exército ocioso, pois não apenas são muitas as bocas para alimentar no exército, mas suas provisões são as mais escassas no princípio, e o que se recebe é utilizado da forma mais dispendiosa; assim, nunca se deve deixar um exército ocioso."

18. "Pai, ao que parece, você quer dizer que, assim como um fazendeiro ocioso não vale nada, também não vale nada um general ocioso."

"Eu mesmo garanto que um general ativo, a não ser que um deus o impeça, vai tanto garantir que seus soldados tenham provisões de forma abundante quanto prepará-los para que tenham excelente condição física."

"Sim, certamente", Ciro disse. "Quanto à preparação para cada uma das atividades de guerra, creio, pai, que anunciar competições e estabelecer prêmios para cada uma delas é uma ótima maneira de fazer com que tenham bom treinamento, de modo que os homens estarão preparados quando for necessário".

"Certíssimo, meu filho; ao fazer tudo isso, tenha certeza de que você será um espectador de suas tropas, como se visse um coro a dançar, bem exercitadas no que lhes concerne."*

---

* O *choros*, na Grécia clássica, estava associado não apenas ao canto, mas também à dança.

19. "Porém, para inspirar disposição nos soldados, nada me parece mais adequado do que a capacidade de dar esperança aos homens."

"Mas, filho, isso seria como se um homem, na caça, sempre chamasse seus cães com o chamado que usa quando vê um animal, pois bem sei que inicialmente eles vêm obedientes e com boa disposição. No entanto, se ele os enganar muitas vezes, acabam por não lhe obedecer mais, mesmo que ele os chame no momento em que de fato vê um animal. É assim também com a esperança. Caso alguém engane os homens muitas vezes, inspirando neles boas expectativas, não conseguirá depois ser obedecido mesmo que fale de esperanças reais. Você deve se calar sobre aquilo que não souber com clareza, meu filho, e outros homens podem substituí-lo para conseguir o mesmo resultado; é necessário sobretudo preservar a credibilidade das suas palavras de exortação para o momento dos maiores perigos."

"Sim, por Zeus", disse Ciro, "parece-me que você tem razão e suas palavras agradam-me mais.

20. "Quanto a manter os soldados obedientes, parece-me que não me falta experiência nesse assunto, pai, pois você começou a me ensinar a ser obediente desde a infância, forçando-me a lhe obedecer. Em seguida, você me entregou aos meus professores e eles fizeram o mesmo. Quando eu estava no grupo dos jovens, nosso oficial se ocupava de forma rigorosa disso; e creio que a maioria das leis ensina sobretudo estas duas coisas, governar e ser governado. Portanto, ao refletir sobre a questão, acredito ter observado que a obediência é estimulada em todos os aspectos principalmente quando louvamos e honramos aquele que obedece e desonramos e punimos o desobediente."

21. "Esse, de fato, meu filho, é o caminho para a obediência compulsória, mas há um atalho muito melhor e que leva à obediência voluntária. Os homens obedecem com prazer àquele que

consideram ser mais prudente do que eles com relação aos seus próprios interesses. Você pode perceber que isso acontece em muitas situações, sobretudo com os doentes, que chamam por vontade própria homens que ditarão o que devem fazer; no mar, são os passageiros que obedecem de forma voluntária aos capitães, e, se alguém julga que há quem conheça os caminhos melhor do que si, esforça-se para não sair do lado dessa pessoa. Já se julgarem que virão a sofrer algum mal ao serem obedientes, os homens não estarão muito propensos a ceder, mesmo diante de castigos, nem se excitarão com presentes, pois nem um presente alguém se dispõe a receber caso seja para o seu próprio mal."

22. "Você está dizendo, pai, que para manter a obediência nada é mais eficaz do que parecer mais prudente do que aqueles que estão sob seu comando?"

"É isso que estou dizendo", ele respondeu.

"E qual a forma mais rápida de se obter tal reputação?"

"Não há, meu filho, caminho mais curto para aquilo que você deseja, que é parecer prudente", ele disse, "do que ser prudente. Ao examinar cada um dos exemplos seguintes, você perceberá que digo a verdade. Se você deseja parecer um bom fazendeiro, sem que o seja, ou um bom cavaleiro, médico, flautista ou qualquer outro profissional, pense em quanto seria necessário maquinar com vistas a essa reputação. Ainda que você convencesse muitos homens a elogiá-lo, a fim de obter essa fama, e arranjasse belos aparatos para cada uma dessas atividades, você seria capaz de ludibriar as pessoas por um breve momento, mas seria contestado não muito tempo depois e exposto como um embuste se colocado à prova".

23. "Mas como alguém pode se tornar realmente prudente em prever aquilo que se mostrará útil?"

"É evidente, meu filho, que é aprendendo tudo aquilo que é possível saber pelo aprendizado, assim como você aprendeu as táticas. Quanto ao que não cabe ao homem aprender ou à predição humana prever, você será mais sábio do que os outros ao consultar os deuses com a arte da divinação. Se você souber qual a melhor coisa a ser feita, trate de agir para que ela se realize, pois é próprio do homem mais prudente ser responsável, não negligente."

24. "Quanto a ser amado pelos homens que governa, e isso me parece ser uma das questões principais, é evidente que se deve tomar o mesmo caminho de alguém que deseja obter a afeição dos amigos, pois creio que é necessário se mostrar a eles como um benfeitor."

"Sim, filho", ele disse, "mas é algo difícil ser capaz de sempre fazer bem a quem se quer; por outro lado, mostrar que se alegra por eles, caso lhes aconteça algo bom, e que se condói, caso lhes sobrevenha um mal; que os auxilia por vontade própria nos seus momentos difíceis; que teme que eles venham a fracassar e que busca evitar que isso aconteça — é nessas situações que você deve necessariamente estar de alguma forma ao seu lado.

25. "Durante as campanhas, caso elas ocorram no verão, aquele que está no comando deve mostrar mais vontade de se expor ao sol; se no inverno, ao frio; nas adversidades, ao trabalho pesado, pois tudo isso contribui para a obtenção do amor dos soldados."

"Então você está dizendo, meu pai, que é necessário que o comandante se mostre mais forte do que os que estão sob seu comando."

"Pois, sim, é isso que digo, mas esteja certo de uma coisa, filho: tenha em mente que o esforço não afeta de igual modo o comandante e o homem comum, ainda que tenham o mesmo físico, já que as honras e até o fato de saber que nada do que faz passa despercebido tornam, de certa forma, o esforço mais leve para o comandante."

26. "Pai, quando os soldados receberem suas provisões, estiverem saudáveis, capazes de enfrentar o trabalho pesado, treinados nas práticas militares, desejosos de se mostrar valentes, e for mais agradável para eles obedecer do que desobedecer, não lhe parece que, nesse momento, seria mais sensato enfrentar os inimigos o quanto antes?"

"Sim, por Zeus", ele respondeu, "pelo menos no caso de isso ser vantajoso. Senão, de minha parte, quanto melhores as condições em que eu considerasse estar com os meus homens, mais eu ficaria de vigília — como tentamos manter da forma mais segura possível aquilo que consideramos mais valioso".

27. "E qual o melhor modo de ganhar uma vantagem sobre o inimigo, pai?"

"Por Zeus, você pergunta sobre um feito que não é fácil nem simples, mas saiba que o homem que pretende obter essa vantagem deve ser um conspirador, um dissimulador, um homem ardiloso, um enganador, um ladrão e um larápio e deve ainda ser em todos os aspectos ganancioso diante dos inimigos."

Ciro disse, rindo: "Ó Héracles, mas que tipo de homem você diz que devo me tornar, meu pai?".

"Agindo dessa forma, filho, você poderá ser ao mesmo tempo o homem mais justo de todos e o mais obediente às leis."

28. "Por que, então, vocês nos ensinaram o contrário disso quando éramos meninos e jovens?"

"Ah, por Zeus, e é assim que deve ser até hoje com relação aos amigos e aos cidadãos; mas você não sabe que vocês estavam aprendendo também muitas vilanias para poderem fazer mal aos seus inimigos?"

"De fato, meu pai", ele respondeu, "eu, pelo menos, não sabia".

"Mas com que fim vocês estavam aprendendo a usar o arco? Com que objetivo aprendiam a arremessar uma lança? Qual o motivo para aprender a capturar javalis selvagens com redes e fossas e cervos com armadilhas e cordas? E por que não lutavam de frente com leões, ursos e leopardos, de igual para igual, mas sempre tentavam ter alguma vantagem numa disputa com eles? Ou acaso você não percebe que isso tudo são vilanias, logros, artimanhas e vantagens desonestas?"

29. "Sim, por Zeus, com os animais, sim, mas caso eu desse a impressão de querer enganar um homem, sabia que levaria uma surra."

"Creio que tampouco permitíamos que vocês usassem o arco ou a lança contra homens, mas ensinamos vocês a atirar contra um alvo, para que, pelo menos naquele momento, vocês não fizessem mal aos amigos, e a fim de que vocês fossem capazes também de alvejar um homem, se em algum momento entrássemos em guerra. Ensinamos da mesma maneira a enganar e a tirar proveito de uma situação não com homens, mas com animais, para que vocês não prejudicassem os amigos e tampouco fossem inexperientes nessas questões, caso houvesse uma guerra."

30. "Mas então, pai, se de fato é útil ter conhecimento de ambas as coisas, fazer bem e fazer mal aos homens, era necessário ensiná-las ambas também com relação aos homens."

31. "Dizem, filho, que na época dos nossos ancestrais houve certa vez um professor de meninos, ao que parece, que ensinava justiça da forma como você propõe: a mentir e a não mentir, a enganar e a não enganar, a caluniar e a não caluniar, ser ganancioso ou não ser ganancioso. Ele dividia essas ações entre aquelas que devem ser feitas aos inimigos e as que devem ser feitas aos amigos, ensinando ainda que seria justo enganar os amigos caso se tivesse em vista um bom propósito, e que seria também justo roubar o que era dos amigos, nessa mesma situação.

32. "Ao dar essas lições, os meninos tinham que ser também treinados a praticá-las uns com os outros, da forma como dizem que os gregos ensinam a enganar na luta e exercitam os

meninos para que sejam capazes de agir assim. Então, alguns que se tornaram, por causa disso, experientes tanto no engodo quanto em ganhos desonestos, e que talvez já não fossem sequer inexperientes com relação à avareza, não se abstinham mais de sua ganância sequer com os amigos.

33. "Portanto, por causa dessa experiência, criou-se um decreto, ainda hoje válido, que estabelece simplesmente ensinar os meninos a falar a verdade, como ensinamos os nossos servos, a não enganar e a não ser ganancioso. Caso alguém aja de forma contrária ao estabelecido, é punido, a fim de que se acostume com tais hábitos para ser um cidadão mais pacato.

34. "Quando, porém, os homens chegam à idade que você tem agora, parece já ser seguro ensinar o que está de acordo com a lei também em relação aos inimigos, pois creio que vocês não se permitiriam mais se tornar cidadãos brutos, uma vez que foram educados em grupo a respeitar uns aos outros. Do mesmo modo, também não conversamos sobre os prazeres eróticos na frente de meninos jovens demais, para que não se entreguem a eles de forma desmedida, numa indulgência conjugada a um desejo intenso."

35. "Sim, por Zeus", ele disse, "mas, pai, como estou atrasado no aprendizado de ganhar vantagem sobre os inimigos, não se contenha no que você for capaz de me ensinar acerca dessa questão".

"Pois bem, planeje, na medida do seu alcance, realizar o ataque quando os inimigos estiverem desordenados e os seus próprios homens, organizados; eles, desarmados, e os seus, bem equipados; eles, adormecidos, e os seus, despertos; eles, visíveis para você, e você invisível para eles; eles, em terreno desfavorável, e você em boa posição, pronto para interceptá-los."

36. "E como seria possível, pai, apanhar os inimigos enquanto cometem erros desse tipo?"

"Será possível, meu filho", ele respondeu, "porque necessariamente tanto vocês quanto os inimigos se encontrarão em muitas situações desse tipo, já que é inevitável que ambos os lados tenham que preparar as refeições; também é inevitável que ambos durmam e, ao amanhecer, que todos quase ao mesmo tempo tenham que fazer suas necessidades, e é inevitável utilizar as estradas que existam. Você deve ficar bastante atento a isso tudo e estar em vigília principalmente onde souber que estão mais vulneráveis. E onde perceber que os inimigos são mais fáceis de dominar, é sobretudo aí que você deve atacar".

37. "Mas só dessa forma é possível ganhar vantagem", Ciro perguntou, "ou de outras formas também?".

"Existem muitas outras, filho, pois, contra essas formas que mencionei, em geral é sabido que se devem montar fortes guardas. Porém, aqueles que enganam os inimigos, tornando-os confiantes, são capazes de apanhá-los desatentos e, ao permitir que os inimigos os persigam, fazê-los cair em desordem, direcionando-os durante a fuga para um terreno desfavorável, onde poderão então realizar o ataque.

38. "Agora, você, que anseia conhecer todas essas táticas, não deve apenas utilizar aquilo que já aprendeu, mas deve você mesmo criar estratagemas contra os inimigos, como os músicos que não somente interpretam o que estudaram, mas buscam criar composições novas. Se, entre os músicos, canções novas e frescas são muitíssimo apreciadas, também na guerra os estratagemas recentes são muito apreciados, pois são mais capazes de enganar os adversários.

39. "De qualquer forma, meu filho", ele acrescentou, "se você não fizer nada além de aplicar contra homens os ardis que você planejou muitas vezes contra pequenos animais, você não acha que já terá feito um enorme avanço no que diz respeito a obter vantagem sobre os inimigos? Para ir atrás das aves no mais

rigoroso inverno, você se levantava no escuro e, antes que as aves surgissem, já tinha armado as arapucas e a terra remexida estava igual à intocada. Nesse momento, você já tinha treinado algumas aves para que estivessem a seu serviço, podendo, com elas, enganar outras aves de mesma espécie, e ficava emboscado, a fim de que conseguisse vê-las, sem ser por elas visto. Além disso, você havia treinado para apanhar os pássaros antes que eles pudessem escapar.

40. "Quanto à lebre, por exemplo, porque ela se alimenta no escuro e foge do dia, você criava cães que pudessem farejar o seu cheiro. Porque ela escapava rapidamente quando descoberta, você tinha outros cães treinados para apanhá-la na fuga. Se ela conseguisse escapar deles, depois de estudar os caminhos e os lugares aonde as lebres iam parar durante a fuga, você ali abria redes de forma que ficassem pouco visíveis; por fim, a lebre acabava se prendendo na impetuosidade da fuga. Com receio de que ela conseguisse escapar também nesse momento, você posicionava homens para observar a situação em que poderiam apanhá-la rapidamente, uma vez que estavam próximos da rede, enquanto você próprio ficava mais recuado e gritava, correndo atrás do animal, espantando-o para que fosse pego atordoado. Ao mesmo tempo, você deixava ainda outros homens escondidos mais à frente, tendo-os ensinado a ficar emboscados em silêncio.

41. "Assim, como eu já disse, se você estiver disposto a tramar coisas dessa natureza também contra homens, de fato, não sei se você ficaria atrás de qualquer um dos seus inimigos. Caso se faça necessário em algum momento, porém, também entrar em combate em campo aberto, às claras e com ambos os lados armados, nesse caso, meu filho, as vantagens asseguradas com bastante antecedência são muito poderosas. Com isso quero dizer: caso o físico de seus soldados esteja bem pre-

parado, seus espíritos afiados e eles próprios bem exercitados nas artes militares.

42. "Você deve estar ciente de que todos aqueles por quem você espera ser obedecido esperam também que você tome decisões por eles. Então, nunca seja imprudente, mas à noite antecipe o que os seus comandados farão por você quando o dia raiar e, durante o dia, arranje para que a noite transcorra da melhor forma possível.

43. "A maneira como você deve organizar seu exército para a batalha, por sua vez, ou a forma como você deve conduzi-lo de dia ou de noite, por caminhos estreitos ou amplos, montanhosos ou planos; como você deve armar o acampamento ou posicionar a guarda noturna e a diurna; avançar em direção aos inimigos ou se retirar diante deles; passar por uma cidade inimiga ou avançar contra os seus muros ou se afastar deles; atravessar barrancos e rios ou se proteger dos cavaleiros, dos arqueiros e lanceiros; ou, ainda, caso os inimigos surjam quando você estiver avançando em coluna, como você deve contra-atacar; ou na possibilidade de que os inimigos apareçam de algum outro lugar que não seja de frente, como você deve se voltar para enfrentá-los, caso você esteja avançando em falange; ou como se pode da melhor forma perceber as intenções dos inimigos, ou como deixar os inimigos saberem o mínimo sobre as suas — por que eu contaria a você todas essas coisas? Pois você já ouviu várias vezes aquilo que eu próprio sei e não ignorou nenhum dos outros homens reputados por terem conhecimento sobre esses assuntos, nem deixou de aprender com eles. Creio, então, que você deve se valer desses conhecimentos do modo que lhe parecer mais adequado de acordo com as circunstâncias.

44. "Aprenda de mim também esta lição, meu filho", ele disse, "a maior delas: não coloque em perigo seja a si mesmo, seja ao exército, agindo contra os sinais divinos e os voos das aves, e

tenha em mente que os homens escolhem suas ações por conjecturas, sem saber absolutamente de onde lhes virão os bens.

45. "E isso você pode observar a partir de fatos, pois muitos já convenceram cidades a entrar em guerra contra outros homens porque pareciam ser os mais sábios nesses assuntos, e, nas mãos deles, as cidades persuadidas a atacar acabaram arruinadas. Muitos exaltaram diversos indivíduos e cidades, e nas mãos dos que foram exaltados eles acabaram sofrendo os piores males. Muitos homens que poderiam ter tratado as pessoas como amigas, beneficiando-as e sendo ao mesmo tempo beneficiados, preferiram tratá-las como escravas e acabaram punidos por elas. A muitos não foi suficiente viver de forma agradável com a parte que lhes cabia, porque desejavam ser senhores de tudo e, por causa disso, acabaram perdendo até aquilo que já possuíam, e muitos, tendo conquistado o tão cobiçado ouro, foram arruinados por ele.

46. "A sabedoria humana, portanto, não sabe como tomar a melhor decisão mais do que uma pessoa que, tirando a sorte, faça aquilo que se sorteou. Por outro lado, os deuses, meu filho, os deuses eternos que tudo sabem, fatos passados, fatos presentes e o que sucederá de cada um deles, apontam o que devem e o que não devem fazer aqueles a quem são favoráveis, quando são consultados pelos homens. Se não desejam aconselhar a todos, não há por que se admirar, pois não lhes é necessário cuidar daqueles de quem eles não queiram."

Livro II

1

1. Conversando sobre essas questões, chegaram à fronteira persa. Quando uma águia surgiu à sua direita,* antecipando-se a eles na direção que iriam tomar, fizeram uma prece aos deuses e heróis que habitam a Pérsia, para que os conduzissem propícios e benevolentes e, assim, cruzaram a fronteira. Em seguida, dirigiram mais uma vez preces aos deuses que habitam a terra médica, para que os recebessem propícios e benevolentes. Depois, como era natural, abraçaram-se, e o pai partiu de volta à Pérsia, enquanto Ciro começou a marchar através da Média para se encontrar com Ciaxares. 2. Quando Ciro chegou, primeiro eles se abraçaram, como era natural, então Ciaxares perguntou qual o tamanho do exército que ele trazia. Ciro respondeu: "Trinta mil soldados como aqueles que antes já estiveram aqui como mercenários, mas outros dos homens pares, que nunca saíram em expedição, estão vindo".

---

* Os gregos identificavam agouros no voo das aves, sobretudo da águia. Quando ela aparecia à direita, o sinal era favorável.

"E em que número eles são?", indagou Ciaxares.

3. "O número não o deixaria feliz se você o ouvisse, mas tenha em mente que os chamados pares, embora sejam poucos, governam com facilidade os persas, ainda que sejam muitos. Mas há necessidade deles ou você estava alarmado à toa e os inimigos não se encontram agora em marcha?"

"Sim, por Zeus, eles estão vindo e são muitos."

4. "Como você pode ter certeza?"

"Porque os homens que vêm de lá, de um jeito ou de outro, dizem todos a mesma coisa."

"Devemos enfrentá-los, portanto."

"Sim, será inevitável."

"Por que", Ciro sugeriu, "você não me conta, caso saiba, qual o tamanho das forças que estão avançando contra nós e igualmente o das nossas, para que, considerando esses fatos, possamos refletir sobre a melhor forma de enfrentá-los?".

"Ouça, então", respondeu Ciaxares.

5. "Dizem que Creso, o rei da Lídia, está à frente de dez mil cavaleiros e mais de quarenta mil peltastas e arqueiros. Dizem que Artacamas, que governa a Grande Frígia, está conduzindo oito mil cavaleiros, e seus lanceiros e peltastas não são em número menor que quarenta mil; Aribeu, rei da Capadócia, conduz seis mil cavaleiros e não menos do que trinta mil arqueiros e peltastas; por fim, o árabe Aragdon, cerca de dez mil cavaleiros, cem carros e um numeroso grupo de fundeiros. Não se fala, porém, com muita certeza, sobre os gregos que vivem na Ásia, se eles estão ou não entre seus aliados. Já com relação aos da Frígia no Helesponto, dizem que Gabedo reuniu, no vale do rio Caistro, cerca de seis mil cavaleiros e dez mil peltastas. Os cários, os cilícios e os paflagônios, por sua vez, embora procurados, não teriam aceitado uma aliança. Quanto ao assírio que comanda a Babilônia e o resto da Assíria, acredito que ele trará

um número não menor do que vinte mil cavaleiros e tenho certeza de que não menos do que duzentos carros e, creio, uma infantaria numerosa — ao menos esse era o número usual quando faziam suas incursões aqui."

6. "Você está dizendo, portanto", falou Ciro, "que os inimigos são em número de sessenta mil cavaleiros e mais de duzentos mil peltastas e arqueiros. Mas diga, qual sua estimativa das nossas forças?".

"Há mais de dez mil cavaleiros medos e os peltastas e os arqueiros do nosso país devem ser algo em torno de sessenta mil; mas dos nossos vizinhos armênios se apresentarão ainda quatro mil cavaleiros e vinte mil infantes."

"Você está dizendo que nossos cavaleiros somam menos de um quarto da cavalaria inimiga e nossos infantes são metade do número deles", falou Ciro.

7. "Então, você não considera pequeno o número de persas que você diz conduzir?", perguntou Ciaxares.

"Se há necessidade ou não de mais homens, discutiremos depois", disse Ciro, "conte-me agora qual a forma de combate de cada um".

"A de todos é semelhante, pois há arqueiros e lanceiros tanto do lado deles quanto do nosso", respondeu Ciaxares.

"Com armas desse tipo, é inevitável que lutemos à distância."

8. "De fato, inevitável", concordou Ciaxares.

"Nessas circunstâncias, portanto, a vitória será do maior exército, pois um grupo pequeno de homens pode ser ferido e morto por um grupo numeroso muito mais rapidamente do que um grupo numeroso por um grupo pequeno."

"Se a situação é essa, Ciro, há algo melhor a fazer do que enviar uma embaixada aos persas, que lhes explique que o perigo se estenderá também a eles caso algo aconteça aos medos, solicitando um contingente maior?"

"Mas de uma coisa você tenha certeza, mesmo que viessem todos os persas, não superaríamos os inimigos em quantidade."

9. "Você tem em vista um plano melhor do que esse?"

"Se eu fosse você", respondeu Ciro, "mandaria o mais rápido possível fabricar para todos os persas que estão chegando armas iguais às que possuem os homens que são chamados de pares: trata-se de uma couraça que cubra o peito, um escudo no braço esquerdo, um sabre ou uma espada na mão direita. Se você providenciar essas armas, fará com que para nós o mais seguro seja nos aproximarmos dos inimigos e os inimigos considerarão preferível fugir a permanecer nos seus postos. Nós nos posicionaremos para atacar os que permanecerem e, quanto aos que fugirem, esses deixaremos a seu cargo e dos cavaleiros, para que os inimigos não consigam nem permanecer nos seus postos nem bater em retirada".

10. Essa foi a sugestão de Ciro. A Ciaxares pareceu que ele tinha razão e não mencionou mais a ideia de pedir reforços, mas mandou aprontar as referidas armas. Elas estavam quase prontas quando os pares persas se apresentaram, junto com o exército persa.

11. Nesse momento, dizem que Ciro os reuniu e declarou: "Meus caros, vendo-os armados desse modo e preparados em espírito para entrar no combate corpo a corpo com os inimigos, mas sabendo, por sua vez, que os persas que os acompanham estão, eles, equipados para lutar numa formação à distância, tive medo de que vocês, que são poucos e desprovidos de assistência, ficassem em desvantagem no encontro com inimigos numerosos. Agora", ele disse, "vocês chegam aqui com homens que, por um lado, são irrepreensíveis no que diz respeito à constituição física e que, por outro lado, passarão a ter armas iguais às nossas; o trabalho de vocês é estimular seus espíritos, pois um comandante não deve apenas se mostrar valoroso, mas cui-

dar para que também seus subordinados possam agir do modo mais valoroso possível".

12. Essas foram suas palavras. Os persas se alegraram, por julgar que entrariam no combate com um número maior de homens. Um deles até disse o seguinte:

13. "Talvez pareça inusitado que eu aconselhe Ciro a falar em nosso nome quando os que em breve lutarão ao nosso lado receberem as armas; porém, sei", ele continuou, "que as palavras dos homens mais aptos a fazer tanto o bem quanto o mal são as que mais penetram nas almas dos ouvintes. Se essas pessoas oferecem presentes, ainda que venham a ser inferiores aos dados por seus semelhantes, aqueles que os recebem lhes dão maior valor. E agora nossos companheiros persas ficarão muito mais satisfeitos se forem exortados por Ciro em vez de por nós e, ao tomarem seus lugares entre os pares, acreditarão que seu posto lhes está mais assegurado se for concedido por aquele que é filho do rei e nosso general, e não por nós. É preciso, porém, que não negligenciemos nossa função, pois devemos estimular os espíritos dos nossos homens de todas as formas possíveis. Quanto mais corajosos se tornarem, mais valiosos serão para nós."

14. Na sequência, Ciro, depois de mandar que as armas fossem expostas e de convocar todos os soldados persas, fez o seguinte discurso:

15. "Soldados persas, vocês nasceram e cresceram na mesma terra que nós, a sua constituição física não é em nada inferior à que temos e não lhes convém ter espíritos menos corajosos do que os nossos. Embora vocês sejam assim, na nossa pátria vocês não compartilham dos nossos privilégios, não por serem excluídos por nós, mas pela necessidade que têm de se sustentar. Agora, porém, tomarei providências, com ajuda dos deuses, para que vocês tenham todo o necessário; vocês têm a permissão, caso de-

sejem, de obter armas como as nossas para encarar os mesmos perigos que nós encararemos e para receber recompensas iguais às nossas, caso algum sucesso decorra dessa situação.

16. "Até o presente momento, vocês foram, assim como nós, arqueiros e lanceiros, e não é de admirar caso vocês sejam um pouco menos habilidosos, pois não tiveram tempo ocioso, como nós, para se ocupar com a prática. Com esses novos armamentos, não teremos nenhuma vantagem sobre vocês. De fato, cada um terá uma couraça ajustada ao peito, um escudo na mão esquerda, que todos estão acostumados a usar, e uma espada ou machado na direita, com os quais deveremos golpear os adversários — e sem que tenhamos de nos preocupar em não errar o golpe.

17. "O que, então, poderia nos distinguir uns dos outros, a não ser a audácia, coisa que vocês devem nutrir tanto quanto nós? Por que desejar a vitória, que obtém e resguarda tudo o que é belo e nobre, seria mais apropriado a nós do que a vocês? Por que razão nós, mais do que vocês, teríamos necessidade de força, que oferece como presente tudo que é dos fracos aos mais fortes?"

18. Por fim, ele falou: "Vocês já ouviram tudo. Aqui vocês podem observar as armas. Quem quiser, que pegue as suas e se registre com um comandante nas mesmas companhias que nós. Aquele que se contentar com a posição de mercenário, que permaneça com o equipamento de soldado contratado".

19. Esse foi o seu discurso. Depois de escutar essas palavras, os persas julgaram que, se não quisessem aceitar a proposta no momento em que estavam sendo encorajados a ter as mesmas recompensas dos pares por igual esforço, seria merecido que viessem a passar necessidade durante a vida. Assim, todos se registraram e receberam suas armas.

20. No ínterim em que se dizia que os inimigos estavam se aproximando mas ainda não haviam chegado, Ciro procurou

fortalecer fisicamente os seus homens, ensinar-lhes táticas e aguçar seu espírito para a guerra.

21. Primeiro, tendo recebido de Ciaxares um grupo de ajudantes, deu ordens para que cada um deles providenciasse de modo suficiente todos os itens necessários aos soldados. Com esse arranjo, não lhes restou nada a fazer a não ser se exercitar em atividades relacionadas à guerra, uma vez que Ciro acreditava ter notado que os homens podiam se tornar excelentes em qualquer atividade se deixassem de ocupar sua mente com muitas questões e se voltassem para uma única tarefa. Quanto aos exercícios militares propriamente ditos, ele retirou a prática do arco e da lança e deixou apenas o treino de luta com a espada, com o escudo e com a couraça, de forma a convencê-los de uma vez por todas de que deveriam lutar no corpo a corpo com os inimigos ou, então, aceitar o fato de que não valeriam de nada como aliados. Isso, contudo, é algo difícil de aceitar, quando os homens sabem que estão sendo sustentados pelo único motivo de lutar por aqueles que os sustentam.

22. Além disso, tendo notado que eles tinham muito mais vontade de praticar uma atividade quando surgiam rivalidades, instituiu competições cujas práticas sabia que beneficiariam os soldados. Ele propôs ao soldado comum se mostrar obediente aos comandantes, esforçado, ansioso por perigos, mas disciplinado, versado nas questões militares, amante da beleza das armas e da honra em todos esses aspectos. Ao segundo-sargento, que comandava uma esquadra de cinco homens, propôs que fosse ele próprio como um bom soldado comum e que fizesse os cinco homens sob seu comando os melhores possíveis; ao primeiro-sargento, que fizesse o mesmo com os dez homens sob seu comando, e ao tenente, com seu pelotão; ao capitão, que deveria ser ele próprio irrepreensível, que cuidasse para que os oficiais a ele subordinados tomas-

sem providências a fim de que os soldados sob seu comando completassem seus deveres.*

23. Quanto à premiação, estipulou que os capitães no comando das companhias mais bem preparadas se tornariam coronéis; os tenentes que tivessem dado a melhor formação aos seus pelotões passariam à posição de capitães; os melhores primeiros-sargentos, por sua vez, tornar-se-iam tenentes, assim como os segundos-sargentos se tornariam primeiros-sargentos; por fim, os melhores soldados rasos se tornariam segundos-sargentos. Todos os comandantes seriam assim, em primeiro lugar, bem auxiliados pelos seus subordinados e, além disso, viriam a receber distinções que fossem adequadas a cada um deles. Expectativas ainda maiores eram sugeridas àqueles que agissem de forma digna de louvor, caso o futuro lhes reservasse sucesso.

24. Ciro oferecia recompensas para companhias e tropas inteiras, e igualmente para esquadras de cinco e de dez homens, caso se mostrassem bastante obedientes aos comandantes e dispostos a praticar o que lhes fora ordenado. Suas recompensas eram dadas da maneira adequada a um grande número de homens. Foram esses os seus comandos, e o exército os colocou em prática.

25. Ciro mandou, ainda, construir tendas na mesma quantidade que havia de capitães e de um tamanho que fosse suficiente para cada uma das companhias, que eram compostas por cem homens. Desse modo, acamparam divididos por compa-

---

* Em vez de transliterar, optou-se pela tradução das patentes por termos militares conhecidos. A maioria das palavras em grego indica o número de homens que cada comandante tem sob seu comando. *Strategos*: general; *muriarchos*: general de brigada, comanda dez mil soldados; *chiliarchos*: coronel, comanda mil soldados; *taxiarchos*: capitão, comanda cem soldados; *lochagos*: tenente, comanda cinquenta soldados; *decadarchos*: primeiro-sargento, comanda dez soldados; *pempadarchos*: segundo-sargento, comanda cinco soldados.

nhias, pois ele achou que o fato de se alojarem numa mesma tenda seria útil ao combate que se aproximava, uma vez que os soldados poderiam ver uns aos outros recebendo o mesmo tipo de tratamento e não seria possível alegar qualquer discriminação para que alguns se engajassem menos do que os outros diante dos inimigos. Parecia-lhe que o fato de estarem acampados juntos seria útil também para que se relacionassem. Ele considerou que era mais provável instilar um sentimento de pudor em todos os soldados caso se conhecessem, ao passo que os homens que não se conhecem parecem de certa forma mais negligentes uns com os outros, como se agissem no escuro.

26. Parecia-lhe também que o acampamento conjunto seria de grande contribuição para que as posições de cada um fossem bem conhecidas, pois os capitães mantinham as companhias sob seu comando tão bem organizadas como quando marchavam numa só fileira, assim como os tenentes, com os seus pelotões, e os sargentos, com os seus dez ou cinco homens.

27. Considerava ainda que o reconhecimento minucioso da posição das companhias era bom para não ficarem desordenados e, caso ficassem, para que a ordem fosse mais rapidamente restabelecida. Pedras e peças de madeira que devam ser agrupadas, mesmo que tenham sido largadas de qualquer forma, são fáceis de organizar caso haja sinais que possam ser reconhecidos e que deixem claro em que posição cada uma delas deveria estar.

28. Parecia-lhe, além disso, que, ao fazer suas refeições em seus grupos, haveria menor chance de ficarem dispostos a abandonar uns aos outros, porque já observara que até animais criados na companhia de outros sentem a ausência terrivelmente se algum deles é separado dos demais.

29. Ciro também cuidou para que nunca almoçassem ou jantassem sem antes ter transpirado, pois ou os fazia suar levan-

do-os para caçar ou inventando jogos, ou, caso precisasse tratar de algum assunto, conduzia a situação de modo a que não retornassem sem ter suado. Ele pensava que isso contribuía para que se alimentassem com satisfação, para que permanecessem saudáveis e para que pudessem suportar os trabalhos pesados; e achava esses trabalhos bons, por sua vez, por torná-los mais gentis uns com os outros, porque até os cavalos ficam lado a lado de forma mais tranquila quando trabalham juntos. De qualquer forma, os homens que se percebem bem treinados se tornam mais confiantes diante dos inimigos.

30. Ciro havia arranjado para si uma tenda grande o suficiente para que pudesse receber convidados para jantar. Ele convidava vários dos capitães quando achava apropriado, e havia ocasiões em que chamava alguns dos tenentes, dos primeiros-sargentos e até dos segundos, outras em que convidava soldados comuns ou mesmo esquadras de cinco ou dez homens, pelotões ou companhias inteiras. Além deles, indivíduos que tivesse visto fazer alguma coisa que ele gostaria que todos fizessem, com a intenção de honrá-los. Sempre eram servidos pratos iguais para ele e para seus convidados.

31. Fez também com que os ajudantes recebessem sempre igual porção de tudo, pois acreditava que não podiam ser vistos com menos estima do que os arautos ou embaixadores. Considerava que eles deveriam ser confiáveis, conhecedores das práticas militares, inteligentes e, ainda, vigorosos, rápidos, resolutos e firmes. Além disso, Ciro sabia que os servos deveriam ter as mesmas qualidades que os homens considerados mais eficientes possuíam e que deveriam ser treinados para que não recusassem nenhuma tarefa, mas, ao contrário, julgassem ser seu dever realizar tudo o que seu comandante ordenasse.

2

1. Ciro sempre se preocupava, quando estava acompanhado em sua tenda, em discutir assuntos que fossem dos mais agradáveis e que ao mesmo tempo estimulassem o bem. Certa vez chegou à seguinte questão: "Pois bem, homens, acaso nossos companheiros parecem inferiores a nós em algum aspecto porque não foram educados do mesmo modo que fomos, ou não haverá qualquer diferença nem nas relações sociais nem quando for necessário enfrentar os inimigos?".

2. Histaspas, então, respondeu: "Ainda não tenho conhecimento de como eles serão com os inimigos; porém, nas relações sociais, pelos deuses, alguns deles parecem intratáveis! Outro dia, ao menos", ele continuou, "Ciaxares enviou carne a cada uma das companhias e todos pegamos três pedaços ou mais, quando a estávamos passando entre os homens. A primeira rodada começou comigo. Quando começaria a segunda, mandei que ela tivesse início com o último homem a se servir e fosse distribuída agora no sentido inverso.

3. "Então se levantou um homem que estava sentado no meio do círculo dos soldados e disse: 'Por Zeus! Isso não está certo, já que nenhuma rodada começa por nós, que estamos no centro!'. Quando ouvi isso, fiquei irritado com a possibilidade de alguém achar que recebia menos e o chamei imediatamente para perto de mim. Ele obedeceu, sendo, pelo menos nisso, bastante disciplinado. Quando a carne chegou até nós, fomos, eu acho, os últimos a nos servir, de modo que haviam restado os menores pedaços. Nesse momento, ele ficou claramente muito descontente e disse para si mesmo, 'que sorte a minha de ter sido chamado aqui justo agora!'.

4. "E respondi: 'Mas não se preocupe, pois logo outra rodada começará por nós e, como você será o primeiro, pegará o maior

pedaço'. Nesse momento, começou a passar pela terceira vez o que havia restado da carne. O homem se serviu, mas depois lhe pareceu que tinha escolhido um pedaço pequeno. Ele devolveu o que tinha pegado, para escolher outro, mas o cozinheiro, achando que ele não queria mais comer, continuou a passar a carne, antes que ele conseguisse se servir de outra porção.

5. "O homem levou a situação tão a mal que desperdiçou o que havia pegado de molho, do qual ainda lhe restava um pouco para acompanhar a carne — acabou derramando por estar desconcertado e com raiva de sua má sorte. Um dos comandantes, que estava perto de nós e observou a situação, bateu palmas e riu, achando aquilo divertido. Quanto a mim, fingi que estava tossindo, pois nem eu mesmo era capaz de conter o riso. Esse é um dos homens, Ciro, que apresento a você como um de nossos companheiros". Ao ouvir essa história, todos riram, como era natural.

6. Outro dos capitães começou a falar: "Acho que esse nosso amigo, Ciro, se deparou com um sujeito intratável. Já eu, quando você nos ensinava sobre o posicionamento do exército e nos despachou com ordens de que ensinássemos a cada uma de nossas companhias o que havíamos aprendido com você, fui ensinar um dos pelotões, como os outros homens. Posicionei primeiro o tenente, então coloquei ao seu lado um jovem e depois distribuí os outros da forma que me pareceu adequada; em seguida, me coloquei diante deles, observando o pelotão, e, quando achei oportuno, dei ordens para que avançassem.

7. "Então um rapaz, adiantando-se ao tenente, marchou à frente dele! E vendo aquilo, falei: 'Homem, o que você está fazendo?'. Ele respondeu: 'Estou avançando, como você mandou!'. E eu disse: 'Mas não mandei apenas você, mas todos, avançarem'. Ao ouvir isso, voltando-se para os seus companheiros, ele falou: 'Vocês não estão ouvindo a reprimenda? Ele está orde-

nando que todos avancem'. E todos os homens ultrapassaram o tenente vindo na minha direção!

8. "Quando este fez com que todos voltassem, os soldados se irritaram e começaram a dizer: 'a qual dos dois devemos obedecer? Pois um ordena que avancemos e o outro não o permite'. Eu, de minha parte, encarando a situação com tranquilidade e novamente colocando-os em ordem, disse que ninguém que estivesse atrás deveria se mover antes que o da frente o precedesse, que era apenas isto que todos deveriam observar: seguir o soldado que estivesse na sua frente.

9. "Quando um homem que estava partindo para a Pérsia se dirigiu até mim e me pediu que lhe entregasse a carta que eu havia escrito para os meus parentes, ordenei que o tenente corresse para buscá-la porque ele sabia onde ela estava. Ele, então, saiu correndo e nesse momento aquele mesmo jovem começou a segui-lo, com a couraça e com a espada, e todo o resto do pelotão, depois de vê-lo fazendo isso, começou a correr junto com eles! E depois todos os homens voltaram trazendo a carta. Desse modo", ele disse, "ao menos o meu pelotão segue todas as suas ordens com precisão".

10. Nesse momento, como era natural, todos começaram a rir do cortejo militar da carta. E Ciro disse: "Ó Zeus e todos os deuses, são esses, então, os homens que temos como companheiros; eles são tão facilmente vencidos pela gentileza que é possível fazer vários amigos apenas com um pouco de comida e alguns são tão obedientes que antes mesmo de saber qual é o comando já se adiantam a obedecer. Não sei que outros soldados eu deveria rezar para ter que não esses!".

11. Assim Ciro riu e ao mesmo tempo elogiou os soldados. Na tenda, estava também outro capitão, de nome Agletadas, um homem de modos mais austeros, que falou algo assim: "Mas acaso você supõe, Ciro, que eles estejam falando a verdade?".

"Mas com que objetivo eles estariam mentindo?", Ciro respondeu. "Com que outro objetivo", ele perguntou, "dizem esse tipo de coisa e agem como fanfarrões, senão para provocar o riso?".

12. Ciro falou: "Escolha melhor suas palavras e não diga que esses homens são fanfarrões! Pois, ao menos para mim, o termo fanfarrão é usado para aqueles que fingem ser mais ricos e mais corajosos do que são e que prometem fazer coisas de que não são capazes, agindo dessa forma claramente para ganhar alguma coisa ou obter algum lucro. Homens que procuram maneiras de fazer seus companheiros rirem, porém, sem lucrar com isso, sem que seja à custa dos ouvintes e sem causar mal a ninguém, não poderiam, de forma mais justa, ser chamados de engenhosos ou charmosos em vez de fanfarrões?".

13. Ciro defendeu dessa forma aqueles que haviam provocado os risos e então o próprio tenente que havia contado a história sobre seu pelotão falou: "De fato, Agletadas, você poderia nos censurar veementemente se estivéssemos tentando fazê-lo chorar, como alguns que, em poesia e em discurso, compõem histórias infelizes para tentar levar os homens às lágrimas; mas agora, mesmo sabendo que queremos apenas alegrá-lo um pouco, sem lhe causar mal algum, você nos trata com essa grande falta de consideração".

14. "Sim, por Zeus", respondeu Agletadas, "e de forma justa, já que eu, pelo menos, acho que quem encontra meios para provocar riso nos amigos é em muitos aspectos menos digno de estima do que aquele que os faz chorar. Você também verá que digo a verdade, caso raciocine da forma correta. Ao menos é com lágrimas que os pais desenvolvem moderação nos filhos e os professores ensinam às crianças boas lições. É também por meio das lágrimas que as leis fazem com que os cidadãos se voltem para a justiça. Você seria capaz de dizer que aqueles

que provocam riso fazem bem para nossos corpos ou tornam nossas almas um pouco mais ajustadas para questões domésticas ou públicas?".

15. Diante disso, Histaspas respondeu algo assim: "Agletadas, se eu conseguir convencê-lo, você gastará sem parcimônia com os inimigos esse artigo tão valioso e tentará fazê-los chorar; mas conosco, ao menos, seus amigos aqui, você será pródigo com este item de pouco valor, o riso, pois sei que você tem uma grande quantidade dele guardada, já que nunca o gastou consigo mesmo, nem oferece riso por vontade própria a amigos ou inimigos. Assim, não há nenhuma desculpa que o impeça de nos oferecer algumas risadas!".

E Agletadas respondeu: "Mas você acha, Histaspas, que vai obter algum riso de mim?".

E um capitão falou: "Sim, por Zeus, ele está louco! Seria mais fácil, eu acho, alguém fazer uma fogueira esfregando contra você um graveto do que arrancar de você uma risada".

16. Nisso, então, os outros começaram a rir, pois conheciam o seu temperamento, e Agletadas também deu um sorriso. Ciro, ao vê-lo se animar, disse: "Você não age bem, capitão, ao corromper nosso homem mais sério, persuadindo-o a rir, ainda mais por ele ser um inimigo do riso".

17. E assim encerrou o assunto, mas então Crisantas falou o seguinte:

18. "Ciro e todos os demais aqui presentes, quanto a mim, venho observando que alguns dos homens que se juntaram a nós são melhores, e outros menos dignos de mérito. Porém, se obtivermos algum sucesso, eles se considerarão todos merecedores de uma divisão igualitária dos bens. Contudo, da minha parte, pelo menos, julgo que não existe nada mais iníquo entre os homens do que o corajoso e o covarde terem direito às mesmas recompensas".

Ciro falou em resposta: "Bem, pelos deuses, meus homens, é melhor não lançarmos esta questão ao exército, se eles preferem que seja feita uma partilha igualitária a todos, caso algum sucesso sobrevenha dos nossos esforços, ou se avaliamos os feitos individualmente e, de acordo com eles, determinamos as recompensas de cada um".

19. "E qual é a necessidade de introduzir uma discussão sobre esse assunto? Por que você não anuncia de que forma vai proceder? Não foi desse modo que você ordenou a instituição das competições e dos prêmios?", perguntou Crisantas.

"Mas, por Zeus", Ciro respondeu, "não é a mesma coisa; pois os homens considerarão seus bens comuns aquilo que obtiverem lutando, acredito eu. Ainda julgam que o comando do exército me diz respeito em razão da minha origem, de modo que eles não pensam, a meu ver, que eu esteja agindo de forma imprópria quando designo árbitros".

20. "E acaso você acredita mesmo", falou Crisantas, "que a multidão reunida votaria para não haver recompensa igual a cada um deles, mas para que os melhores tivessem vantagem na distribuição tanto de recompensas quanto de presentes?".

"Acredito, sim", respondeu Ciro, "em parte, eu acho, porque defenderemos essa resolução, em parte porque é vergonhoso se declarar contrário ao fato de que o homem que sofreu mais e que foi de maior auxílio ao bem comum não seja merecedor de uma parte maior das recompensas. E acredito", ele continuou, "que mesmo aos piores soldados parecerá apropriado que os bons tenham essa vantagem".

21. Ciro desejava que a decisão fosse essa também pensando nos pares, pois julgava que eles se mostrariam igualmente mais corajosos se soubessem que receberiam as recompensas conforme fossem julgados pelos seus atos. Pareceu-lhe então ser essa a ocasião propícia para sugerir que se votasse o assunto,

enquanto os pares estavam receosos de ter que fazer uma partilha igualitária com a massa de soldados. Assim, aqueles que estavam na tenda concordaram em pôr o assunto em discussão e declararam que todo homem que se julgasse como tal deveria defender essa posição.

22. Na sequência, um dos capitães disse, dando uma risada: "Eu conheço um homem do povo que nos apoiará na ideia de que não haja partilha igualitária de modo indiscriminado". Outro perguntou de quem ele estava falando e ele respondeu: "Por Zeus, é um homem da nossa tenda, que tenta ganhar a maior parte em tudo!".

E outro exclamou: "Até do trabalho?".

"Por Zeus, de jeito nenhum, nisso fui pego mentindo, pois ele sempre permite gentilmente que aquele que tenha disposição fique com a maior parte dos trabalhos e de outras coisas do tipo", ele respondeu.

23. "Bem, homens", Ciro falou, "sei que pessoas que são como esse de quem nosso amigo está falando agora devem ser removidas do exército, se de fato quisermos ter um exército ativo e obediente, pois acredito que a maior parte dos soldados é do tipo que segue a direção de alguém que os lidere. Os belos e nobres tentarão, acredito, direcioná-los para o que é belo e nobre, e os que são vis, para a vileza.

24. "Muitas vezes os vis encontram, mais do que os honestos, um grupo maior de homens que pensam como eles. O vício, que os conduz por meio de prazeres momentâneos, conta com esses mesmos prazeres para persuadir a maioria dos homens. Mas a virtude, que os guia montanha acima, não é muito hábil em atrair os homens de imediato, ainda mais se existe quem os convide ao oposto, a uma descida fácil e suave.

25. "Os homens que são maus somente por preguiça e inércia, esses julgo que são como parasitas, que prejudicam seus compa-

nheiros apenas pelo que consomem. Contudo, os que são maus companheiros também nos trabalhos, porque são excessivos e impudentes no que diz respeito à ganância, podem também guiar os demais na direção do que é vil, já que são frequentemente capazes de demonstrar que o que é vil é vantajoso, de modo que devem ser expulsos do exército por nós a qualquer custo.

26. "Não pensem, porém, em como preencher as vagas nas companhias apenas com seus concidadãos, mas assim como vocês procuram os cavalos que sejam os melhores, não apenas os que venham do nosso país, do mesmo modo, com relação aos homens, escolham aqueles de quaisquer lugares que maior contribuição possam dar à força e à honra de vocês. E tenho uma prova de que isso é o melhor a fazer: um carro não pode se tornar mais rápido, eu presumo, com cavalos lentos atrelados a ele, nem balanceado se a parelha for díspar, assim como uma casa não pode ser bem administrada se emprega maus servos, mas ela sofreria menos com a falta de servos do que ao ser mantida em desordem pelos ruins.

27. "Tenham certeza de uma coisa, amigos", ele continuou, "a expulsão dos maus soldados não nos servirá apenas pelo motivo de que os maus estarão ausentes, mas também, dentre os que permanecerem, os que já tiverem sido infectados com o vício serão dele purgados e os virtuosos manterão sua virtude com muito mais vontade, quando virem os maus desonrados".

28. Assim ele concluiu seu discurso. Todos os seus amigos concordaram com ele e começaram a fazer o que havia sido proposto. Depois disso, Ciro começou de novo com as brincadeiras, pois tinha notado que um dos tenentes havia trazido para o jantar e feito se sentar ao seu lado um homem muito peludo e muito feio. Chamando-o pelo nome, disse o seguinte: "Sambaulas, você leva com você para toda parte esse jovem sentado ao seu lado, como fazem os gregos, porque ele é bonito?".

"Sim, por Zeus", Sambaulas respondeu, "sinto sempre prazer quando ele está comigo e posso olhar para ele".

29. Ao ouvirem isso, seus companheiros se voltaram para o homem, mas quando viram que seu rosto era de uma feiura terrível, todos se puseram a rir. E alguém disse: "Pelos deuses, Sambaulas, que tipo de coisa esse homem fez para você ficar tão grudado nele?".

30. Ele respondeu: "Por Zeus, homens, vou contar para vocês. Todas as vezes que o chamei, fosse de dia, fosse de noite, ele nunca deu a desculpa de estar ocupado, nem vinha até mim caminhando lentamente, mas sempre correndo. Todas as vezes que mandei que ele fizesse alguma coisa, nunca o vi realizá-la sem suar. Ele fez com que todos os dez soldados sob seu comando se tornassem como ele, mostrando não com palavras, mas com atitude, que tipo de homens eles deveriam ser".

31. Então alguém disse: "E mesmo ele sendo assim extraordinário, você não lhe dá um beijo, como faz com seus parentes?". A isso respondeu o homem feio: "Por Zeus, ele não gosta muito do trabalho pesado! Se ele quisesse me beijar, o esforço que teria de fazer poderia substituir todos os seus exercícios de ginástica".

3

1. Coisas assim, divertidas e sérias, falaram e fizeram enquanto estavam na tenda. Por fim, depois de concluírem a terceira libação e uma prece aos deuses pelo seu favor, separaram-se e foram para a cama. No dia seguinte, Ciro convocou todos os soldados e disse:

2. "Amigos, o confronto nos é iminente; os inimigos estão se aproximando. Está claro que os prêmios da vitória, quando a

conquistarmos — é isso que devemos afirmar e fazer —, serão os nossos inimigos e todos os bens dos nossos inimigos. Mas, no caso de sermos vencidos, do mesmo modo, tudo aquilo que pertence aos derrotados é entregue aos vencedores.

3. "Assim, saibam que, quando homens que se tornaram companheiros de guerra têm todos o entendimento de que nada sairá do jeito necessário a não ser que cada um se mostre empenhado, muitas ações nobres são realizadas sem hesitação, nenhuma de suas tarefas sendo negligenciada. Quando, porém, cada um pensa que outro homem poderá agir e lutar caso ele próprio venha a arrefecer, tenham certeza", Ciro declarou, "de que as misérias se apresentarão de uma só vez para todos esses homens.

4. "E o deus criou de alguma forma a seguinte situação: aos homens que não desejam impor a si mesmos o esforço de fazer o bem, deu-lhes outros que os comandam. Então, agora, aquele que quiser que se levante e se pronuncie sobre esta questão: se considera que seremos mais virtuosos caso o soldado que estiver mais disposto a se empenhar e a enfrentar maiores perigos receba também a maior parte das recompensas, ou se sabemos que não faz diferença um homem agir com covardia, pois todos, mesmo assim, deverão receber recompensas iguais".

5. Nesse momento, Crisantas, um dos pares, homem que em aparência não era nem alto nem robusto, mas que se destacava pela sua prudência, levantou-se e disse: "Bem, não acredito, Ciro, que você pretenda introduzir aqui a discussão sobre se os covardes devem receber o mesmo que os corajosos, mas acho que você está fazendo um teste para saber se algum homem desejará apresentar a si próprio como uma pessoa que, sem agir de forma nobre e corajosa, tem intenção de receber a mesma parte que outros conquistaram por seu valor.

6. "Não sou nem rápido com os pés nem forte com as mãos", ele continuou, "e sei que a partir do que realizarei com meu cor-

po não serei considerado nem o primeiro nem o segundo, creio que nem o milésimo, talvez nem sequer o décimo milésimo. Porém, de uma coisa tenho ciência, de que se os homens fortes participarem das ações vigorosamente, a parte que me cabe do sucesso será do tamanho justo; se os covardes nada fizerem e os bons ficarem desencorajados, tenho medo", ele concluiu, "de vir a ter uma parte maior do que eu desejo de algo que não é bom".

7. Assim falou Crisantas. Depois dele, levantou-se Feraulas, um persa do povo, um homem que já na Pérsia de algum modo mantinha boas relações com Ciro e lhe era agradável, e que tanto de corpo quanto de alma não parecia não ser um dos nobres. Ele se pronunciou da seguinte forma:

8. "Julgo, Ciro e cada um dos persas aqui presentes, que todos estamos nos lançando numa competição pela excelência em condições iguais, pois vejo que todos exercitamos os nossos corpos com a mesma alimentação, que somos todos admitidos nos mesmos círculos e que a mesma proposta está sendo apresentada a cada um de nós. Obedecer aos comandantes é dever comum de todos, e o homem que se mostra impecável nessa tarefa, vejo-o receber honras de Ciro. Ser valente diante dos inimigos não é algo que cabe a um e não a outro, mas a todos, e é essa a atitude que se julga a mais bela.

9. "Agora nos está sendo apresentado um tipo de combate do qual vejo que todos os homens têm conhecimento por natureza, como o têm também outros animais, não por terem aprendido de alguém, mas por natureza, como o touro que ataca com o chifre, o cavalo com o casco, o cachorro com a boca e o javali com as presas. E todos sabem como proteger as partes que mais necessitam de proteção, sem nunca ter recorrido a um professor.

10. "Eu mesmo", ele continuou, "desde a infância logo soube como proteger as partes do meu corpo que achava que seriam golpeadas; se eu não tivesse mais nada, tentava me esquivar o

melhor que pudesse dos golpes me cobrindo com as duas mãos. E eu fazia isso sem ter sido ensinado, mas até apanhava por me proteger com as mãos. Desde criança, eu pegava uma espada onde quer que visse uma, sem aprender de ninguém como deveria segurá-la a não ser da natureza, é o que digo. Eu, ao menos, fazia isso sem permissão e sem ter sido ensinado, como outras coisas que eram proibidas pela minha mãe e pelo meu pai e eu era compelido pela natureza a fazer. Por Zeus, eu saía escondido golpeando tudo o que pudesse! Não apenas por ser algo normal, como andar ou correr, mas porque eu o achava prazeroso, além de natural.

11. "Então, uma vez que esse método de luta nos aguarda, no qual a ação depende mais da disposição do que da técnica, como não encontrar prazer no fato de que devemos disputar com os pares? Se, por um lado, o prêmio proposto pela excelência é o mesmo, por outro, não nos lançamos aos perigos da mesma forma, já que eles têm em jogo uma vida honrosa e cheia de prazeres, enquanto nós levamos uma vida penosa, mas sem honras, que considero a mais difícil.

12. "Acima de tudo, homens, o que me incita a entrar com alegria na disputa com eles é que Ciro será o juiz, que não julga influenciado pela inveja, mas juro pelos deuses que ao menos a mim parece que Ciro, quando vê homens em atitudes nobres, por eles passa a ter uma afeição não menor do que a que tem por si próprio. De qualquer forma, vejo que distribui a eles o que possui, com mais prazer do que teria ao guardar tudo para si.

13. "Sei, contudo", ele disse, "que eles são muito prudentes por terem sido educados a suportar a fome, a sede e o frio, mal sabendo que também nisso fomos ensinados por um professor muito melhor do que o deles. Nenhum dos seus mestres é melhor do que a necessidade, que nos ensinou até de forma excessiva cada uma dessas lições detalhadamente.

14. "Quanto ao trabalho pesado, eles se exercitam carregando as armas, que foram pensadas para ser o mais leve possível a qualquer homem, enquanto nós fomos forçados não só a caminhar carregando cargas enormes, mas também a correr, de forma que agora me parece mais que as armas têm asas, não que são um peso.

15. "Então, Ciro, saiba que eu, pelo menos, também estou na disputa e que me considerarei digno de ser recompensado de acordo com meu mérito. Quanto a vocês, homens do povo", ele concluiu, "exorto-os a se lançarem à competição nessa luta contra os homens educados aqui presentes, pois agora é numa disputa com o povo que eles se encontram".

16. Esse foi o discurso de Feraulas. Vários outros se apresentaram para manifestar concordância com um dos dois oradores. Decidiu-se que cada homem seria recompensando de acordo com seu mérito e que Ciro seria o juiz, concluindo-se assim o debate com sucesso.

17. Ciro em outro momento convidou toda uma companhia para jantar, junto com o seu capitão, depois de vê-lo arranjar em fileiras opostas as duas metades de soldados da sua companhia para um embate. Ambos os lados portavam couraças e escudos na mão esquerda; para uma das metades, ele entregou varas de exercícios robustas, que os homens seguravam na mão direita, e disse para os demais que eles deveriam pegar torrões de terra para lançar.

18. Quando os homens se posicionaram com essas armas, ele deu o sinal para que lutassem. Então os torrões começaram a ser lançados e uns atingiam couraças e escudos, outros, coxas e grevas e, quando os homens se aproximaram uns dos outros, os que seguravam as varas começaram a golpear as coxas de uns, as mãos de outros, as pernas de outros, enquanto os que se abaixavam para pegar os torrões levavam golpes no pescoço

ou nas costas. Por fim, aqueles que estavam com as varas obrigaram os outros a fugir e passaram a persegui-los enquanto os golpeavam, rindo e se divertindo muito. Na sequência, foi a vez da outra metade pegar as varas, e eles fizeram o mesmo com os que passaram a atirar os torrões.

19. Isso deixou Ciro encantado, por causa da criatividade do capitão e da obediência dos homens, que se exercitavam e se divertiam ao mesmo tempo, saindo vencedores aqueles que vestiam armas como as dos persas; contente com tudo isso, Ciro os convidou para jantar e, na sua tenda, vendo alguns deles enfaixados, de uns as pernas, de outros as mãos, perguntou o que tinha acontecido.

20. Eles disseram que tinham sido atingidos pelos torrões. Ele fez mais uma pergunta, se haviam sido atingidos quando estavam próximos do outro grupo ou quando estavam distantes uns dos outros. Eles responderam que quando estavam longe. Os que seguravam as varas disseram que tudo se tornou uma grande diversão quando se aproximaram. Aqueles, porém, que tinham apanhado com as varas gritaram que eles, que foram golpeados no corpo a corpo, não acharam nada divertido, mostrando ao mesmo tempo marcas das varas nas mãos e nos pescoços, alguns até no rosto. Então, como era natural, começaram a rir uns dos outros. No dia seguinte, o campo ficou todo repleto de soldados que os estavam imitando. Passaram a se divertir assim quando não havia tarefa mais importante.

21. Um dia, Ciro viu outro capitão conduzindo sua companhia numa única coluna a partir do rio para almoçar; quando lhe pareceu apropriado, mandou que passasse à frente o segundo pelotão, depois o terceiro e o quarto; quando os tenentes chegaram à frente, pediu que conduzissem cada um dos pelotões em duas colunas; por causa disso, os primeiros-sargentos passaram à frente. Quando de novo achou ser o momento

oportuno, sugeriu que os pelotões avançassem em quatro colunas; desse modo, foi a vez dos segundos-sargentos ficarem à frente das quatro colunas. Assim que chegaram às portas da tenda, dando ordens para de novo formarem uma única coluna, fez entrar o primeiro pelotão, então ordenou que o segundo o seguisse de acordo com a ordem e, dando o mesmo comando para o terceiro e o quarto pelotões, levou-os para dentro. Conduzindo-os dessa forma, fez com que se sentassem para jantar na mesma sequência em que tinham marchado para lá. Ciro, encantado com a delicadeza dessa instrução e com o seu zelo, convidou toda a companhia para jantar junto com seu capitão.

22. Outro capitão que estava presente, convidado do jantar, disse: "E a minha companhia, Ciro, você não vai convidar para sua tenda? Também ela, sempre que se dirige para o jantar, faz todas essas mesmas coisas e, quando a refeição na tenda chega ao fim, o homem da retaguarda do último pelotão conduz esse pelotão para fora, deixando por último os homens cuja posição na batalha é na primeira fileira. Na sequência, o segundo homem da retaguarda faz o mesmo com os homens do segundo pelotão, e o terceiro e o quarto igualmente, de modo que, caso seja necessário bater em retirada diante dos inimigos, saberão como se retirar. Sempre que nos posicionamos no campo onde fazemos as marchas, quando vamos no sentido leste, sou eu que os comando; o primeiro pelotão vem primeiro, o segundo na posição apropriada, assim como o terceiro e o quarto, e então as esquadras de cinco e dez homens do pelotão, até que eu dê outras ordens. Quando marchamos no sentido oeste, o chefe da retaguarda e seus homens são os primeiros e ficam no comando; no entanto, continuam a obedecer a mim, que fico então na última posição, para que se acostumem tanto a seguir quanto a conduzir, mas sendo obedientes nos dois casos".

23. Ciro perguntou: "Mas vocês fazem isso sempre?".

Ele respondeu: "Sempre que vamos fazer nossas refeições, por Zeus!".

Ciro falou: "Então vocês estão convidados, porque exercitam as companhias tanto na vinda quanto na ida, fazendo-o não só de dia mas também à noite; além disso, treinam os corpos com as marchas e beneficiam suas almas com o aprendizado. Já que vocês fazem tudo em dobro, é justo que duas vezes lhes seja oferecido um banquete!".

O capitão respondeu: "Por Zeus, mas então não no mesmo dia, a não ser que você nos arranje também dois estômagos!".

E com essa conversa se encerrou a refeição. No dia seguinte, Ciro convidou essa companhia, como ele havia prometido, e no dia subsequente também. Ao saberem disso, todos os demais homens passaram a imitá-los.

4

1. Um dia, quando Ciro fazia a revista geral do exército em armas e do seu posicionamento, chegou um mensageiro enviado por Ciaxares dizendo que lá estava presente uma embaixada dos indianos. "Ele, portanto, ordena que você vá até lá o mais rápido possível; trago para você", disse o mensageiro, "uma túnica belíssima enviada por Ciaxares; ele deseja que você se apresente da forma mais esplendorosa e aparatada possível, pois os indianos assim poderão observar de que modo você se dirige a ele".

2. Ao ouvir isso, Ciro ordenou ao capitão posicionado mais à frente que tomasse a dianteira, conduzindo sua companhia numa só coluna e se mantendo à direita, e mandou que desse ao segundo capitão a mesma ordem e que ela fosse transmitida a todos os outros. Eles obedeceram imediatamente ao comando

e o passaram adiante, e em pouco tempo eram trezentos homens na linha de frente (pois esse era o número de capitães) e uma profundidade de cem homens.

3. Uma vez posicionados, ordenou que seguissem o seu comando e logo os fez apertar o passo. Quando percebeu que a via que levava ao acampamento do rei era estreita demais para que todos passassem em fileira, dando ordens para que o primeiro grupo de mil homens seguisse na sua posição, que o segundo viesse na sequência do primeiro e assim por diante, conduziu-os sem precisar parar, e os outros grupos de mil homens iam seguindo cada um o que lhe precedia.

4. Enviou também dois assistentes para a entrada da via, a fim de que indicassem o que deveria ser feito, caso alguém não tivesse entendido. Quando chegaram às portas de Ciaxares, deu ordens para o primeiro capitão dividir a sua companhia mantendo uma profundidade de doze homens e que posicionasse cada um dos homens no comando desses doze ao redor da tenda do rei; ao segundo capitão ordenou que fizesse o mesmo, e assim por diante.

5. Então foi isso o que eles fizeram. Ele em seguida entrou na tenda para se dirigir a Ciaxares com sua túnica persa, sem nenhuma ostentação. Ao vê-lo, Ciaxares ficou satisfeito com a rapidez, mas descontente com a simplicidade da sua roupa, e perguntou: "O que é isso, Ciro? Qual foi sua intenção ao aparecer assim diante dos indianos? Eu queria que você se apresentasse da forma mais esplendorosa possível, pois também para mim isto seria um sinal de honra, que o filho da minha irmã tivesse uma aparência magnífica".

6. Ciro respondeu: "Mas qual das duas coisas, Ciaxares, você considera um maior sinal de honra, que de fato eu tivesse atendido à sua ordem gastando tempo para vestir roupas púrpuras, colocar braceletes e botar um colar, ou o que estou fazendo agora,

que é lhe obedecer prontamente, acompanhado de um exército grandioso e belo para honrá-lo, enquanto eu mesmo estou adornado com suor e diligência, demonstrando assim o quanto os outros homens lhe são obedientes?". Foi essa a resposta de Ciro. Ciaxares, julgando que ele tinha razão, chamou os indianos.

7. Depois que os indianos entraram, disseram que haviam sido enviados pelo rei da Índia com ordens de que perguntassem qual era o motivo da guerra entre os medos e os assírios. "Uma vez que tenhamos ouvido sua resposta, ordenou que fôssemos até o rei assírio fazer a mesma pergunta e, finalmente, que disséssemos a ambos que o rei da Índia, após examinar quem tem razão, declarará sua aliança com a parte ofendida."

8. Ciaxares lhes respondeu: "Que vocês ouçam de mim, portanto, que não cometemos nenhuma injustiça contra o rei assírio; agora, se esse é o desejo de vocês, vão até ele e perguntem o que ele tem a dizer". Ciro, que estava presente, perguntou a Ciaxares: "Acaso também eu devo falar o que penso?". Ciaxares ordenou que ele o fizesse. "Vocês, então, reportem ao rei da Índia", ele falou, "a não ser que Ciaxares discorde de mim, que escolhemos o próprio rei da Índia como juiz do caso, se o rei assírio alegar ter sofrido alguma injustiça de nossa parte". Depois de ouvir essa resposta, eles partiram.

9. Quando os indianos saíram, Ciro introduziu o seguinte assunto a Ciaxares: "Ciaxares, vim de casa sem trazer muitos recursos próprios; de tudo o que eu tinha, guardo agora muito pouco, pois gastei com os soldados. Você talvez se pergunte como posso ter gastado com eles, se é você quem os sustenta, mas tenha certeza", ele disse, "de que não fiz nada além de honrá-los e gratificá-los, quando ficava bem impressionado com algum deles.

10. "Isso porque acredito que, quando queremos tornar os homens bons cúmplices, seja lá em qual atividade for, é mais

agradável estimulá-los com palavras e ações gentis do que pelo sofrimento e pela coerção; já aqueles que alguém deseja tornar companheiros dispostos em ações na guerra, eu, pelo menos, considero que se deve capturar com todo tipo de boas palavras e ações. Amigos, e não inimigos, devem ser os homens que lutarão sem hesitar ao nosso lado, e eles não podem nem ser invejosos do sucesso do seu comandante nem o trair nas adversidades.

11. "Desse modo, reconhecendo-o antecipadamente, acredito que precisarei de mais recursos. Parece-me inapropriado, porém, que todos recorram a você, que percebo já ter muitas despesas. Acho conveniente que você e eu examinemos juntos uma forma para que os recursos não lhe faltem, pois, caso você tenha o bastante, sei que poderei tomar uma parte deles quando me for necessário, especialmente se eu os utilizar em despesas que também lhe trarão outras vantagens.

12. "Bem, lembro-me de recentemente ter ouvido de você que o rei da Armênia agora o trata com desdém, porque ouviu que os inimigos estão avançando contra nós e não enviou tropas ou pagou os tributos que deve."

Ciaxares respondeu: "Sim, esse homem está se comportando dessa maneira, Ciro, de modo que eu, da minha parte, não consigo decidir se é melhor para mim armar uma expedição e tentar fazer com que ele se junte a nós à força ou se o deixo de lado por enquanto, para que não acrescentemos mais um inimigo aos outros que já temos".

13. Ciro então perguntou: "Mas as residências dele estão todas em áreas fortificadas ou há algumas em locais de acesso mais fácil?".

"Suas residências não estão em áreas muito fortificadas, isso não deixei de verificar, porém há montanhas onde ele poderia por algum tempo se sentir seguro de que não cairá nas nossas mãos e onde garantiria a segurança daquilo que pudesse ter transportado até lá; a não ser que alguém acampe nas cercanias e levante um cerco contra ele, como meu pai certa vez fez."

14. Diante dessa resposta, Ciro falou: "Caso você queira me enviar, cedendo-me cavaleiros no número que lhe parecer razoável, creio que com a ajuda dos deuses farei com que ele não só nos envie tropas, mas que também lhe pague o tributo; e tenho ainda a expectativa de torná-lo um amigo melhor para nós do que é hoje".

15. Ciaxares respondeu: "Também tenho esperança de que eles se dirijam a você com mais boa vontade do que a mim, pois ouvi dizer que alguns dos filhos do rei foram companheiros seus de caça, então talvez eles fiquem novamente do seu lado. Caso eles caiam nas nossas mãos, porém, tudo poderá se arranjar da forma que desejarmos".

"Então", disse Ciro, "você não acha que devemos manter segredo sobre o que pretendemos fazer?".

"Sim", falou Ciaxares, "pois assim é mais provável que alguns deles venham parar em nossas mãos e, se houver um ataque, serão pegos despreparados".

16. "Escute, então", respondeu Ciro, "e veja se estou dizendo algo que faz sentido. Fui caçar muitas vezes com todos os meus homens perto da fronteira entre o seu país e o dos armênios, e já fui até lá levando comigo alguns cavaleiros que estão entre os meus companheiros aqui".

"Se você fizer a mesma coisa agora, portanto", disse Ciaxares, "não causará nenhuma desconfiança; mas se aparecer com uma força muito superior àquela que você costumava levar ao caçar, isso já se tornaria suspeito".

17. "Mas é possível arranjar um pretexto, que aqui não soe implausível e que lá se poderia anunciar, o de que quero realizar uma grande caçada; e eu requisitaria a você os cavaleiros publicamente."

"Essa é uma ideia belíssima!", falou Ciaxares. "E não me mostrarei disposto a entregá-los a você a não ser em número limitado, alegando querer visitar nossas guarnições perto da Assíria, pois isso é mesmo verdade; quero ir até lá prepará-las para que fiquem em maior segurança possível. Quando você já tiver avançado com as forças que estarão com você e estiver caçando por dois dias, vou lhe enviar cavaleiros e infantes em número suficiente dentre os que estiverem no meu grupo, com os quais você partirá logo que os receber; eu, no comando do resto da força, tentarei não me distanciar de vocês, para que possa me apresentar caso seja oportuno."

18. Assim, Ciaxares reuniu imediatamente cavaleiros e infantes para acompanhá-lo até as guarnições e começou a despachar carros carregados de provisões para a estrada que os levaria até lá. Ciro deu início aos sacrifícios pela sua campanha e, ao mesmo tempo, enviou emissários até Ciaxares para solicitar alguns dos cavaleiros mais jovens. Embora vários quisessem se juntar a Ciro, ele não lhe concedeu muitos. Depois que Ciaxares já tinha chegado com tropas da cavalaria e da infantaria até a estrada que levava às guarnições, os sinais dos deuses se mostraram favoráveis para que Ciro avançasse contra o rei armênio. Desse modo, ele conduziu seus homens equipados como se estivessem saindo para caçar.

19. Assim que ele se pôs em marcha, no primeiro campo por onde passavam, uma lebre se levantou. Uma águia, que os sobrevoava de forma auspiciosa, avistou a lebre que fugia e, num golpe, acertou-a, e então a carregou, levando-a para os ares. Depois de soltar a lebre num monte não muito distante dali, fez de sua presa o que bem quis. Ciro, ao observar esse sinal, alegrou-se e reverenciou Zeus Soberano, dizendo aos homens ali presentes:

20. "A nossa caçada será bela, homens, se o deus assim quiser".

Quando chegou à fronteira, Ciro foi imediatamente caçar,

como de costume. A maior parte dos infantes e dos cavaleiros ia à frente em fileira, para levantar as caças que surgissem, enquanto os melhores homens da infantaria e da cavalaria ficavam em grupos divididos, para interceptar as presas que eram levantadas e persegui-las. Eles capturaram muitos javalis, cervos, antílopes e asnos selvagens, pois existem muitos asnos selvagens nesse local até hoje.

21. Quando acabou de caçar, Ciro se aproximou da fronteira com a Armênia e jantou; no dia seguinte, ele saiu de novo para a caça, chegando perto das montanhas que queria alcançar. Quando novamente a caça se encerrou, preparou-se para o jantar, mas, ao perceber que o exército de Ciaxares se aproximava, enviou-lhes secretamente a mensagem de que jantassem a duas parasangas* de distância, pois imaginava que isso contribuiria para que passassem despercebidos. Pediu, porém, que o seu comandante se apresentasse quando tivessem acabado de comer. Depois da refeição, ele convocou os capitães. Quando se apresentaram, começou a falar:

22. "Amigos, o rei armênio era anteriormente tanto aliado quanto subjugado de Ciaxares, mas, agora que percebeu o ataque dos inimigos, age com desdém e nem nos envia seu exército nem paga o tributo devido. É esse homem, portanto, que agora viemos caçar, se conseguirmos. Creio que a melhor forma de agir", ele continuou, "é esta: Crisantas, quando você tiver descansado o suficiente, pegue metade dos persas que vieram conosco, siga pela estrada nas montanhas e ocupe os montes onde dizem que ele se refugia quando está apreensivo com alguma coisa. Fornecerei os guias.

---

* Antiga medida persa, que alguns autores gregos estimaram em trinta estádios. A medida do estádio variava consideravelmente dependendo da região grega. Nesta tradução, sugerimos que a parasanga seja equivalente a cerca de 5,3 quilômetros.

23. "Dizem que nessas montanhas a floresta é densa, de modo que tenho esperança de que vocês não sejam vistos. No entanto, se você puder enviar homens ágeis à frente do exército, que se pareçam com bandidos tanto em número quanto em aparência, eles impedirão que a notícia se espalhe caso vocês topem com armênios no caminho, fazendo-os prisioneiros; mas, se não conseguirem apanhá-los, ao menos os assustarão, não permitindo que vejam todo o seu exército e, assim, os armênios só tomarão precauções contra um grupo de bandidos.

24. "Faça isso", Ciro falou, "e quanto a mim, ao mesmo tempo, quando amanhecer, marcharei pela planície diretamente até a residência do rei com metade da infantaria e toda a cavalaria. Se ele resistir, é evidente que deveremos lutar; caso ele se retire pela planície, é evidente que deveremos persegui-lo; porém, se ele fugir para as montanhas, ali a sua tarefa é não deixar escapar nenhum dos homens que chegue até você.

25. "Considere que, como na caça, nós seremos os batedores, e você, o responsável pelas redes. Lembre-se, portanto, que é necessário bloquear antecipadamente as passagens, antes de levantarmos a caça. Os homens na entrada também devem estar escondidos, se não quiserem assustar os animais que se aproximarem.

26. "E você, Crisantas", ele continuou, "dessa vez não aja da forma como às vezes age em razão do seu gosto pela caça, pois frequentemente você fica ocupado a noite toda sem dormir; agora deve permitir que os seus homens descansem o suficiente para que resistam depois à falta de sono.

27. "E ainda, porque você vaga pelas montanhas sem ajuda de guias, seguindo a direção das presas que persegue, não passe agora por lugares de travessia difícil, mas dê ordens para que seus guias os conduzam pelo caminho mais fácil, a não ser que ele seja muito longo, pois para um exército o mais fácil é o mais rápido.

28. "Além disso, não conduza o exército com celeridade porque você está acostumado a correr as montanhas acima, mas vá com rapidez moderada para que ele possa acompanhá-lo.

29. "Também é bom que às vezes alguns dos homens mais fortes e zelosos fiquem atrás a fim de incentivar os demais; quando a coluna os tiver ultrapassado, vê-los correndo ao lado de quem caminha incentivará todos a apressarem o passo."

30. Depois que Crisantas ouviu tudo isso, orgulhoso do posto que Ciro havia lhe dado, tomou seus guias e partiu; ele fez as recomendações necessárias àqueles que em breve marchariam ao seu lado e foi descansar. Quando achou que haviam dormido o suficiente, pôs-se em marcha em direção às montanhas.

31. Ao amanhecer, Ciro enviou um mensageiro até o rei armênio, com ordens de que lhe dissesse o seguinte: "'Rei da Armênia, Ciro ordena que você faça o que for necessário para que ele possa partir daqui o mais rápido possível, levando o pagamento do seu tributo e o seu exército'. Se ele perguntar onde estou, diga a verdade, que estou na fronteira. Se ele perguntar se eu próprio irei até lá, diga a verdade, que você não sabe. Se quiser se informar sobre quantos somos, mande que ele envie alguém com você para descobrir".

32. Enviou o mensageiro com essas instruções, julgando que isso era mais amigável do que marchar sobre ele sem nenhum aviso, e partiu com o exército na formação mais apropriada para completar o trajeto e para lutar, se fosse necessário. Mandou que seus soldados não tratassem ninguém com desrespeito e, caso topassem com algum armênio, que o tranquilizassem e o encorajassem a montar um mercado onde quer que eles estivessem, para vender comida ou bebida, se fosse do seu interesse.

Livro III

1

1. Essas eram as atividades de Ciro. Quando o rei armênio ouviu suas palavras pelo mensageiro, ficou alarmado, pois entendia que agia mal ao não pagar o tributo e ao não enviar seu exército; e sentia medo principalmente porque veriam que ele começava a construir um palácio que era forte o suficiente para resistir a um ataque.

2. Receoso por causa de todos esses erros, distribuiu ordens para reunir suas forças e, ao mesmo tempo, mandou para as montanhas o seu filho mais novo, Sabáris, e as mulheres — sua esposa, a nora e suas filhas. Enviou com eles joias e bens de maior valor, dando-lhes escolta. Além disso, mandou espiões para observar o que Ciro estava fazendo e designou postos para os armênios que começavam a se apresentar. Logo passaram a chegar outros que diziam que o próprio Ciro já estava nas proximidades.

3. Ele então não teve mais coragem de encarar a luta, mas decidiu recuar. Os armênios imediatamente começaram a correr cada um para sua casa, quando viram como ele agia, com a intenção de resguardar os seus bens. Logo que Ciro notou o

campo cheio de homens correndo a pé e a cavalo, enviou-lhes a mensagem de que nenhum dos que ali permanecesse seria considerado inimigo, mas que seria tratado como inimigo quem fosse capturado durante a fuga. Assim, a maioria permaneceu, mas houve também quem fugisse com o rei.

4. Ao avançar, aqueles que escoltavam as mulheres se depararam com os soldados nas montanhas e começaram imediatamente a gritar; muitos deles foram apanhados enquanto tentavam escapar. Por fim, também o príncipe, as esposas e as filhas do rei foram capturados, assim como todos os bens que eles levavam. Tendo sido informado desses eventos, o rei ficou sem saber para onde se voltar e se refugiou num dos cimos.

5. Ciro, por sua vez, ao observar a situação, cercou esse cume com as tropas que conduzia e enviou um mensageiro para Crisantas, dando-lhe a ordem de que deixasse uma guarda nas montanhas e se apresentasse. O exército de Ciro começava a se reunir. Ele enviou também um arauto ao rei armênio para lhe perguntar o seguinte: "Diga-me, rei da Armênia, você prefere permanecer aí e lutar contra a fome e a sede ou descer até o campo para nos enfrentar?". O armênio respondeu que não desejava lutar em nenhuma das situações.

6. Ciro enviou mais uma vez um mensageiro, perguntando: "Por que então você fica sentado aí em vez de descer?".

"Porque não sei o que fazer", ele respondeu.

"Mas não há nenhuma necessidade de você ficar sem saber", disse Ciro, "pois você tem permissão de descer até aqui para ser julgado".

"E quem será meu juiz?", ele perguntou.

"É evidente que o homem a quem o deus deu permissão de fazer com você o que bem quiser, mesmo sem julgamento."

Então o rei armênio, reconhecendo a inevitabilidade da situação, desceu da montanha. Ciro, recebendo não só o rei, mas tudo mais que ele trazia, posicionou-o no centro do acampamento que então mandou montar ao seu redor, onde suas forças já estavam todas reunidas.

7. Nesse momento, Tigranes, o filho mais velho do rei da Armênia, que era também aquele que outrora havia sido companheiro de caça de Ciro, voltou de uma viagem a terras estrangeiras. Depois de ouvir o que havia acontecido, dirigiu-se no mesmo momento até Ciro, do jeito que estava; e quando viu seu pai, sua mãe, seus irmãos e sua própria mulher feitos prisioneiros, começou naturalmente a chorar.

8. Quando Ciro o viu, sem lhe dar nenhum sinal de amizade, disse: "Você chegou na hora certa para assistir ao julgamento do seu pai", e convocou de imediato os oficiais dos persas e dos medos, além de chamar os armênios honoráveis que estivessem presentes. Não mandou retirar dali as mulheres que estavam nos carros, mas permitiu que elas assistissem a tudo.

9. Assim que os arranjos estavam todos feitos, Ciro começou sua exposição: "Rei da Armênia", ele disse, "aconselho, em primeiro lugar, que você diga a verdade durante seu julgamento, para que ao menos se preserve daquilo que é mais justamente odioso; pois tenha certeza de que mentir de forma escancarada vem a ser o maior empecilho à complacência dos homens. Em segundo lugar, tanto os seus filhos quanto estas mulheres estão cientes de tudo o que você fez, além dos armênios aqui presentes; se eles perceberem que você está relatando outra coisa que não os fatos, considerarão que você está condenando a si mesmo a sofrer as piores penas possíveis, caso eu descubra a verdade".

"Pergunte o que quiser, Ciro", ele então disse, "que responderei a verdade, aconteça o que acontecer em consequência disso".

10. "Diga-me, portanto", ele falou, "em algum momento você já esteve em guerra contra Astíages, o pai da minha mãe, e com os outros medos?".

"Sim", ele respondeu.

"Uma vez subjugado por ele, você concordou em pagar um tributo, a se aliar ao exército sempre que ordens lhe fossem dadas e a não manter fortificações?"

"Sim, concordei com isso."

"Então por que motivo você não nos paga o tributo agora nem nos envia o seu exército e está construindo fortificações?"

"Eu ansiava por liberdade; pois me parecia mais nobre que eu próprio fosse livre e transmitisse essa liberdade também aos meus filhos."

11. "De fato", disse Ciro, "é nobre lutar para que nunca se venha a ser escravizado. Mas se um homem, subjugado em guerra, ou que tenha passado à condição de servidão de alguma outra forma, é visto na tentativa de privar seus senhores de si próprio, você é o primeiro a estimá-lo como um homem honrado, que age com honestidade, ou você o pune por ele ter agido mal, caso o capture?".

"Eu o puno", ele declarou, "já que você não permite que eu minta".

12. "Responda-me claramente, então, a cada uma dessas questões", Ciro continuou, "se acontece de um oficial seu cometer um erro, você permite que ele permaneça no seu posto ou coloca outro em seu lugar?".

"Coloco outro."

"E se ele tiver muitas posses, você permite que ele continue rico ou o torna pobre?"

"Tomo dele tudo que ele possa ter."

"E se você fica sabendo que ele quer passar para o lado dos inimigos, o que você faz?"

"Eu o executo", ele disse, "afinal, por que devo ser condenado à morte por mentir e não por falar a verdade?".

13. Então, ao ouvi-lo dizer isso, o seu filho arrancou a tiara e rasgou as roupas, as mulheres começaram a gritar e a arranhar os

rostos, como se tudo já estivesse acabado para seu pai, e elas, arruinadas. Ciro, porém, mandando que se calassem, disse: "Muito bem; são esses, então, os seus termos, rei da Armênia. O que você nos aconselha a fazer, de acordo com eles?". O armênio ficou em silêncio, sem saber se aconselhava Ciro a executá-lo ou se sugeria que fizesse o contrário do que ele próprio admitiu que faria.

14. Seu filho Tigranes, por sua vez, apresentou uma questão a Ciro: "Diga-me, Ciro", ele falou, "já que meu pai parece não saber o que fazer, posso lhe dar um conselho, que diz respeito a ele, sobre o que considero ser a melhor alternativa para você?". Na época em qué Tigranes era seu companheiro de caça, Ciro tinha notado que certo homem sábio por quem ele tinha admiração o acompanhava, e sentiu grande vontade de ouvir o que ele tinha para dizer.* Encorajou-o, portanto, a expor suas considerações.

15. "Bem", disse Tigranes, "se você tem admiração por meu pai, seja em razão do que ele planejou, seja pelo que ele pôs em prática, aconselho veementemente que você o imite. Se, entretanto, você considera que ele errou ao fazer tudo isso, aconselho que não o imite".

"Certamente", disse Ciro, "a pior forma de fazer o que é certo seria imitar aquele que comete um erro".

"Isso é verdade", ele retrucou.

"Mas, de acordo com seu raciocínio, seu pai deve ser punido, se de fato é correto punir quem agiu mal."

"O que você considera melhor, Ciro, estabelecer punições para o seu próprio bem ou para o seu mal?"

"No último caso, eu estaria punindo a mim mesmo."

---

* Trata-se de um sofista executado por ordens do rei armênio, como se explicará adiante. Muitos veem nesse personagem um duplo do filósofo Sócrates, de quem Xenofonte foi discípulo, condenado à morte em Atenas.

16. "Mas você estaria impondo uma grande pena a si mesmo ao executar seus homens no momento em que podem ser de maior valor para você."

"Mas como", perguntou Ciro, "os homens poderiam ser de maior valor para mim no momento em que são pegos agindo mal?".

"Caso, creio eu, eles se tornem moderados nesse momento, pois me parece, Ciro, que a verdade é que sem moderação não há nenhuma vantagem em qualquer outra virtude; pois qual utilidade poderia ter um homem forte ou corajoso que não seja moderado, ou ainda um homem rico ou um que possua poder político? Todo amigo é útil e todo o servo é bom, quando é moderado."

17. "Então", Ciro respondeu, "o que você está dizendo é que seu pai num único dia passou de imprudente a um homem com moderação?".

"Sim, exatamente", ele falou.

"Então você está dizendo que a moderação é uma afecção da alma, como a dor, e não um aprendizado? Pois não presumo que uma pessoa possa passar instantaneamente de imprudente a moderada, se ela deve se tornar sensata antes de vir a ser moderada."

18. "Mas ora, Ciro", ele respondeu, "você nunca observou um homem que decide de forma imprudente entrar em combate contra alguém mais forte instantaneamente cessar com sua falta de moderação contra esse homem quando é derrotado? E ainda, você nunca viu uma cidade se colocar contra outra e, depois de vencida, mostrar de imediato desejo de ser subjugada em vez de continuar a lutar?".

19. "A qual derrota do seu pai", disse Ciro, "você está se referindo assim, com tanta confiança de que ela o fez se tornar um homem moderado?".

"Por Zeus, àquela que ele reconhece ter obtido ao desejar liberdade para si, mas se tornar mais escravo do que nunca, não sendo capaz de realizar nada daquilo que julgava que deveria fazer em segredo, antecipadamente e com uso de força. Ele sabe que, quando você quis enganá-lo, você o fez tão bem que foi como se você estivesse enganando homens cegos, surdos ou desprovidos de razão; quando você pensou ser necessário agir em segredo, ele sabe que você foi tão discreto que, enquanto ele acreditava estar fortificando lugares reservados para si próprio, você, secreta e antecipadamente, transformou-os em prisões; e você foi tão superior a ele em agilidade que veio de longe com um exército antes que ele reunisse as forças que tinha aqui, junto de si."

20. "Você acredita, portanto, que uma derrota dessas é suficiente para tornar moderados os homens — o reconhecimento de que outros são superiores a eles próprios?"

"Sim, muito mais do que quando se é derrotado em combate", respondeu Tigranes, "pois há homens que acreditam que podem retomar a luta caso treinem seus corpos, quando são dominados pela força; mesmo cidades conquistadas acreditam, ao ganhar aliados, que são capazes de entrar de novo em combate, mas muitas vezes desejam obedecer sem coerção àqueles que consideram lhes ser superiores".

21. "Você parece pensar que os insolentes não reconhecem homens mais moderados do que eles, nem os ladrões homens que não roubam, nem os mentirosos os sinceros, nem os que agem mal aqueles que agem corretamente. Você não sabe", Ciro perguntou, "que mesmo agora seu pai faltou com a verdade e não manteve os termos do seu tratado conosco, ciente de que não havíamos transgredido nenhuma das disposições de Astíages?".

22. "Não estou dizendo que apenas o ato de reconhecer os seus superiores faz uma pessoa se tornar moderada, sem que ela seja punida por eles, como meu pai está sendo agora."

"Mas o seu pai ainda não sofreu nenhum mal; tenho certeza, porém, de que ele teme sofrer todas as piores punições", disse Ciro.

23. "Você julga", perguntou Tigranes, "que há algo mais capaz de escravizar as pessoas do que um medo intenso? Você não sabe que os que apanham com a espada, castigo considerado o mais severo, ainda assim querem lutar contra os mesmos homens de novo? Mas quando os homens temem demasiadamente uma pessoa, não são capazes sequer de encará-la, mesmo que ela própria os encoraje a fazê-lo".

"Você está afirmando que o medo aflige mais os homens do que uma punição real."

24. "Você sabe que estou dizendo a verdade, pois tem ciência de que homens que temem ser exilados de suas pátrias, ou que na véspera de uma batalha temem ser derrotados ou, ainda, os que temem a escravidão ou os grilhões não conseguem comer nem dormir por causa do medo. Por sua vez, os que já estão exilados, derrotados ou escravizados, esses em alguns casos podem até comer e dormir melhor do que os que são afortunados.

25. "Com este exemplo fica ainda mais claro o fardo que é sentir medo: é por temer não conseguir fugir e ser mortos que alguns, aterrorizados, acabam se matando antecipadamente, atirando-se de precipícios, asfixiando-se, cortando suas próprias gargantas. De tudo aquilo que aterroriza os homens, nada aflige mais as suas almas do que o medo. Quanto ao meu pai", ele falou, "em que estado você acha que sua alma se encontra, uma vez que teme não apenas por si, mas por mim, por sua esposa e por todos os seus filhos?".

26. Ciro então disse: "Bem, não me parece nada improvável que ele se encontre nesse estado. Creio, entretanto, ser próprio de um homem que é insolente quando afortunado e que logo se encolhe de medo quando abatido se tornar novamente arrogante e causar novos problemas, caso fique impune".

27. "Por Zeus, Ciro, você tem motivos, de fato, para desconfiar de nós por causa dos nossos erros, mas você tem a possibilidade de construir fortes, de ocupar os pontos já fortificados e de tomar qualquer outra coisa que deseje como garantia.

Porém", ele continuou, "você não nos causará nenhum grande descontentamento ao fazê-lo, pois lembraremos que somos nós mesmos os responsáveis por isso, mas se você entregar o nosso governo a homens que nunca cometeram nenhum erro e demonstrar falta de confiança neles, esteja atento para que não venha a ser o benfeitor daqueles que não o consideram um amigo. Por outro lado, se você se resguardar do ódio deles, não lhes impondo um jugo que evite a insolência, esteja atento também para que você não venha a ter uma necessidade ainda maior de trazê-los à razão do que a que você agora está tendo conosco".

28. "Mas, pelos deuses", ele disse, "empregar servos que sei que me obedecem apenas por coerção me seria muito desagradável. Caso eu considerasse, porém, que eles me assistem no necessário por vontade própria e por amizade, creio que seria mais fácil lidar com eles quando errassem do que com homens que me odeiam, mas realizam tudo com diligência apenas por coerção".

A isso Tigranes respondeu: "E com quem mais você poderia ter uma amizade desse tipo, que você pode agora ter conosco?".

"Com homens, creio eu, que nunca tenham sido meus inimigos, caso eu queira lhes prestar os favores que agora você está me instando a conceder a vocês", Ciro respondeu.

29. "Mas você seria capaz, Ciro, na situação atual, de encontrar alguém a quem você poderia ser tão generoso quanto a meu pai? Por exemplo", ele prosseguiu, "se permitir que continue vivo um homem que nunca lhe tenha feito nenhum mal, você acredita que esse homem lhe será grato por isso? E ainda, se você não lhe tomar a mulher e os filhos, que homem vai amá-

-lo mais por isso do que justamente aquele que consideraria ser correto que você o fizesse? E se você não nos mantiver no reinado da Armênia, por acaso você conhece alguém que sofreria mais do que nós em razão disso? Bem, também é evidente que o homem que mais sofreria por não ser o rei é aquele que mais lhe seria grato por receber tal poder.

30. "Caso se importe em deixar a situação aqui na menor desordem possível quando você partir, examine se ela ficará mais tranquila com um novo governo ou caso permaneça aquele com que estamos acostumados. Se você se preocupa também em levar daqui o maior exército possível, quem você acha que poderia organizá-lo de forma mais correta do que o homem que fez uso dele com frequência? E se precisar de recursos, quem você julga melhor para fornecê-los do que aquele que conhece e está em posse de todos eles? Meu bom Ciro", ele concluiu, "esteja atento para não penalizar a si mesmo, livrando-se de nós, mais do que meu pai o penalizaria com qualquer dano que fosse capaz de provocar". Assim Tigranes falou.

31. Ciro ficou mais do que feliz ao ouvi-lo, pois julgava que estava conseguindo fazer tudo aquilo que havia prometido a Ciaxares: lembrava-se de ter-lhe dito que tornaria o rei armênio mais seu amigo do que nunca. E então perguntou: "Se eu me deixar convencer por vocês, diga-me, rei da Armênia, qual o tamanho do exército que você me enviará e com quanto dinheiro contribuirá para a guerra?".

32. A isso respondeu o armênio: "Não tenho nada mais simples nem mais justo para propor, Ciro, do que mostrar todas as forças que tenho e você, depois de examiná-las, decidir que parte levar com você e qual deixar para a guarda do país. O mesmo quanto ao dinheiro, é justo que eu apresente a você tudo o que possuo e que você decida quanto dele quer tomar e quanto quer deixar".

33. Ciro falou: "Vai, diga-me então qual o tamanho das suas forças e me diga também quanto dinheiro você possui". O armênio respondeu na sequência: "Bem, são cerca de oito mil cavaleiros e quarenta mil infantes; quanto aos recursos, contando com os tesouros que meu pai deixou, ele totaliza em dinheiro mais de três mil talentos".*

34. Ciro retrucou sem hesitar: "Envie comigo apenas metade do exército, já que os seus vizinhos da Caldeia estão em guerra contra vocês; e quanto ao dinheiro, em vez dos cinquenta talentos que você paga como tributo, dê o dobro para Ciaxares, porque você está em falta com sua contribuição; empreste para mim outros cem e lhe prometo que em retribuição à quantia que você me emprestar, caso o deus seja generoso comigo, vou lhe conceder favores ainda mais valiosos ou devolverei o dinheiro, se eu puder. Se não puder, serei visto como incapaz, acredito eu, mas não serei, a não ser de forma também injusta, considerado injusto".

35. "Pelos deuses, Ciro", o armênio disse, "não fale assim, senão me verá perder a confiança. Mas considere que o que você deixar aqui não pertence nem um pouco menos a você do que aquilo que levar consigo".

"Muito bem", disse Ciro, "para recuperar a sua esposa, quanto dinheiro você me daria?".

"O máximo que eu pudesse", ele respondeu.

"E quanto para recuperar seus filhos?"

"Também por eles, o máximo que eu pudesse."

"Portanto", disse Ciro, "isso já dá mais do que o dobro do que você possui.

36. "E você, Tigranes, diga-me o quanto pagaria para recuperar a sua esposa."

---

* O peso de um talento variou na Antiguidade. O chamado talento ático equivalia a cerca de 26 quilos.

Acontece que ele era recém-casado e estava apaixonado por sua esposa. "Eu com certeza pagaria com minha vida para que ela nunca se tornasse uma escrava."

37. "Bem", Ciro disse, "leve-a para casa, pois eu, da minha parte, não considero que ela tenha sido capturada como prisioneira de guerra, uma vez que você nunca tentou fugir de nós. E você também, rei armênio, leve para casa sua esposa e seus filhos, sem oferecer nenhum resgate, para que saibam que retornam livres para você. E agora", ele continuou, "jantem conosco. Depois, vocês podem partir para onde seus corações quiserem". Eles então permaneceram para jantar.

38. Quando as pessoas começaram a deixar a tenda após o jantar, Ciro perguntou: "Diga-me, Tigranes, onde está o homem que caçava conosco e por quem você parecia ter grande admiração?".

"Ora", ele respondeu, "pois meu pai aqui não o condenou à morte?".

"E ele foi apanhado cometendo que tipo de injustiça?"

"Meu pai disse que ele estava me corrompendo. Mesmo assim, Ciro, ele era tão nobre e tão bom que, quando estava prestes a ser executado, chamou por mim e disse: 'Tigranes, não tenha raiva do seu pai porque ele está dando ordens para que me matem, pois ele não o faz por maldade, mas por ignorância. Quando os homens cometem erros por ignorância, julgo que eles são todos involuntários'."

39. Ao ouvir essa resposta, Ciro exclamou: "Pobre homem!". Mas o rei da Armênia disse: "Ciro, os maridos que apanham suas próprias esposas tendo relações com outros homens os executam, não por alegar que eles tornam as mulheres mais insensatas, mas por julgar que eles as afastam do seu amor; é por isso que os têm como inimigos. E eu tinha ciúmes desse homem", ele continuou, "porque me parecia que ele fazia meu filho admirá-lo mais do que a mim".

40. Ciro respondeu: "Pelos deuses, rei da Armênia, parece-me que seus erros são humanos; e você, Tigranes, seja compreensivo com seu pai". Tendo assim conversado e se tratado mutuamente com apreço, como era de se esperar depois de uma reconciliação, partiram alegres ao lado de suas esposas, nos carros.

41. Quando chegaram em casa, falavam um sobre a sabedoria de Ciro, outro sobre sua força, outro sobre sua gentileza e outro ainda sobre sua beleza e grandiosidade. Então, Tigranes perguntou à esposa: "Você também, princesa armênia, achou Ciro bonito?".

"Mas por Zeus!", ela respondeu, "não era para ele que eu estava olhando".

"E para quem, então?", ele perguntou.

"Pelos deuses, para o homem que disse que daria sua vida para que eu não me tornasse escrava." Então, como era natural, foram repousar juntos.

42. No dia seguinte, o rei armênio enviou presentes de hospitalidade a Ciro e a todo o exército,* ordenou aos homens que serviriam nas tropas que se apresentassem no terceiro dia e pagou a Ciro o dobro do valor que ele havia solicitado. Ciro, contudo, aceitou só a parte que pedira e devolveu o resto. Perguntou, então, qual deles estaria no comando do exército, se o filho ou o próprio rei. Os dois deram sua resposta ao mesmo tempo, o pai dizendo: "A quem de nós você ordenar!"; e o filho: "Nunca o deixarei, Ciro, mesmo que seja para acompanhá-lo carregando bagagem!".

43. Ciro respondeu, rindo: "E por que preço você estaria disposto a dizer a sua esposa que você vai carregar bagagem?".

---

* A hospitalidade era um conceito importante para os gregos, possuía um aspecto político e religioso (na figura de Zeus Xenios, protetor dos viajantes) e era regulada por uma série de protocolos, que envolviam a oferta de refeições e presentes.

"Mas ela não precisa ouvir nada", ele disse, "eu a levo comigo, pois assim ela poderá ver o que faço".

"Talvez já seja hora, então, de vocês se prepararem para a viagem."

"Acredite", ele falou, "estaremos aqui depois de ter organizado tudo aquilo que meu pai fornecer". Os soldados foram dormir logo que receberam os seus presentes.

2

1. No dia seguinte, Ciro, tomando ao seu lado Tigranes, os melhores cavaleiros medos e a quantidade de amigos que lhe pareceu apropriada, cavalgou pela região para observá-la, examinando onde poderia construir um forte. Quando chegou ao cimo de uma das montanhas, perguntou a Tigranes de quais delas os caldeus desciam para pilhar seu país. E Tigranes apontou para elas.

Ciro então perguntou: "Neste momento, esses montes estão desocupados?".

"Não, por Zeus", ele respondeu, "mas há sempre vigias dos caldeus que assinalam para os outros qualquer coisa que vejam".

"E o que eles fazem quando são informados?", ele quis saber.

"Eles vêm em seu socorro até os cumes, cada um da maneira que pode", respondeu Tigranes.

2. Foi isso que Ciro ouviu como resposta. Durante esse reconhecimento, ele notou que boa parte do país dos armênios estava desocupada e improdutiva por causa da guerra. Então voltaram para o acampamento e, depois de jantar, foram dormir.

3. No dia seguinte, Tigranes se apresentou ele próprio com toda a sua preparação e tinham sido reunidos cerca de quatro mil cavaleiros, dez mil arqueiros e o mesmo número de pel-

tastas. Enquanto se organizavam, Ciro realizava sacrifícios. Quando os presságios lhe foram favoráveis, convocou os chefes tanto dos persas quanto dos medos.

4. Assim que se reuniram, ele fez o seguinte discurso: "Meus amigos, essas montanhas que vemos pertencem aos caldeus; mas se nós as tomarmos e mantivermos um forte sobre um dos cimos, ambos os povos seriam obrigados a agir com moderação conosco, os caldeus e os armênios. Ora, temos presságios favoráveis; para executar esse plano, porém, não poderia haver aliado maior à vontade humana do que a presteza, pois, se nos adiantarmos aos inimigos, subindo até lá antes de eles se organizarem, poderemos ou tomar os picos sem ter que enfrentar nenhuma batalha ou encontraremos os inimigos em grupo pequeno e sem força.

5. "Dos esforços que teremos de fazer, nenhum é mais fácil nem menos perigoso do que o deste momento, que é encarar a nossa urgência. Portanto, às armas! Vocês, medos, marchem à nossa esquerda; vocês, armênios, fiquem metade à nossa direita e outra metade à nossa frente; e vocês, cavaleiros, sigam-nos por último, para encorajar e nos empurrar monte acima, e se alguém começar a arrefecer, não o permitam!"

6. Depois de dar essas ordens, Ciro conduziu as tropas, posicionando-as em colunas. Quando os caldeus perceberam que havia uma movimentação montanha acima, imediatamente a sinalizaram para o seu povo, começaram a gritar chamando uns pelos outros e a se organizar. Ciro ordenou: "Homens persas, eles dão o sinal para que nos apressemos, pois, se chegarmos ao topo antes, as forças inimigas nada poderão fazer".

7. Os caldeus portavam um escudo e duas lanças leves e se dizia que eles eram os homens mais belicosos naquela região. Também atuam como soldados mercenários, quando alguém tem necessidade deles, porque são inclinados à guerra e pobres,

já que seu país é montanhoso e apenas uma parte pequena é produtiva.

8. Quando Ciro e seus homens estavam chegando mais perto dos picos, Tigranes, que marchava com ele, falou: "Ciro, você sabe que somos nós mesmos que em breve deveremos lutar? Pois os armênios, de fato, não resistirão ao ataque inimigo". Ciro respondeu que sabia disso e ordenou aos persas que ficassem imediatamente preparados, pois em breve teriam que dar início à perseguição, quando os armênios em fuga atraíssem os inimigos para perto.

9. Assim, os armênios marcharam à frente e, quando se aproximaram, os caldeus que ali estavam começaram a correr na direção deles, gritando seu grito de guerra, como era seu costume. E os armênios, como era o seu costume, não resistiram ao ataque.

10. Quando os caldeus que os perseguiam toparam com homens armados de espadas subindo na sua direção, alguns deles avançaram e foram imediatamente mortos, outros fugiram, uns foram feitos prisioneiros e em pouco tempo os picos estavam tomados. Depois que os homens de Ciro ocuparam os cimos, observaram do alto as casas dos caldeus e notaram que eles estavam fugindo das que ficavam nos arredores.

11. Com todos os soldados reunidos, Ciro recomendou que fossem almoçar. Depois do almoço, tendo descoberto que os postos de observação dos caldeus eram sólidos e tinham uma reserva de água, mandou imediatamente construir um forte ali. Mandou também que Tigranes enviasse uma mensagem ao seu pai com ordem para que ele se apresentasse com todos os carpinteiros e pedreiros disponíveis. Então, um mensageiro partiu em direção ao rei armênio, enquanto Ciro começou a construir o forte com os homens que já estavam lá.

12. Nesse momento, levaram até Ciro os prisioneiros acorrentados, alguns deles também feridos. Logo que os viu, man-

dou desacorrentá-los e, depois de chamar os médicos, ordenou que tratassem os feridos. Em seguida, disse aos caldeus que ele vinha sem desejo de destruí-los nem necessidade de guerrear, mas com vontade de estabelecer a paz entre armênios e caldeus. "Antes da tomada dos picos, sei que não havia motivo para desejar paz, pois suas propriedades estavam em segurança, enquanto vocês pilhavam as dos armênios; pois observem agora qual é a sua situação!

13. "Então vou deixar que vocês, que foram capturados, voltem para casa, e vou permitir que deliberem com os outros caldeus se querem entrar em guerra conosco ou se querem ser nossos amigos. Caso vocês escolham a guerra, não voltem aqui desarmados, se vocês tiverem algum juízo. Caso desejem paz, venham sem armas. Se vocês se tornarem nossos amigos, eu mesmo cuidarei para que vocês fiquem em boa situação."

14. Depois de ouvir essas palavras, os caldeus enalteceram e saudaram Ciro muitas vezes, e então partiram para casa. Já o rei da Armênia, quando soube do chamado de Ciro e do seu projeto, reuniu os carpinteiros e tudo mais que considerou necessário e foi até ele o mais rápido que pôde.

15. Ao ver Ciro, ele disse: "Quão pouco capazes os homens são de prever o futuro e, mesmo assim, quanto tentamos realizar! Agora há pouco eu, na tentativa de garantir minha liberdade, tornei-me mais escravo do que nunca; uma vez capturado, julguei que era clara nossa destruição, mas estamos visivelmente agora mais a salvo do que nunca. Esses homens que nunca paravam de nos causar prejuízos, eu os vejo agora na situação pela qual eu rezava.

16. "E saiba de uma coisa, Ciro", ele falou, "que eu, pela expulsão dos caldeus desses picos, muitas vezes mais dinheiro lhe daria do que a quantia que você já recebeu de mim. Os favores que você prometeu nos fazer quando tomou o dinheiro já estão

concedidos, de modo que temos uma dívida maior de gratidão com você, da qual nós, a não ser que nos tornemos desonestos, nos envergonharemos de não quitar".

17. Assim falou o rei armênio. Os caldeus voltaram desejando fazer as pazes com Ciro, e ele perguntou: "Há alguma outra razão, caldeus, que agora faz com que vocês desejem a paz, ou é porque vocês julgam que poderão viver com mais segurança em paz do que em guerra, já que nós estamos em posse dessa região?". Os caldeus concordaram com ele.

18. E ele continuou: "E se outros benefícios lhes forem acrescentados por causa da paz?".

"Ficaremos ainda mais felizes", eles responderam.

"Vocês acham que há outro motivo para sua atual pobreza que não o fato de vocês terem escassez de terra fértil?". Também concordaram que era esse o motivo. "E então?", disse Ciro, "vocês gostariam de ter a permissão de cultivar a extensão de terra da Armênia que desejarem, pagando por isso a mesma quantia que os armênios?".

Os caldeus responderam: "Sim, se tivermos certeza de que não seremos prejudicados".

19. "E você, rei da Armênia, gostaria de tornar produtiva a parte da sua terra que agora está improdutiva, se os homens que a cultivarem pagarem o valor corrente?" O armênio disse que daria tudo por isso, pois assim teria um grande aumento de renda.

20. "E vocês, caldeus, já que têm belas montanhas, gostariam que os armênios apascentassem seus gados aqui, se os pastores pagarem a vocês um valor justo?" Os caldeus responderam que sim, pois isso lhes traria lucro, sem que tivessem que trabalhar. "E você, rei da Armênia", ele falou, "gostaria de utilizar os pastos deles, dando um pequeno lucro aos caldeus para ter um lucro muito maior?".

"Mas certamente", ele respondeu, "se eu achar que podemos apascentar nosso gado lá em segurança".

"Então", Ciro disse, "vocês levariam seu gado com segurança, caso seus aliados estivessem em posse dos picos?".

"Sim", concordou o armênio.

21. "Mas por Zeus!", falaram então os caldeus, "se eles os ocuparem, não poderemos trabalhar com segurança na terra deles nem sequer na nossa!".

"E se então", Ciro sugeriu, "aliados seus estivessem em posse deles?".

"Nesse caso, ficaríamos bem", eles responderam.

"Mas por Zeus!", exclamou o rei armênio, "nós, por nossa vez, não ficaríamos bem, se eles receberem de volta os picos, ainda mais agora que estão fortificados!".

22. Ciro respondeu: "Eis o que farei: não entregarei a nenhum de vocês a ocupação dos picos, mas somos nós que os guardaremos. Se um de vocês agir com injustiça, ficaremos do lado da parte ofendida".

23. Quando ouviram essa proposta, os dois lados a enalteceram e disseram que essa era a única forma de assegurar a paz. Nessas condições, todos deram e receberam garantias de boa-fé e estabeleceram conjuntamente que se manteriam independentes, que seriam permitidos entre eles o casamento, o cultivo das terras e a pastagem, e que formariam uma aliança defensiva, caso uma das partes fosse agredida.

24. Então a situação se resolveu desse modo; e até hoje perdura o acordo que os caldeus e o rei da Armênia fizeram naquela época. Assim que ele foi firmado, passaram a construir ambas as partes com entusiasmo um forte para uso comum e juntos reuniram provisões para ele.

25. Quando começava a anoitecer, Ciro recebeu os dois lados, agora já em relação de amizade, para jantar. Um dos cal-

deus que estavam na tenda disse que aquela situação era desejável para todos, mas que havia alguns caldeus que viviam da pilhagem e que não sabiam trabalhar na terra e nem poderiam, pois estavam acostumados a ganhar a vida com a guerra, sempre pilhando ou atuando como mercenários, muitas vezes para o rei da Índia, pois diziam que ele é um homem muito rico, e muitas vezes também para Astíages.

26. Ciro falou: "Por que então não trabalham para mim agora? Pagarei o mesmo valor que receberam de quem melhor já lhes tenha pagado". Eles concordaram e disseram que muitos seriam os voluntários.

27. Assim chegaram a um acordo sobre esse assunto; mas quando Ciro ouviu que os caldeus viajavam com frequência até o rei da Índia, lembrando-se dos emissários que tinham ido à Média investigar a situação e depois partido para visitar os inimigos, de modo a observar também a deles, desejou que ele soubesse dos seus feitos.

28. Então deu início ao seguinte discurso: "Rei armênio", ele falou, "e vocês, caldeus, digam-me, se eu enviar agora alguns dos meus homens até o rei da Índia, vocês mandariam junto com eles alguns dos seus para guiá-los no caminho e para colaborar conosco, de modo que venhamos a obter do rei aquilo que desejo? Pois gostaria de acrescentar ainda mais recursos aos que já temos, para poder pagar salários generosos aos homens de quem eu precisar e para honrar e presentear os meus colegas soldados que mereçam. Os motivos pelos quais quero ter a maior abundância possível de dinheiro é o fato de que julgo que precisarei dele e porque me agradaria poupar o de vocês, pois já os considero meus amigos. Por sua vez, o dinheiro do rei da Índia eu aceitaria com prazer, se ele puder me dar algum.

29. "Assim, quando o mensageiro a quem estou pedindo que vocês forneçam guias e assistentes chegar à Índia, falará

o seguinte: 'Ciro me enviou até aqui, rei da Índia; e ele diz que precisa de mais recursos, já que está esperando outro exército vindo de sua casa, na Pérsia' — e estou esperando, de fato. 'Se você lhe enviar a quantia que for conveniente para você e se o deus lhe conceder um bom resultado, ele diz que buscará fazer com que você julgue ter tomado uma boa decisão ao lhe prestar um favor'.

30. "O meu mensageiro dirá isso. Àqueles que, por sua vez, vocês enviarão, deem a instrução que julgarem apropriada. Se recebermos alguma coisa dele", Ciro concluiu, "teremos à disposição recursos mais abundantes; se não recebermos, teremos ciência de que não lhe devemos nenhum favor, mas poderemos então estabelecer tudo conforme nos for mais conveniente".

31. Assim falou Ciro, julgando que os armênios e caldeus que iriam nessa missão diriam coisas a seu respeito que ele desejava que todos os homens também falassem e ouvissem sobre ele; e então, quando chegou a hora, começaram a deixar o banquete para ir descansar.

3

1. No dia seguinte, Ciro enviou o mensageiro com as instruções que já havia exposto, e o rei armênio e os caldeus enviaram com ele os homens que julgaram ser mais capazes para assisti-lo e para falar o que era apropriado sobre Ciro. Depois disso, Ciro equipou o forte com uma guarda competente e com todas as provisões necessárias e deixou como seu comandante o medo que considerou ser mais do gosto de Ciaxares; em seguida, partiu, conduzindo o exército que havia trazido e o que havia recebido dos armênios, além de cerca de quatro mil caldeus, que acreditavam ser melhores do que todos os outros juntos.

2. Quando desceu para a parte habitada do país, nenhum armênio permaneceu dentro de casa, fosse homem ou mulher, mas todos foram vê-lo, felizes pelo estabelecimento da paz, carregando e levando até ele o que quer que tivessem de valor. O rei armênio não lhes fez nenhuma objeção, considerando que Ciro ficaria mais feliz sendo honrado por todos. Por fim, até a rainha foi encontrá-lo, com suas filhas e o filho mais novo, trazendo-lhe o dinheiro que antes Ciro não quisera receber, junto com outros presentes.

3. Ciro, ao vê-los, disse: "Não façam com que eu ande por aí praticando o bem a troco de dinheiro! Mas você, rainha, parta daqui levando o montante que traz agora e não o devolva mais para o rei armênio enterrar, mas arme seu filho da melhor forma possível com ele, para enviá-lo ao exército. Com o que sobrar, obtenha para si, para seu marido e para suas filhas e filhos algo cuja posse poderá adorná-los, deixando-os mais belos, e fazer com que vocês tenham uma vida mais agradável. Que na terra", ele disse, "baste enterrar nossos corpos, quando o fim chegar a cada um de nós".

4. Depois de dizer isso, partiu a cavalo. O rei tomou parte da escolta, assim como todos os outros armênios, chamando-o repetidamente de seu benfeitor e seu bom homem, o que continuaram a fazer até que o tivessem acompanhado à fronteira do país. Com ele o rei armênio mandou um exército maior, já que agora havia paz.

5. Assim Ciro partiu, depois de ter feito um bom negócio não só pelo dinheiro que recebeu, mas por ter preparado, graças a sua conduta, muito mais fundos que poderia utilizar no futuro quando precisasse. Então acampou perto da fronteira e, no dia seguinte, enviou o exército e o dinheiro para Ciaxares, pois ele estava próximo dali, como disse que estaria. Ciro, por sua vez, acompanhado de Tigranes e dos melhores

homens persas, saiu para caçar qualquer animal com que se deparasse por diversão.

6. Quando voltou para Média, deu a cada um de seus capitães o tanto de dinheiro que lhe pareceu suficiente, para que também eles pudessem premiar os homens sob seu comando com quem estivessem satisfeitos, pois julgava que o exército como um todo estaria em boa situação se cada um fizesse com que sua divisão fosse digna de elogios. Quando notava em algum lugar algo que pudesse ser belo para o exército, sempre o adquiria e distribuía como presente para os que mereciam, pois acreditava que tudo que seu exército possuísse de belo e nobre era também um adorno para ele próprio.

7. No momento em que começaria a distribuir parte do que havia recebido, disse o seguinte em meio aos capitães, tenentes e todos que ele premiou: "Amigos, parece que temos agora alguma satisfação, não só porque conseguimos certa prosperidade, mas também porque, graças a ela, podemos honrar aqueles que desejamos e receber essas honras, cada um de acordo com seu mérito.

8. "Lembremos principalmente quais ações deram origem a essas benesses; pois, se vocês as examinarem, descobrirão que foi se manter desperto quando necessário, trabalhar duro, agir com prontidão e não ceder aos inimigos. Do mesmo modo, devemos no futuro agir de forma corajosa, sabendo que os maiores prazeres e as maiores benesses são concedidos pela obediência, pela perseverança e, em ocasiões necessárias, pelo esforço e pelos perigos."

9. Ciro observou que os soldados estavam em boas condições, tanto no que dizia respeito aos seus corpos, para conseguir suportar os trabalhos da guerra, quanto aos seus espíritos, que veriam os inimigos com desdém; e que todos eram hábeis em lidar com suas respectivas armas e bem preparados para obedecer a seus comandantes. Por isso, teve vontade de em-

preender de imediato alguma ação contra os inimigos, sabendo que na hesitação os comandantes frequentemente veem seus melhores planos falirem.

10. Percebeu ainda que muitos soldados estavam ansiosos por distinção nas atividades em que competiam e que sentiam inveja uns dos outros. Por causa disso, queria conduzi-los ao país inimigo o mais rápido possível, por saber que os perigos comuns tornam os que lutam juntos mais amigos uns dos outros e que, nessa situação, os homens não sentem mais inveja de quem tem armas adornadas, nem daqueles que buscam a glória, mas, ao contrário, louvam e amam seus iguais, por considerar que atuam juntos por um bem comum.

11. Assim, ele primeiro armou completamente o exército e o posicionou da melhor e mais bela forma que pôde e, em seguida, convocou os generais, os coronéis, os capitães e os tenentes, pois eles estavam dispensados do alistamento nas formações táticas e, quando precisavam obedecer a ordens do general ou transmitir alguma informação, mesmo assim nenhuma parte ficava sem comando, já que os sargentos e os cabos mantinham em ordem as divisões que ficavam sem chefe.

12. Quando os oficiais superiores se reuniram, conduziu-os ao longo das fileiras para verem que tudo estava em ordem e lhes explicou qual era o ponto forte de cada um dos aliados. Depois de deixá-los com forte desejo de ação imediata, disse-lhes que então partissem para suas divisões, explicassem aos seus homens o que lhes tinha dito e que tentassem inspirar em todos a vontade de entrar em guerra, de modo que começassem cheios de ânimo; pela manhã eles deveriam se apresentar às portas de Ciaxares.

13. Então eles partiram todos para fazer o que havia sido solicitado. Ao amanhecer do dia seguinte, os oficiais superiores se apresentaram às portas do rei. Ciro entrou com eles, dirigin-

do-se a Ciaxares, e começou o seguinte discurso: "Sei, Ciaxares, que o que estou para dizer lhe parece uma boa ideia há muito tempo, não menos do que para nós, mas talvez você tenha pudor de falar sobre o assunto, para não parecer incomodado por nos sustentar.

14. "Portanto, porque você se mantém calado, falarei em seu nome e no nosso. Já que estamos bem preparados, todos estamos de acordo não em lutar somente quando os inimigos invadirem o seu território, nem em ficarmos sentados esperando em país aliado, mas em adentrarmos o mais rápido possível o território inimigo.

15. "Agora, permanecendo no seu país, pilhamos involuntariamente os seus bens; mas se formos para o território dos inimigos, com prazer daremos prejuízos a eles.

16. "Além disso, agora você nos mantém à custa de grandes despesas, mas se formos para a batalha tiraremos nosso sustento da terra inimiga.

17. "E ainda, se nos fosse provável enfrentar um perigo maior lá do que aqui, talvez devêssemos escolher o que é mais seguro, mas o número deles será o mesmo, quer aguardemos aqui, quer marchemos ao seu encontro, indo até o seu território; e estaremos em igual número no combate, quer recebamos seu ataque aqui, quer entremos em batalha avançando sobre eles.

18. "Nós, porém, poderemos nos valer de soldados mais corajosos e com espíritos mais fortalecidos se marcharmos até nossos oponentes e se não parecer que os encaramos contra nossa vontade. Eles, por sua vez, terão muito mais medo de nós quando ouvirem que não nos encolhemos de medo deles sentados em casa, mas, uma vez que percebemos que avançavam sobre nós, fomos ao seu encontro para travar combate o mais rapidamente possível e não esperamos até que causassem danos às nossas terras, indo antes devastar as deles.

19. "Por sua vez", ele concluiu, "se fizermos com que os inimigos tenham mais medo e com que nós próprios tenhamos mais coragem, julgo que grande seria o nosso ganho e calculo que, então, nosso perigo diminuiria e o deles cresceria. Meu pai sempre diz, e também você e todos os outros são de mesma opinião, que as batalhas são decididas muito mais pelo espírito dos homens do que pela força dos seus corpos".

20. Esse foi seu discurso. E Ciaxares respondeu: "Mas não fiquem vocês suspeitando, Ciro e demais homens persas, que estou contrariado por ter que sustentá-los. Quanto a avançar em direção ao território inimigo imediatamente, também a mim essa parece ser a melhor coisa a fazer, considerando todos os aspectos".

"Muito bem", disse Ciro, "já que concordamos, façamos os preparativos e, logo que os sinais divinos nos forem favoráveis, partamos o mais rápido que pudermos".

21. Depois disso, disseram aos soldados que ficassem prontos, enquanto Ciro fazia os sacrifícios, primeiro a Zeus Soberano e em seguida aos outros deuses, para que os conduzissem propícios e para que fossem guias benevolentes do exército, seus nobres defensores e aliados e conselheiros. Invocou também os heróis que habitam e protegem as terras da Média.

22. Logo que os sinais foram propícios e seu exército estava agrupado na fronteira, ele entrou em território inimigo com auspícios favoráveis. Ao atravessá-la, de novo buscou o favor da Terra com libações e a benevolência dos deuses e dos heróis que habitam a Assíria com sacrifícios. Depois de fazer isso, sacrificou mais uma vez a Zeus Ancestral e não negligenciou nenhum dos outros deuses que nesse momento foram mencionados.

23. Uma vez cumpridos esses ritos, imediatamente avançaram com a infantaria por uma distância não muito longa e montaram o acampamento, ao mesmo tempo que fizeram uma

incursão com a cavalaria, apropriando-se de um grande e variado butim. A partir desse momento, alterando o local do acampamento, mantendo as provisões em quantidade abundante e pilhando a região ao redor, ficaram à espera dos inimigos.

24. Quando começaram a chegar notícias de que eles avançavam e não estavam a mais do que dez dias de distância, Ciro falou: "Ciaxares, é hora de ir ao seu encontro e não deixar nem os inimigos nem os nossos homens acharem que tememos marchar contra eles, mas demonstremos que não lutamos contra a nossa vontade".

25. Uma vez que Ciaxares concordou com essa proposta, eles passaram a avançar diariamente uma distância que lhes parecia apropriada, posicionados para batalha. Preparavam o jantar sempre sob a luz do dia e à noite nunca acendiam fogo no acampamento. Em frente ao acampamento, no entanto, deixavam-no aceso, de modo que pudessem ver, graças à claridade do fogo, alguém que durante a noite se aproximasse, sem que fossem vistos pela pessoa que se acercava. Muitas vezes também acendiam fogueiras na parte de trás do acampamento, para enganar os inimigos, de forma que algumas vezes os espiões inimigos caíram nas mãos das sentinelas; porque havia o fogo na parte de trás do acampamento, pensavam ainda estar longe dele.

26. Então, quando os exércitos já se aproximavam um do outro, os assírios e seus aliados circunvalaram seu acampamento, como até hoje mandam fazer os reis bárbaros sempre que estão acampados; cavam a vala com facilidade porque dispõem de muitos braços e fazem isso porque sabem que a cavalaria à noite pode ficar desorientada e se tornar de difícil manejo, especialmente as bárbaras.

27. Isso acontece porque mantêm os cavalos com peias nas manjedouras e, se alguém os ataca, têm o trabalho de soltar os cavalos à noite, o trabalho de lhes pôr o bridão, o trabalho de

selá-los, o trabalho de vestir as couraças e é absolutamente impossível, uma vez montados nos cavalos, cavalgar pelo acampamento. Por todos esses motivos, os assírios e outros constroem entrincheiramentos — e também porque lhes parece que estar em segurança garante a eles o poder de lutar quando quiserem.

28. Com essas ações, os exércitos se aproximavam um do outro. Quando, ao avançarem, ficaram separados a uma distância de uma parasanga,* os assírios acamparam da maneira já descrita, em lugar circunvalado mas visível, enquanto Ciro montava o acampamento no local menos visível possível, atrás de vilas e colinas, pois achava que o equipamento de guerra se torna mais amedrontador para os adversários quando visto todo de uma vez. Nessa noite, cada um dos lados posicionou suas guardas avançadas, como convinha, e foi descansar.

29. No dia seguinte, o rei assírio, Creso e os outros comandantes deixaram as tropas paradas na área protegida, enquanto Ciro e Ciaxares aguardavam posicionados para lutar, caso os inimigos decidissem atacar. Quando ficou evidente que eles não deixariam a trincheira, nem entrariam em combate naquele dia, Ciaxares chamou Ciro e os outros oficiais superiores e disse o seguinte:

30. "Homens", ele falou, "acho que devemos, da forma como nos encontramos posicionados, ir até as trincheiras e deixar evidente que desejamos lutar, pois assim", ele argumentou, "se eles não saírem para nos enfrentar, os nossos homens partirão de lá mais confiantes, e os inimigos terão visto nossa ousadia e sentirão mais medo". Para ele, essa parecia ser a melhor decisão.

31. Ciro, por sua vez, respondeu: "De jeito nenhum, pelos deuses, Ciaxares, não façamos isso! Se marcharmos agora, expondo-nos, como você propõe, os inimigos nos observarão avan-

---

* Cerca de 5,3 quilômetros.

çando contra eles, mas não sentirão medo, por saber que estão seguros contra qualquer dano; e quando voltarmos para o acampamento sem ter feito nada, eles olharão para nós com desdém, por perceber que estamos em número muito inferior ao deles; no dia seguinte, sairão para lutar com muito mais disposição.

32. "Agora sabem que estamos aqui, mas não nos veem; tenha certeza de que eles não nos desprezam, mas estão se perguntando o que isso significa, e sei que conversam a nosso respeito o tempo todo. Quando eles saírem do entrincheiramento, nesse momento devemos nos expor e, ao mesmo tempo, avançar para o confronto corpo a corpo, apanhando-os da forma como há muito tempo desejamos."

33. Depois que Ciro falou, Ciaxares e os outros concordaram com ele. Ao fim do jantar, posicionaram as sentinelas e acenderam várias fogueiras em frente aos postos, depois foram descansar.

34. De manhã cedo, Ciro, com uma coroa na cabeça, começou a preparar os sacrifícios e mandou avisar aos demais pares que deveriam se apresentar aos ritos também coroados. Quando o sacrifício foi finalizado, convocou os que estavam presentes para lhes dizer: "Homens, os deuses, segundo dizem os adivinhos, com quem estou de acordo, anunciam que a batalha acontecerá, que nos concederão a vitória e nos prometem segurança.*

35. "Eu deveria me envergonhar de lhes fazer recomendações sobre como devem agir nesta situação, pois sei que agem com conhecimento e com prática e que, exatamente como eu, ouviram e ainda ouvem outros falarem sobre o assunto, de modo que vocês

---

* Uma das principais formas de obter conselho divino na Grécia desse período era um ritual em que ocorria o sacrifício de um animal, mais frequentemente de uma ovelha, e, em seguida, o exame de suas entranhas, em especial do fígado. Pelo aspecto dos órgãos do animal, os deuses se mostravam favoráveis ou não. Ciro é versado nesse e em outros métodos de divinação, como fica claro na conversa com seu pai ao final do Livro I, e sempre consulta os deuses antes do início de suas empreitadas.

mesmos seriam capazes de ensinar outros homens com propriedade. Caso, porém, nunca tenham considerado a seguinte questão, escutem-me.

36. "Devemos lembrar aqueles que recentemente tomamos como aliados — e que estamos tentando tornar semelhantes a nós —, em quais condições fomos sustentados por Ciaxares, de que modo treinamos, por que razão os chamamos para se juntar a nós e em quais aspectos eles disseram que se alegrariam em ser nossos adversários.

37. "Lembrem-se também de outra coisa, que o dia de hoje mostrará quem são os que têm valor, pois, quando homens aprendem algo com atraso, não é de admirar que alguns tenham necessidade de alguém que os ajude, mas ficaremos contentes se eles conseguirem mostrar seu valor depois de um incentivo.

38. "Ao fazer isso, no entanto, vocês estarão ao mesmo tempo testando a si próprios, pois o homem que é capaz de tornar outros mais corajosos nessa situação pode ter, e com razão, plena consciência de ser ele próprio um homem bom; mas aquele que mantém apenas para si o estímulo a tal conduta e se contenta com isso deve apropriadamente se considerar um homem bom apenas pela metade.

39. "O motivo pelo qual não sou eu mesmo a conversar com eles, mas recomendo que vocês o façam, é o fato de que eles tentarão deixá-los satisfeitos, pois vocês estão próximos dos soldados, cada um em sua própria companhia. E entendam que, se vocês próprios se mostrarem confiantes aos olhos deles, ensinarão não por meio da palavra, mas pela ação, e não só a esses homens, mas a muitos outros, o que é ter confiança."

40. Por fim, mandou que fossem almoçar usando as coroas e, depois de fazer as libações, que se dirigissem às companhias, ainda com elas. Uma vez que eles partiram, chamou a retaguarda e a ela deu os seguintes comandos:

41. "Homens da Pérsia, vocês se tornaram parte dos pares e foram escolhidos porque são considerados semelhantes em tudo aos nossos melhores homens e até mais prudentes do que eles, se considerada a sua juventude. Vocês ocupam, portanto, uma posição em nada menos honrosa do que os homens que estão na dianteira, pois vocês que estão na parte de trás, observando os soldados corajosos, podem fazer com que eles se tornem ainda melhores com suas exortações e, se algum deles começar a arrefecer, também poderão vê-lo e não permitir que isso aconteça.

42. "Se vencer interessa a alguém, é sobretudo a vocês, tanto em razão da sua juventude quanto do peso do seu armamento. Se os homens que estão à sua frente, chamando por vocês, ordenarem que os sigam, obedeçam e, para que também nessa situação vocês não sejam inferiores a eles, em resposta ao seu apelo os exortem a conduzi-los com mais rapidez contra os inimigos. Partam agora", ele disse, "almocem e vão vocês, também coroados, para suas companhias com os demais homens".

43. Ciro e seus homens se ocupavam com tais atividades, enquanto os assírios, depois de almoçar, saíram cheios de confiança e se posicionaram para a batalha com resolução. O rei em pessoa os posicionou, locomovendo-se com seu carro de combate e os exortando da seguinte forma:

44. "Homens da Assíria, neste momento vocês devem se mostrar corajosos, pois a luta agora é por suas vidas, pelo país onde vocês nasceram, pelas casas onde cresceram, pelas suas mulheres e filhos e por todos os bens que possuem, pois, vencedores, vocês serão os senhores disso tudo, como antes; se superados, tenham certeza de que entregarão tudo aos inimigos.

45. "Se é vitória o que desejam, resistam e lutem! Pois é tolice que homens que desejam a vitória se posicionem de costas, com a parte do corpo que é cega, desarmada e sem mãos, para

fugir! É tolice que um homem que deseja viver tente escapar, sabendo que os vencedores são poupados e os que fogem morrem com mais frequência do que os que resistem. É tolice que um homem que deseja riquezas permita ser superado; pois quem não sabe que os vencedores mantêm seus bens e tomam, além disso, os dos derrotados, enquanto os derrotados perdem não só seus bens, como a si mesmos?". Era isso que fazia o rei assírio.

46. Ciaxares enviou uma mensagem a Ciro dizendo que já era hora de avançar contra os inimigos: "Pois agora", ele disse, "se os homens fora da trincheira são poucos, eles se tornarão muitos enquanto nos aproximamos; então não aguardemos até que eles estejam em número maior do que o nosso, mas vamos partir agora, quando acreditamos poder dominá-los com facilidade".

47. Ciro, por sua vez, respondeu: "Ciaxares, se não mais do que metade deles for derrotada, tenha certeza de que dirão que temíamos seu grande número e, por isso, atacamos quando eles eram poucos, e não se considerarão vencidos, mas você precisará de outra batalha, na qual talvez tenham planos melhores do que têm agora, quando se entregam a nós de uma forma que nos possibilita regular a quantidade de homens que desejamos enfrentar".

48. Depois de ouvir essa resposta, os mensageiros partiram. Nesse momento, Crisantas, o persa, e alguns outros pares chegaram trazendo desertores. Ciro, como era natural, perguntou aos desertores qual era a situação entre os inimigos; eles disseram que estavam saindo do entrincheiramento com as armas e que o próprio rei já estava fora e encorajava com muitas e fortes palavras os homens que iam saindo sem parar, segundo diziam aqueles que o ouviram falar.

49. Então Crisantas sugeriu: "Que tal, Ciro, se você também, convocando os seus homens enquanto ainda é possível, os in-

centivasse, para deixar os soldados mais corajosos?". E Ciro respondeu:

50. "Crisantas, que as palavras de encorajamento do rei assírio não o perturbem, pois nenhuma exortação é boa a ponto de fazer com que os que não são corajosos se tornem corajosos instantaneamente depois de ouvi-la. É certo que não tornará bons os arqueiros que não tenham antes treinado com o arco, nem os lanceiros, nem os cavaleiros; não é capaz sequer de fazer com que os corpos possam suportar o esforço, a não ser que tenham se exercitado antes."

51. "Mas basta, Ciro, que você torne os espíritos deles mais corajosos com suas exortações", respondeu Crisantas.

"E por acaso um único discurso que eu pronuncie", disse Ciro, "de imediato seria capaz de encher de honra os espíritos daqueles que me escutam ou impedi-los de cometer atos vergonhosos? De convencê-los de que devem se submeter a qualquer esforço e a qualquer perigo para obter glória, deixando firme em suas mentes a ideia de que devem escolher morrer em combate em vez de se salvar fugindo?

52. "E se tais pensamentos têm que ser inscritos nas mentes dos homens e lá perdurar, não é necessário primeiro já haver leis segundo as quais uma vida honrosa e livre deve ser provida aos homens bons, enquanto aos maus deve ser imposta uma existência insuportável de abjeção e sofrimento?

53. "Creio, além disso, ser necessário haver professores e chefes que lhes mostrem como agir corretamente e os ensinem e acostumem a agir conforme o aprendizado, até que brote neles o discernimento de que os homens bons e honrados são realmente os mais felizes e a percepção de que os maus e desonrados são os mais miseráveis de todos, pois assim devem agir aqueles que estão prestes a demonstrar que o aprendizado é superior ao medo dos inimigos.

54. "Se, porém, alguém com palavras de poeta fosse capaz de tornar mais dispostos aqueles que estão indo armados para o combate, momento em que muitos esquecem até as velhas lições, nada seria mais fácil do que aprender e ensinar a maior das virtudes que existe entre os homens.

55. "Eu, de certo, não teria a confiança sequer de que os homens que agora temos ao nosso lado, treinados por nós, serão resolutos, se não visse também vocês ao nosso lado, que para eles serão um exemplo de como devem ser e que poderão lembrá-los do que quer que esqueçam. Eu me admiraria, Crisantas, se um discurso bem pronunciado tivesse maior capacidade de auxiliar homens que não receberam qualquer lição sobre virtude a agir virilmente do que uma canção bem executada de tornar homens ignorantes em música em músicos."

56. Eles conversavam sobre essa questão quando Ciaxares enviou novamente um mensageiro que dizia que Ciro se equivocava tardando e ao não avançar contra os inimigos o mais rápido possível. Ciro respondeu então ao mensageiro: "Bem, que ele fique sabendo que ainda não há a quantidade necessária de homens fora das trincheiras. Dê-lhe essa mensagem na frente de todos; como ele está decidido, porém, vou agora dar início à marcha".

57. Depois de dizer isso e de fazer uma prece aos deuses, saiu com o exército. Começou a conduzi-lo já em marcha rápida, e os homens o seguiam ordenadamente, por terem conhecimento e prática de marchar nas suas posições, e com determinação, porque desejavam superar uns aos outros, porque seus corpos estavam treinados e porque todos os chefes estavam posicionados à frente. Além disso, faziam-no com prazer, porque eram prudentes; sabiam que a maneira mais fácil e segura era avançar ao combate corpo a corpo com os inimigos, especialmente quando estes eram arqueiros, lanceiros e cavaleiros, isso tinham aprendido há muito tempo.

58. Enquanto eles estavam ainda fora do alcance dos projéteis, Ciro passou a palavra de ordem: "Zeus aliado e guia". Quando ela voltou e chegou novamente até ele, deu início ao peã costumeiro, em honra dos Dióscuros;* todos devotamente começaram a cantar juntos, em voz elevada, pois, numa situação como essa, aqueles que são tementes aos deuses têm menos medo dos homens.

59. Quando o peã se encerrou, os pares, marchando com ar radiante e olhando uns para os outros, chamaram pelo nome os homens ao seu lado e os que estavam atrás, dizendo muitas vezes: "Vão, amigos! Vão, homens de coragem!", para incentivar uns aos outros. Os que estavam atrás, ao ouvi-los, respondiam com outras palavras de exortação para que os homens na primeira fileira os conduzissem com firmeza. O exército de Ciro estava cheio de entusiasmo, de ambição, de força, de bravura, de exortação, de moderação e de obediência, o que é para os oponentes, eu acredito, a situação mais terrível de todas.

60. Com relação aos assírios, quando o grosso dos persas já estava se aproximando para o combate, os homens que estavam nos carros para lutar à frente do exército voltaram a subir neles e lentamente se retiraram para o meio da massa do seu próprio exército, enquanto os arqueiros, lanceiros e fundeiros atiraram seus projéteis muito antes de os inimigos estarem ao seu alcance.

61. Quando os persas, indo para o ataque, pisaram sobre os projéteis que eles haviam lançado, Ciro gritou: "Bravos ho-

---

* Os Dióscuros ("filhos de Zeus") são Castor e Pólux. Os deuses ora são identificados como descendentes de Zeus, ora como filhos do mortal Tíndaro e, por isso, são também chamados de Tindáridas. Sua mãe era Leda, com quem Zeus se deitou na forma de cisne, gerando ainda Helena e Clitemnestra. Apenas Pólux era tradicionalmente visto como filho de Zeus, de quem herdara a imortalidade. Pólux pediu para compartilhá-la com o irmão, e Zeus concedeu que eles passassem metade do tempo entre os mortos, metade entre os deuses. Eles eram invocados como salvadores diante dos perigos do mar ou da guerra.

mens, que cada um de vocês aperte o passo, demonstre seu valor e passe essa palavra adiante!". E eles a transmitiram. Por causa do seu entusiasmo, animação e do afã de se embaterem com o inimigo, alguns começaram a correr e toda a falange os acompanhou na corrida.

62. O próprio Ciro, esquecendo-se do ritmo da marcha, começou a liderar a corrida, ao mesmo tempo que gritava: "Quem me acompanhará? Quem é corajoso? Quem será o primeiro a derrubar um homem?". Os homens que o ouviam, gritavam essas mesmas palavras e elas passaram por todas as fileiras da forma como ele havia começado: "Quem me acompanhará? Quem é corajoso?".

63. Foi com essa disposição que os persas foram ao encontro dos inimigos e estes já não estavam conseguindo resistir, mas se voltaram e fugiram para a área protegida.

64. Os persas, por sua vez, seguiram-nos até os portões, onde empurravam uns aos outros, e mataram vários deles, pulando sobre aqueles que caíam na trincheira e matando tanto homens quanto cavalos, pois alguns dos carros foram forçados a cair dentro da trincheira durante a fuga.

65. Quando os cavaleiros medos viram essa situação, dirigiram-se até a cavalaria inimiga, mas ela também não resistiu. Então houve perseguição de homens e cavalos e a matança de ambos.

66. Os assírios que estavam dentro da fortificação, posicionados no parapeito da trincheira, não tiveram nem a inteligência nem a capacidade de arremessar setas e lanças nos inimigos que matavam os seus homens, em razão do terrível espetáculo e do medo que sentiam. Logo que souberam que alguns persas tinham chegado até os portões da fortificação, eles abandonaram até o parapeito interno.

67. As mulheres dos assírios e de seus aliados, vendo que a fuga já se dava até no interior do campo, começaram a gritar e

a correr em pânico, tanto as que tinham filhos quanto as mulheres mais jovens, rasgando as roupas e arranhando os rostos, enquanto suplicavam a todos que encontravam que não fugissem e não as abandonassem, mas as defendessem, bem como a seus filhos e a si mesmos.

68. Então os próprios reis, com seus homens de maior confiança, posicionados nos portões e sobre os parapeitos da trincheira, começaram a lutar e a encorajar os outros.

69. Quando Ciro percebeu o que estava acontecendo, temendo que seus soldados, caso conseguissem forçar a entrada, fossem sobrepujados por um grande número de homens por serem eles poucos, ordenou que se retirassem voltados de frente para o inimigo até estarem fora do alcance dos projéteis e que o obedecessem.

70. Então foi possível observar que os pares tinham recebido a educação devida, pois tão rapidamente atenderam sua ordem quanto passaram o comando aos outros. Quando ficaram fora do alcance dos projéteis, eles pararam cada um em seu lugar, sabendo com precisão muito maior do que a de um coro qual era a posição de cada um.

Livro IV

1

1. Ciro permaneceu ali algum tempo com seu exército, demonstrando que estavam prontos para o combate caso alguém se apresentasse; como ninguém apareceu para confrontá-los, ele conduziu as tropas até a distância que lhe pareceu apropriada e montaram o acampamento. Depois de estabelecer a guarda e de enviar as sentinelas, convocou seus soldados e, colocando-se no centro deles, disse:

2. "Homens persas, eu primeiramente louvo os deuses o mais que posso, assim como fazem vocês todos, creio eu; pois não apenas nos foi dada a vitória, como a sobrevivência. Em razão disso, devemos ofertar aos deuses tudo que tivermos como votos de agradecimento. Agora, louvo também todos vocês, pois esse feito foi realizado com nobreza por todos vocês em conjunto. Quanto ao mérito individual, quando eu tiver me informado com as fontes apropriadas, buscarei recompensar cada homem, tanto com palavras quanto com gestos.

3. "Sobre o capitão Crisantas, que estava próximo de mim, não preciso da informação de outros homens, pois eu próprio

vi como ele se comportou. Em outros aspectos, creio que agiu exatamente como cada um de vocês, mas, quando dei a ordem de bater em retirada, chamando-o pelo nome, ele, que nesse momento erguia sua espada para golpear um inimigo, obedeceu-me imediatamente, desistindo do que estava prestes a fazer para cumprir o que fora ordenado. Ele não apenas se retirou, mas também se apressou a dar a ordem aos demais, de forma que sua companhia estivesse fora do alcance dos projéteis antes que os inimigos percebessem que estávamos deixando a batalha e que começassem a retesar seus arcos e atirar suas lanças. Assim, não só ele saiu ileso, mas também seus homens, graças à sua obediência.

4. "Mas vejo outros aqui que estão feridos", ele disse, "e quanto a esses, investigarei em que momento foram atingidos, para então apresentar minha opinião sobre eles. Crisantas, porque esforçado nos trabalhos da guerra, prudente e competente tanto na obediência quanto no comando, eu agora honro com um posto de coronel. Se o deus nos conceder mais alguma benesse, também nesse momento não me esquecerei dele.

5. "Quero também que todos se lembrem disto: nunca deixem de levar no coração aquilo que vocês viram na batalha de hoje, para que possam sempre julgar se a virtude, mais do que a fuga, salva vidas; se aqueles que desejam lutar conseguem escapar mais facilmente do que aqueles que não desejam; e que tipo de prazer a vitória traz. Agora vocês são capazes de julgar tais questões da melhor forma, tendo passado por essas experiências num acontecimento tão recente.

6. "Caso tenham isso sempre em mente", ele concluiu, "vocês serão homens melhores. Agora, como homens amantes dos deuses, nobres e moderados, vão jantar, façam libações às divindades, deem início ao peã, mas não deixem de estar ao mesmo tempo atentos aos comandos".

7. Tendo feito essa declaração, subiu em seu cavalo e partiu. Quando chegou até Ciaxares, alegraram-se juntos pela vitória, como era natural, e depois de observar a situação e de perguntar se ele tinha necessidade de alguma coisa, cavalgou de volta ao seu exército. Os homens que estavam com Ciro jantaram, posicionaram a guarda como era necessário e foram descansar.

8. Os assírios, porém, uma vez que seu comandante estava morto, bem como quase todos os seus melhores homens, estavam todos desencorajados e muitos deles tinham até fugido do acampamento durante a noite. Quando Creso e o resto de seus aliados viram isso acontecer, também se sentiram desencorajados, pois todas as circunstâncias eram difíceis, a causa maior de desânimo sendo o fato de que todo o contingente no comando do exército estava desmoralizado. Assim, os homens começaram a abandonar o acampamento e partiram durante a noite.

9. Quando amanheceu e o acampamento dos inimigos foi visto esvaziado de homens, Ciro imediatamente fez os persas o percorrerem; deixados para trás pelos inimigos estavam muitas ovelhas, muitos bois e vários carros repletos de bens. Logo depois, também Ciaxares e seu grupo de medos percorreram o campo e prepararam ali o desjejum.

10. Depois da refeição, Ciro convocou todos os capitães e lhes disse o seguinte: "Mas que coisas boas e em que quantidade parecemos ter deixado escapar, ainda que os deuses agora as tenham nos dado! Pois vocês veem com seus próprios olhos que os inimigos fugiram de nós; se os homens na fortificação a abandonam para fugir, como alguém poderia pensar que eles permaneceriam em seus postos para lutar ao nos ver em campo aberto? E se não ficaram quando ainda não sabiam nada ao nosso respeito, como agora poderiam permanecer, depois de terem sido derrotados e de sofrer muitos males nas nossas mãos? Uma vez que os melhores deles estavam

mortos, como os mais covardes poderiam ter disposição para nos enfrentar?".

Então alguém disse:

11. "Por que não saímos em perseguição agora mesmo, já que agora esses bens estão tão à vista?"

Ciro respondeu: "Porque precisamos de mais cavalos. Os melhores homens dos inimigos, aqueles que nos seria mais oportuno capturar ou matar, estão montados em cavalos; com ajuda dos deuses, fomos capazes de pô-los em fuga, mas não somos capazes de persegui-los e capturá-los".

12. "Por que então", eles responderam, "você não vai dizer isso a Ciaxares?".

Ciro disse: "Pois então me acompanhem todos vocês, para que ele veja que todos concordamos nesse ponto". Na sequência, foram com Ciro e falaram o que lhes parecia ser conveniente tendo em vista aquilo de que precisavam.

13. Porque foram eles que introduziram o assunto primeiro, Ciaxares sentiu um pouco de inveja; ao mesmo tempo, talvez também lhe parecesse boa ideia não se colocarem novamente em perigo, pois ele próprio nesse momento estava se divertindo e via muitos outros medos fazendo o mesmo. Deu então a seguinte declaração:

14. "Bem, Ciro, pelo que vejo e ouço, sei que vocês, persas, são os homens mais bem treinados a não se entregar de forma imoderada a qualquer tipo de prazer. Parece-me, porém, que a coisa mais vantajosa é manter o controle diante do maior dos prazeres. E que maior prazer é dado aos homens além do sucesso, esse que agora nos foi concedido?

15. "Caso observemos o sucesso com prudência no momento em que somos afortunados, talvez possamos envelhecer felizes sem correr riscos. Porém, se usufruímos dele sem moderação, tentando persegui-lo uma vez após a outra, tomem cuidado para

que não soframos exatamente o mesmo que muitos homens sofreram no mar, segundo dizem: em razão do seu sucesso, não quiseram interromper a navegação e acabaram mortos. Muitos outros, diante de uma vitória, desejaram uma segunda e, assim, desperdiçaram o que haviam conquistado anteriormente.

16. "Se os nossos inimigos fugiram porque são inferiores a nós, talvez seja seguro persegui-los. Agora, reflitam sobre a pequena fração deles contra a qual nós todos lutamos quando fomos vencedores, enquanto o resto permaneceu sem lutar. Se não os obrigarmos a nos enfrentar, eles partirão sem saber muito sobre nós e sobre si mesmos, graças a sua estupidez e frouxidão. Caso, porém, eles percebam que, ao fugir, não se colocam em menor risco do que se permanecessem, estejam atentos para não forçá-los a se tornar valentes, mesmo contra a sua vontade.

17. "Tenha certeza de que você não deseja tomar suas mulheres e filhos mais do que eles próprios desejam salvá-los. Lembre-se de que até os javalis fogem com seus filhos, sempre que são descobertos, não importa quantos eles sejam; toda vez que alguém tenta caçar um dos seus filhotes, a mãe não escapa mesmo que esteja sozinha, mas se lança contra aquele que estiver tentando capturá-lo.

18. "E agora, como se fecharam no seu entrincheiramento, permitiram-nos controlar a situação de modo a lutarmos contra o número de homens que desejávamos, mas se avançarmos contra eles em campo aberto e eles aprenderem a resistir em grupos distintos, alguns de frente — como agora —, outros nos flancos e outros por trás, tenha cuidado para que cada um de nós não venha a precisar de muitas mãos e muitos olhos. Além disso, eu não gostaria agora", ele completou, "de fazer os medos partirem, depois de vê-los contentes, obrigando-os a enfrentar novos perigos".

19. Ciro disse em resposta: "Não obrigue mesmo ninguém, mas permita que me acompanhem aqueles que o desejarem e talvez retornemos trazendo para você e para cada um dos seus companheiros coisas que deixarão todos vocês contentes. Não perseguiremos o grosso dos inimigos, pois como poderíamos capturá-los? Em caso, porém, de apanharmos um grupo separado do resto do exército ou que foi deixado para trás, vamos trazê-lo a você.

20. "Lembre-se", ele completou, "de que nós também, quando você precisou de nós, percorremos um longo caminho, prestando-lhe um favor; agora você agiria com justiça ao nos retornar esse favor, para que possamos voltar para casa com algumas posses e para que não cobicemos todos a sua riqueza".

21. Ciaxares então disse: "Está bem, se, de fato, alguém desejar segui-lo, quanto a mim serei até grato a você".

Ciro respondeu: "Envie-me, então, um dos seus homens de confiança que anuncie as suas ordens".

"Escolha quem você quiser destes que estão aqui e vá", ele disse.

22. Por acaso estava ali presente o homem que certa vez dissera ser seu parente e que dele recebeu um beijo. Ciro, então, disse imediatamente: "Este aqui me basta".

"Que ele o acompanhe, então", ele respondeu, "e você, declare a todos que quem quiser deve ir com Ciro".

23. Assim ele partiu, levando o homem. Quando saíram de lá, Ciro falou: "Agora você pode provar que realmente estava falando a verdade, quando disse que gostava de me observar".

O medo respondeu: "Então eu nunca o deixarei, se é isso que você quer dizer".

Ciro retrucou: "Você se empenhará em trazer os outros?".

O homem jurou que o faria: "Sim, por Zeus, me empenharei tanto que farei com que você também passe a gostar de me observar".

24. Então, como havia sido enviado por Ciaxares, ele reportou com entusiasmo sua mensagem aos medos e acrescentou que ele próprio nunca abandonaria aquele que era o melhor e mais nobre homem na terra e, o mais importante, um que descendia dos deuses.

2

1. Enquanto Ciro se ocupava com essa questão, os mensageiros dos hircanos chegaram como que enviados pelos deuses. O país dos hircanos fazia fronteira com o dos assírios, mas eles não constituíam um povo muito numeroso e, por isso, também eram subjugados por eles. Já naquela época tinham fama de ser bons cavaleiros, como hoje ainda têm. Por essa razão, os assírios os utilizam como fazem os espartanos com os ciritas,* sem poupá-los de esforços nem de perigos. Dessa vez, tinham ordenado que eles, cerca de mil cavaleiros, formassem a retaguarda, para que fossem os hircanos a sofrer em vez deles, no caso de algo terrível lhes suceder na parte de trás do exército.

2. Os hircanos, vendo que seriam os últimos a marchar, mantinham também seus carros e suas famílias na retaguarda, pois a maioria dos homens que habita a Ásia serve ao exército acompanhada das pessoas que vivem em suas casas. Era o que estavam fazendo dessa vez os hircanos que participavam da expedição.

3. Refletindo sobre o que haviam sofrido nas mãos dos assírios, que o seu líder estava morto e eles, derrotados, que havia temor no exército e que os aliados estavam sem ânimo e deser-

---

* Subjugado pelos vizinhos espartanos, o povo cirita formava um contingente de elite na infantaria de Esparta.

tavam, decidiram, depois de ponderar tudo isso, que aquele era um bom momento para se rebelarem, caso Ciro e seus homens desejassem se juntar ao ataque. Enviavam, por isso, mensageiros a Ciro, pois seu renome desde a batalha havia crescido muito.

4. Os homens enviados disseram a Ciro que eles tinham motivos para odiar os assírios e que, agora, caso desejasse marchar contra eles, seriam seus devotos aliados e guias. Ao mesmo tempo, também descreviam a situação dos inimigos, com a intenção principal de incitá-lo a realizar essa campanha.

5. Ciro então lhes perguntou: "E vocês acham que ainda conseguiríamos apanhá-los antes que eles cheguem às fortificações? Pois consideramos um grande infortúnio que tenham conseguido escapar de nós". Ele dizia isso porque queria que os hircanos tivessem a maior consideração possível pelas suas tropas.

6. Eles responderam que, se começassem a marchar com um equipamento leve quando amanhecesse, eles os alcançariam no dia seguinte, pois, em razão do tamanho do exército e dos carros, os outros mal conseguiam avançar. Além disso, falaram que naquele momento os inimigos estavam acampados, depois de passar a noite anterior sem dormir e de avançar apenas uma distância curta.

7. Ciro perguntou: "Vocês têm alguma prova que nos mostre que estão dizendo a verdade?".

"Sim", responderam, "estamos dispostos a partir imediatamente e a trazer prisioneiros esta noite. Só que você também deve nos apresentar uma garantia em nome dos deuses, dando-nos sua mão direita, para que anunciemos ao restante do nosso povo que a recebemos de você".

8. Ele então lhes assegurou de que os consideraria amigos verdadeiros, caso confirmassem o que estavam dizendo, tendo junto a ele não menos consideração que os persas e os medos.

De fato, ainda hoje hircanos são vistos em cargos de confiança e de comando, assim como persas e medos que sejam considerados merecedores.

9. Depois do jantar, ele conduziu o exército enquanto ainda havia luz do dia e pediu que os hircanos esperassem ali, para que fossem juntos. Dos persas, como era natural, apresentaram-se todos, além de Tigranes com o seu exército.

10. Já dos medos, ofereceram-se para a expedição alguns porque, quando crianças, haviam se tornado amigos de Ciro, que na época também era uma criança; outros porque ficaram impressionados com seu temperamento quando se juntaram a ele nas caças; uns, estando conscientes do favor que lhe deviam, por acreditar que ele os havia livrado daquilo que era um grande temor; outros porque tinham a expectativa, uma vez que ele parecia ser um homem nobre e afortunado, de que ele se tornaria muitíssimo poderoso; e havia ainda aqueles que desejavam retribuir alguma gentileza da época em que ele viveu na Média, caso pudessem ser de alguma utilidade — graças a sua generosidade, Ciro havia obtido para muitos homens favores junto a seu avô. Diversos outros, quando viram os hircanos e se espalhou a história de que eles os guiariam na direção de muitas riquezas, apresentaram-se até mesmo para obter alguma parte delas.

11. Assim, acabaram saindo para expedição quase todos, até mesmo dos medos, com exceção daqueles que estavam no banquete na tenda de Ciaxares. Eles e seus subordinados ficaram para trás, mas todos os outros deram início à marcha com entusiasmo e alegria, pois participavam da campanha voluntariamente e por gratidão, não porque eram obrigados.

12. Quando saíram do acampamento, Ciro se dirigiu primeiro aos medos e os louvou; pediu aos deuses acima de tudo que conduzissem a eles e a seus homens de forma propícia e,

em seguida, que ele também fosse capaz de gratificá-los por seu entusiasmo. Por fim, disse que a infantaria deveria guiá--los, ordenou que os medos a acompanhassem com seus cavaleiros e deu o comando para que, toda vez que parassem para descansar ou interrompessem a marcha por algum tempo, alguns deles cavalgassem até ele a fim de que estivessem sempre a par da situação.

13. Então ordenou que os hircanos os guiassem. "Como assim?", eles perguntaram. "Você não vai esperar até que apresentemos os prisioneiros, de modo que você possa fazer a expedição tendo uma garantia da nossa parte?"

Dizem que Ciro respondeu: "Considero que temos essa garantia nas nossas vidas e nas nossas mãos, pois nos parece que é com elas que estamos preparados para lhes fazer um bem, caso vocês estejam dizendo a verdade. Se, contudo, vocês estão neste momento nos enganando, julgamos que a situação é tal que não seremos nós a cair nas suas mãos, mas ao contrário; caso os deuses assim queiram, serão vocês a estar nas nossas. Agora, hircanos, já que vocês dizem que os seus homens estão na retaguarda dos inimigos, sinalizem para nós quem são eles quando os avistarem, para que os poupemos".

14. Depois de ouvir isso, os hircanos passaram a apontar o caminho como ele ordenou; eles estavam admirados com a grandeza de sua alma. Não tinham medo nem dos assírios nem dos lídios e seus aliados, mas os atemorizava completamente que Ciro considerasse coisa de pouca importância eles estarem ou não ali.

15. Estavam marchando quando anoiteceu e contam que uma luz vinda do céu se fez claramente visível para Ciro e seu exército, o que fez todos sentirem um tremor pela presença do divino, mas também coragem para enfrentar os inimigos. Como eles estavam em marcha rápida com equipamento leve,

percorreram uma grande distância, como era de se esperar, e, ao amanhecer, estavam perto das tropas dos hircanos.

16. Quando os mensageiros perceberam a proximidade, informaram a Ciro quem eram os seus homens; disseram que podiam reconhecê-los porque estavam na retaguarda e pelo número de fogos acesos.

17. Depois disso, ele enviou um dos dois mensageiros para falar com os homens, dando ordens de que dissesse, caso se mostrassem amigáveis, para virem ao seu encontro o mais rápido possível com a mão direita erguida. Enviou com ele também um dos seus e mandou que declarasse aos hircanos que eles próprios agiriam de acordo com o que observassem no seu modo de agir. Assim, um dos mensageiros permaneceu ao lado de Ciro e outro foi a cavalo em direção aos hircanos.

18. Enquanto Ciro observava o que eles fariam, mandou o exército parar. Os oficiais dos medos e Tigranes então cavalgaram até ele e perguntaram o que deveriam fazer. Ele respondeu: "Essas tropas que estão próximas de nós são dos hircanos, e um dos mensageiros foi até eles e com ele um dos nossos para dizer, caso se mostrem nossos amigos, que venham todos ao nosso encontro com a mão direita erguida. Se eles fizerem isso, estendam as suas mãos, cada um de vocês ao homem que estiver na sua frente, passando-lhes ao mesmo tempo confiança. Caso ergam as armas ou tentem fugir", ele disse, "devemos agir imediatamente, buscando não deixar nenhum desses primeiros homens vivo".

19. Tais foram os seus comandos. Os hircanos se alegraram ao ouvir os mensageiros e, montando em seus cavalos, apresentaram-se com a mão direita erguida, como haviam sido instruídos, e os medos e persas estenderam suas mãos aos homens diante deles e os encorajaram.

20. Depois disso, Ciro falou: "Temos agora de fato confiança em vocês, hircanos! E devem sentir o mesmo com relação a

nós. Digam-nos primeiro uma coisa: quão distante daqui está o alojamento principal dos inimigos e qual o tamanho do seu exército". Eles responderam que estava distante pouca coisa mais que uma parasanga.*

21. Então Ciro disse: "Vamos, homens persas, medos e também vocês, hircanos, pois agora me dirijo a vocês como aliados e parceiros. Vocês bem devem saber que, na situação em que estamos, enfrentaremos todas as maiores dificuldades se fraquejarmos, pois os inimigos sabem a que viemos. Porém, se atacarmos com obstinação, avançando contra os inimigos com força e coragem, vocês logo verão que eles são como escravos pegos na hora da fuga. Alguns começam a suplicar, outros a debandar e uns não serão sequer capazes de pensar em nada, pois vão ser obrigados a nos ver novamente num momento em que ainda se sentem derrotados. Eles serão capturados sem nem mesmo imaginar que seríamos capazes de ir atrás deles, estando tampouco posicionados ou preparados para lutar.

22. "Então, se desejamos no futuro sentir prazer ao jantar, ao passar nossas noites ou ao viver, não lhes concedamos tempo nem para deliberar, nem para que preparem a si qualquer coisa de útil, ou sequer para que reconheçam que somos humanos, mas deixem que pensem que escudos, espadadas e machados vieram ao seu encontro e que são golpes que chegaram até eles!

23. "E vocês, hircanos, espalhem-se e marchem à nossa frente, de modo que, ficando apenas as suas armas visíveis, passemos despercebidos pelo máximo de tempo possível. Quando eu estiver diante do exército dos inimigos, cada um de vocês deixe comigo um contingente da cavalaria, para que eu os venha a utilizar enquanto estiver próximo do acampamento, se for necessário.

---

* Cerca de 5,3 quilômetros.

24. "Quanto a vocês, oficiais e veteranos, avancem em formação compacta, se tiverem prudência, para que não sejam nunca forçados a voltar ao topar com um corpo de soldados, e deixem que os jovens persigam os inimigos — e que os matem, pois isso é o mais seguro agora: deixar vivo o menor número de homens possível.

25. "Se vencermos, devemos estar em guarda contra aquilo que mudou a sorte de muitos homens que se mostravam superiores, que é se entregar à pilhagem. Quem faz isso não é mais um soldado, mas um servo que carrega a bagagem do exército, e aquele que quiser tem permissão de tratar esse homem como um escravo.

26. "Devemos perceber que nada é mais vantajoso do que vencer, pois quem triunfa toma tudo de uma vez — homens, mulheres, bens e todas as terras. Tenham apenas isso em vista, de modo que asseguremos nossa vitória, pois, caso seja vencido, até o próprio saqueador se torna prisioneiro. E lembrem-se, mesmo que estejam perseguindo os inimigos, de voltar até mim quando ainda estiver claro; depois que escurecer, ninguém mais será admitido."

27. Isso dito, mandou os homens para suas companhias e ordenou que cada um desse essas mesmas instruções aos seus sargentos durante a marcha, pois eles estavam à frente, de forma que podiam ouvi-los, e os sargentos teriam que anunciar essas ordens também para os dez homens sob seu comando. Em seguida, os hircanos passaram a servir como guias, enquanto o próprio Ciro marchava no centro, com os persas. Ele posicionou a cavalaria nos flancos, como era natural.

28. Quando o dia clareou, alguns dos inimigos ficaram espantados com o que viram e outros perceberam logo o que estava acontecendo. Começaram então a espalhar a notícia, a gritar, a soltar os cavalos, a arrumar a bagagem, a distribuir as armas que estavam com os animais de carga, a se armar, a montar sobre os

cavalos, a lhes pôr os bridões, a ajudar as mulheres a subir nos carros, alguns apanhavam a maior parte dos seus itens de valor para salvá-los, enquanto outros eram vistos enterrando seus bens, mas a maioria dos homens estava dando início à fuga. Deve-se supor que faziam ainda todo o tipo de outras coisas, a não ser entrar em combate; eles estavam sucumbindo sem lutar.

29. Como era verão, Creso, o rei lídio, havia enviado durante a noite as mulheres nos carros, quando o ar ficava mais fresco, a fim de que elas tivessem uma viagem mais fácil, e ele próprio seguiu com a cavalaria.

30. Dizem que o rei frígio, que governava a Frígia no Helesponto, fazia o mesmo. Quando notaram que homens fugindo estavam passando por eles, perguntaram o que estava acontecendo e fugiram eles também o mais rápido que puderam.

31. Quanto ao rei da Capadócia e o dos árabes, que ainda estavam por ali e permaneceram nos seus postos mesmo sem portar suas couraças, foram mortos pelos hircanos; a maioria dos mortos era árabe e assíria, pois, por estarem em seu próprio país, eram os que menos tinham disposição de fugir.

32. Os medos e hircanos, por sua vez, agiam na perseguição da forma esperada a quem está vencendo, enquanto Ciro dava ordens de que as unidades de cavalaria deixadas com ele percorressem o campo e matassem aqueles que fossem vistos portando armas. Quanto aos homens que decidiram se render, ele declarou que todos os soldados inimigos, fossem cavaleiros, peltastas ou arqueiros, deveriam entregar as suas armas amarradas juntas e deixar os cavalos nas tendas. Perderia imediatamente a cabeça aquele que não agisse assim; os soldados de Ciro estavam posicionados ao redor deles, com os sabres nas mãos.

33. Eles então começaram a carregar as armas até o local ao qual ele havia mandado e a jogá-las ali, onde eram queimadas por homens designados para a tarefa.

34. Ciro refletiu que haviam partido sem comida nem bebida e sem isso não era possível seguir em campanha ou fazer qualquer outra coisa. Enquanto examinava como poderia obter provisões do melhor modo e o mais rapidamente possível, percebeu que cada um dos homens que havia se juntado ao exército precisava de pessoas a quem confiar suas tendas e que deixassem todo o necessário já preparado para quando os soldados chegassem.

35. Percebeu, então, que era provável que a maioria daqueles homens havia sido capturada no acampamento porque eram os que estavam cuidando da bagagem. Mandou anunciar, por conseguinte, que todos os intendentes deveriam se apresentar e, quando não houvesse um intendente, que fosse o homem mais velho da tenda. Declarou que seria punido com todos os piores castigos quem desobedecesse. Ao ver que até os seus senhores estavam obedecendo, todos passaram logo a fazer o mesmo.

36. Quando se apresentaram, Ciro primeiro ordenou que se sentassem aqueles que tivessem em suas tendas provisões para mais de dois meses. Depois que viu quantos eram esses homens, mandou que fizessem o mesmo os que tinham o suficiente para um mês. Nisso, quase todos ali se sentaram.

37. Em posse dessas informações, disse o seguinte: "Ora, vamos, homens, aqueles de vocês que detestam aflições e gostariam de ser bem tratados por nós, cuidem de preparar com boa vontade comida e bebida em cada uma de suas tendas, o dobro do que vocês faziam diariamente para seus senhores e os seus servos. Deixem pronto também todo o resto necessário para um belo banquete, pois muito em breve estarão aqui os vencedores, sejam eles de um ou de outro lado, e se considerarão merecedores de ter em abundância tudo aquilo de que precisam. Tenham a certeza de que lhes será vantajoso receber esses homens de forma irrepreensível".

38. Depois de ouvir isso, eles passaram a cumprir as ordens com todo zelo, enquanto Ciro convocava os seus capitães para dizer o seguinte: "Caros amigos, percebo que poderíamos agora nos alimentar antes dos outros, quando nossos aliados ainda estão ausentes, e aproveitar essas comidas e bebidas preparadas com máximo cuidado. Porém, não me parece que essa refeição nos seja mais benéfica do que demonstrar que somos atenciosos para com nossos aliados, nem que esse banquete possa nos fazer tão fortes quanto fará a nossa capacidade de torná-los aliados devotos.

39. "Se neste momento em que eles estão perseguindo, matando nossos inimigos e lutando quando um deles resiste nos mostrarmos tão indiferentes a ponto de sermos vistos fazendo uma refeição antes de saber como estão, receio que daremos não só a impressão de sermos vis, mas ficaremos enfraquecidos pela falta de aliados. Porém, se cuidarmos dos homens que se expõem ao perigo e ao trabalho pesado, providenciando-lhes o necessário quando retornarem, um jantar assim pode nos trazer mais alegria do que a satisfação imediata dos nossos estômagos.

40. "Considerem que mesmo que não precisemos mostrar tamanho respeito para com eles, também não é apropriado nos saciarmos com a comida e com a bebida, pois ainda não chegamos aonde queremos, mas a situação toda se encontra agora no seu momento crucial, exigindo atenção. Temos inimigos no campo em número muitas vezes maior do que o nosso, soltos, contra os quais devemos nos guardar, mas que também devemos proteger, a fim de que haja homens para cuidar das nossas provisões. Nossa cavalaria ainda está ausente, causando-nos preocupação sobre onde estão os cavaleiros e se permanecerão ao nosso lado, caso retornem.

41. "Assim, homens, acho que agora devemos usufruir apenas do tipo de comida e de bebida que se julgue adequada para não nos abarrotar nem de sono nem de imprudência.

42. "Além disso, há muitos bens no campo e não ignoro o fato de que poderíamos nos apropriar do tanto que quiséssemos dessa riqueza que é comum a todos. Creio, contudo, que tomá-los não é mais vantajoso do que mostrar que somos justos com nossos aliados, com isso buscando que venham a ter ainda mais afeição por nós do que agora.

43. "Parece-me melhor designar até mesmo a divisão dos bens aos medos, aos hircanos e a Tigranes, quando chegarem; caso distribuam para nós uma parte menor, julguemos isso lucrativo, pois para eles será mais prazeroso permanecer ao nosso lado em razão desses ganhos.

44. "Levar vantagem agora nos garantiria uma riqueza que não duraria muito tempo. Abdicar disso para chegar à fonte onde nasce a riqueza, isso, segundo penso, pode vir a fornecer fortuna perene a nós e a todos os nossos.

45. "Creio", ele concluiu, "que em casa treinávamos com este fim, para sobrepujar nosso apetite e os lucros inapropriados, a fim de que fôssemos capazes de utilizar essa habilidade de forma vantajosa, se necessário. Não vejo situação mais importante do que a presente para exibirmos nossa educação".

46. Ele se pronunciou dessa forma, e Histaspas, um dos pares persas, apoiou-o com o seguinte discurso: "Que terrível seria, Ciro, se com frequência persistíssemos na caça sem nada para comer a fim de apenas fazer algum animal cair em nossas mãos, talvez de muito pouco valor; mas ao tentar caçar agora a riqueza por inteiro, se deixarmos se tornar para nós algum tipo de obstáculo aquilo que rege os homens vis, mas que obedece aos homens bons, daremos a impressão de agir indignamente".

47. Essas foram as palavras de Histaspas, e os outros homens concordaram com elas. Então Ciro disse: "Vamos, já que temos a mesma opinião sobre isso, enviem cada um de vocês cinco dos melhores homens de seus pelotões; que eles circu-

lem por aí para elogiar os homens que virem se dedicando ao preparo das refeições e para castigar os negligentes com mais severidade do que se fossem seus senhores". Passaram então a fazer o combinado.

3

1. Já nesse momento alguns dos medos estavam trazendo de volta carros carregados de itens necessários a um exército, que haviam partido antes e que os medos haviam tomado e feito retornar. Outros, por sua vez, conduziam até ali também carruagens das mulheres da mais alta estirpe, umas casadas, outras concubinas, levadas junto com o exército em razão de sua beleza; eles também as haviam capturado.

2. Ainda hoje todos os homens da Ásia tomam parte do exército trazendo para a luta o que consideram de maior valor, afirmando que podem ter mais disposição para entrar em combate se tiverem junto de si aquilo que lhes é mais caro, já que, dizem, são então obrigados a defendê-lo com ardor. Talvez isso seja realmente verdade; por outro lado, é possível que façam isso também para poderem se satisfazer com esse tipo de prazer.

3. Observando as atividades dos medos e dos hircanos, era como se Ciro reprovasse tanto a si mesmo quanto aos seus homens, porque os hircanos nesse momento pareciam dar o máximo de si, superando-os e tendo ganhos com isso, enquanto eles próprios permaneciam numa situação improdutiva; de fato, aqueles que traziam o butim e exibiam a Ciro o que haviam trazido partiam de novo a cavalo, para perseguir outros homens, pois diziam ter recebido essas ordens de seus comandantes. Ciro, mesmo irritado com a situação, determinou um local para reunirem o butim, mas deu início à nova convocação

dos capitães e, parado onde todos poderiam ouvir o que estava planejando, fez o seguinte discurso:

4. "Amigos, sabemos, creio eu, que grandes bens poderiam ser de todos os persas, se fôssemos nós a obter esses que estão sendo agora apresentados. A maior parte deles naturalmente pertenceria a nós, se fôssemos nós a garanti-los; mas não vejo como poderemos ter direito a eles sem obtê-los de forma independente e se os persas não possuem uma cavalaria própria.

5. "Pois reflitam", ele continuou, "nós, persas, temos armas com as quais pensamos poder colocar os inimigos para correr, na luta corpo a corpo. Depois de fazê-los debandar, como poderemos, sem cavalos, capturar ou matar cavaleiros, arqueiros e peltastas que fujam? E que arqueiros, lanceiros ou cavaleiros teriam medo de se aproximar de nós para nos lesar, tendo a certeza de que não correm um risco maior de sofrer nas nossas mãos do que nas mãos dessas árvores que aqui crescem?

6. "Se é essa a situação, não é evidente que os cavaleiros que estão agora conosco julgam que tudo aquilo que obtivemos é deles não menos do que nosso, e deles talvez, por Zeus, até mais?

7. "Nossa situação agora é essa, inevitavelmente. Porém, se pudéssemos obter uma cavalaria não inferior à deles, não é óbvio para todos nós que seríamos capazes, sem a sua ajuda, de fazer aos inimigos exatamente o que agora fazemos com a sua ajuda, e que os veríamos também eles próprios agindo de forma mais comedida para conosco? Caso nos tornemos mais autossuficientes, o fato de eles ficarem ou não ao nosso lado será uma questão de menor interesse para nós.

8. "Bem, acredito que ninguém seria capaz de pensar o oposto do que penso, que não faz diferença nenhuma que os persas tenham sua própria cavalaria, mas talvez vocês estejam se perguntando como isso pode acontecer. Então, se desejamos

instituir uma cavalaria, não devemos examinar o que já possuímos e o que nos falta?

9. "Ora, há esses vários cavalos no acampamento que foram capturados e bridões para fazê-los obedecer, bem como os outros equipamentos necessários para montá-los, mas, além disso, temos tudo aquilo de que um homem precisa para ser um cavaleiro: couraças que são como muralhas para corpos e lanças para atirar ou para portar.

10. "E o resto? Obviamente precisamos de homens. Ora, isso é o que mais temos, pois nada pertence tanto a nós quanto nós mesmos; mas talvez alguém diga que não temos conhecimento do assunto. Por Zeus, nenhum desses homens que entendem do assunto sabia de nada antes de aprender; mas talvez alguém diga que eles aprenderam quando eram crianças.

11. "Acaso são as crianças mais inteligentes do que os homens para aprender o que lhes é dito e mostrado? E quem é mais capaz de usar a força física para pôr em prática algo que aprendeu, crianças ou homens?

12. "Temos, de fato, mais tempo para nos instruir do que as crianças ou outros homens, pois não precisamos aprender a atirar com o arco, como as crianças; aprendemos isso antes. Nem a arremessar uma lança, pois disso também temos conhecimento. Nem somos como outros homens a quem mantêm ocupados os trabalhos na terra, os ofícios ou outros afazeres domésticos. Não apenas nos é dado tempo para sermos soldados, como também temos a obrigação de sê-lo.

13. "Além disso, essa não é como várias outras atividades militares, que são úteis, mas difíceis. Não é mais agradável cavalgar um caminho do que marchar com os dois pés? Quando estamos com pressa, não é prazeroso estar rapidamente ao lado de um amigo, se necessário, e rapidamente capturar, seja um homem seja um animal, se tivermos que persegui-lo? Não é

conveniente que o cavalo ajude a carregar qualquer arma de que você precisar? De fato, não é a mesma coisa levá-la sozinha e ter ajuda para carregá-la.

14. "O que mais pode nos assustar é uma situação em que tenhamos que agir diante do perigo montados sobre cavalos, antes de termos adquirido entendimento preciso dessa atividade, pois então não seremos mais nem infantes nem ainda cavaleiros competentes. Essa situação, porém, não seria irremediável, já que podemos imediatamente passar a lutar como infantes quando quisermos. Ao aprender a lutar como cavaleiros, não desaprenderemos as técnicas da infantaria."

15. Foi esse o discurso de Ciro. Crisantas, concordando com ele, disse então o seguinte: "Eu, pelo menos, estou tão disposto a aprender a cavalgar que penso que serei um homem com asas, caso me torne um cavaleiro.

16. "Hoje me dou por satisfeito quando, ao partir de um mesmo ponto numa corrida, sou o primeiro a chegar apenas por uma cabeça de diferença e, se vejo um animal correndo ao meu lado, sou rápido o suficiente para mirar de modo a acertá-lo com uma lança ou com uma flecha antes que ele se afaste demais. Caso me torne cavaleiro, poderei alcançar um homem mesmo que esteja no ponto mais distante que minha vista alcança e poderei perseguir os animais como se estivessem parados, apanhando-os com um golpe da minha mão ou com lanças, pois, embora a presa e o cavalo se movam ambos rapidamente, é como se estivessem parados quando estão próximos um do outro.

17. "Creio que, de todos os seres vivos, os que mais me inspiram são os centauros, se é que eles existiram, pois eram capazes de ponderar com razão humana e de usar mãos para fabricar o que lhes fosse necessário, mas possuíam a rapidez e a força de um cavalo para capturar aquele que fugisse e para derrubar quem mostrasse resistência. Assim, também eu não

estou reunindo todas essas qualidades em mim mesmo, ao me tornar um cavaleiro?

18. "Poderei ao menos prever tudo com minha inteligência humana e carregar as armas com as minhas mãos, mas entrarei na perseguição a cavalo e derrubarei meu oponente com a investida do animal, sem estar, contudo, preso a ele como se fôssemos um só, tal qual os centauros.

19. "Isso é melhor do que existir como um único ser, pois eu, pelo menos, acho que os centauros não devem nem ter encontrado meio de utilizar várias das boas invenções humanas, nem desfrutado dos muitos prazeres que a natureza deu aos cavalos.

20. "Se eu aprender a cavalgar, sempre que estiver sobre o cavalo, farei, é claro, aquilo que os centauros faziam; quando eu apear, jantarei, me vestirei e dormirei como os outros homens. Assim, que outra coisa vou ser senão um centauro cujas duas partes podem ser separadas e novamente reunidas?

21. "E mais, também nisto terei a vantagem sobre um centauro: ele via com dois olhos e escutava com dois ouvidos, ao passo que eu terei quatro olhos para enxergar e quatro ouvidos para entender, pois dizem que o cavalo manifesta para os homens muitas coisas que ele vê antecipadamente e, escutando com antecedência diversos sons com seus ouvidos, também esses assinala. Então", ele concluiu, "inscreva-me entre os homens que estão mais do que dispostos a se tornarem cavaleiros".

"Por Zeus", exclamaram todos os outros, "nós também estamos!".

22. Depois disso, Ciro disse: "Se estamos todos tão de acordo nisso, por que então não criamos uma regra para nós, a de que será considerado indecoroso, a quem quer que eu forneça um cavalo, ser visto andando a pé, seja breve ou longo o caminho que ele deve percorrer? Dessa forma, os outros julgarão que somos perfeitos centauros".

23. Ele apresentou assim a sua proposta e todos consentiram, de modo que ainda hoje desde aquela época os persas mantêm essa regra e nenhum dos pares persas pode ser visto voluntariamente indo a lugar algum a pé. Foram essas as palavras ditas naquela ocasião.

4

1. Quando havia passado do meio-dia, os cavaleiros medos e hircanos chegaram, trazendo tanto cavalos quanto homens capturados, pois tinham deixado vivos todos aqueles que entregaram suas armas.

2. Ao se aproximarem, Ciro quis saber deles se todos estavam a salvo. Quando disseram que sim, perguntou o que eles haviam realizado. Contaram-lhe então os seus feitos e quão bravamente haviam executado cada um deles.

3. Ele escutou com prazer tudo o que eles queriam contar e, depois, louvou-os da seguinte forma: "Vê-se claramente que agiram como homens nobres, até porque vocês parecem aos meus olhos mais altos, mais belos e mais ferozes do que antes".

4. Então lhes perguntou que distância haviam cavalgado e se a região era toda habitada. Eles responderam que haviam percorrido um longo percurso, que toda a região era povoada e repleta de ovelhas, cabras, bois, cavalos, grãos e toda espécie de bons produtos.

5. "Há duas questões", Ciro disse, "de que deveríamos cuidar; por um lado, como poderemos ter controle sobre aqueles que detêm esses bens e, por outro, como fazê-los permanecer onde estão, pois uma região povoada é uma aquisição de grande valor, mas uma região deserta de homens também se torna deserta de bens.

6. "Os homens que ofereceram resistência, esses sei que vocês mataram, agindo corretamente, pois é assim que mais se assegura uma vitória. Aqueles que se entregaram, vocês trazem como prisioneiros de guerra. Se os deixarmos partir, estaremos fazendo algo que nos é vantajoso, segundo o que entendo.

7. "Primeiro, não teríamos necessidade de deixá-los presos nem de manter uma guarda contra eles, nem de alimentá-los, já que certamente não os mataremos de fome. Em segundo lugar, ao deixá-los partir, teremos um número maior de prisioneiros.

8. "Se de fato nos tornarmos senhores desse país, todos os que nele vivem serão nossos prisioneiros de guerra. Ao ver os homens vivos e livres, os outros permanecerão aqui e farão a escolha de obedecer em vez de lutar. É esse, portanto, o meu entendimento; se alguém tiver um plano melhor, que se pronuncie." Depois de ouvi-lo, porém, todos concordaram em agir como proposto.

9. Dessa forma, Ciro convocou os prisioneiros e lhes disse o seguinte:

10. "Homens, hoje vocês preservaram suas vidas porque escolheram obedecer; quanto ao futuro, se continuarem agindo assim, não haverá para vocês qualquer novidade, a não ser o fato de que não será mais o mesmo homem de antes que os governará. Vocês morarão nas mesmas casas, trabalharão o mesmo solo, viverão com as mesmas esposas e terão o mesmo poder sobre os seus filhos que têm hoje. Contudo, vocês não lutarão nem contra nós nem contra mais ninguém.

11. "Sempre que alguém agir injustamente com vocês, lutaremos para defendê-los; para que ninguém lhes dê ordens de tomar parte de um exército, entreguem-nos suas armas. Aqueles que as trouxerem terão paz e as garantias que apresentamos, sem nenhum logro; por outro lado, é certo que daremos início

a uma campanha contra os que não apresentarem suas armas de guerra.

12. "Aquele de vocês que demonstrar vir até nós de maneira amistosa, seja com gestos, seja com informações úteis, nós o trataremos como benfeitor e amigo, não como um escravo; fiquem vocês sabendo disso e reportem aos demais.

13. "Caso vocês desejem aceitar esses termos", ele concluiu, "mas outros não se mostrem convencidos, é seu dever nos conduzir num ataque contra esses mesmos homens, para que vocês os governem e não eles a vocês". Assim falou Ciro, e eles, por sua vez, prostraram-se e juraram que fariam o que ele ordenasse.

5

1. Quando eles se foram, Ciro disse: "Medos e armênios, já é hora de todos jantarmos; aprontamos todo o necessário da melhor forma que podíamos. Vão, então, e nos enviem metade do pão que foi preparado — há o suficiente para ser repartido conosco —, mas não enviem carne nem nada para beber, pois temos o suficiente para nós em nosso acampamento.

2. "Quanto a vocês, hircanos, levem-nos às tendas, os oficiais às maiores, que vocês sabem quais são, os outros da forma como vocês acharem melhor. Jantem vocês onde lhes agradar mais, pois as suas tendas também estão salvas e intactas, e os preparativos lá foram os mesmos.

3. "E saibam que nós manteremos guarda noturna para vocês fora do acampamento, mas nas tendas vocês devem estar atentos e manter as armas num lugar conveniente, pois os homens que nelas trabalham ainda não são seus amigos."

4. Os medos, Tigranes e seus homens se banharam e, depois de trocarem suas roupas, já que outras lhes haviam sido prepa-

radas, foram jantar. Também os seus cavalos receberam o que era necessário. Enviaram aos persas metade do pão, mas não enviaram carne nem vinho, pensando que Ciro e seus homens tinham esses itens ainda em abundância. Ciro, porém, quis dizer que a fome era seu prato principal e que beberiam água do rio que corria ao lado do acampamento.

5. Ciro, então, tendo feito os persas jantar, enviou vários deles em grupos de cinco e dez homens depois que escureceu, com ordens de que se escondessem ao redor de todo acampamento, pois considerou que não só ficariam de guarda caso alguém de fora se aproximasse, mas que, ao mesmo tempo, poderiam apanhar quem tentasse fugir carregando parte dos bens — e foi isso que aconteceu, pois muitos, de fato, tentaram fugir e foram pegos.

6. Ciro permitiu que os soldados mantivessem os bens dos homens que haviam capturado, aos quais deu ordens para degolar, de forma que, depois disso, mesmo que se quisesse, seria difícil encontrar alguém perambulando à noite.

7. Essa era a situação dos persas. Quanto aos medos, eles bebiam, banqueteavam-se, ouviam flauta e desfrutavam de todo tipo de diversão, pois o que havia sido recolhido no butim era abundante, e os que estavam acordados não sentiam falta do que fazer.

8. Ciaxares, o rei dos medos, na noite em que Ciro partiu, embebedou-se com os homens que estavam na sua tenda para comemorar seu sucesso, e pensou que os outros medos, com exceção de alguns poucos, permaneciam no acampamento, pois podia escutar muito alvoroço. Isso acontecia porque os servos medos, uma vez que os seus senhores estavam ausentes, começaram a beber sem restrição e a tumultuar, sobretudo porque tinham tomado do exército assírio não apenas vinho, mas muitos outros alimentos.

9. Ao amanhecer, ninguém veio à sua porta, a não ser aqueles que também haviam jantado com ele, e percebeu que o acampamento estava vazio de medos e cavaleiros. Depois, ao sair da sua tenda, viu que a situação era de fato essa, e nesse momento ele ficou indignado com Ciro e com os medos por terem partido, deixando-o sozinho; imediatamente, agindo segundo sua fama de cruel e insensível, ordenou que um dos presentes aprontasse sua própria cavalaria e se dirigisse o mais rápido possível ao exército de Ciro, para dizer o seguinte:

10. "Eu realmente não esperava, Ciro, que você tomasse uma decisão que demonstra tão pouca consideração por mim; mas se o juízo de Ciro era esse, esperava ao menos que vocês, medos, não desejassem me deixar para trás sozinho assim. E agora, caso Ciro queira, que ele retorne; senão, apresentem-se aqui ao menos vocês o mais rápido possível."

11. Essa foi a mensagem que ele enviou, mas o homem designado a partir perguntou: "E como, senhor, vou encontrá-los?".

"Como Ciro e os homens que estão com ele encontraram aqueles contra quem estavam marchando?", Ciaxares retrucou.

"Por Zeus", ele disse, "ouço dizer que alguns hircanos que desertaram do exército inimigo vieram até aqui e partiram como seus guias".

12. Ao ouvir a resposta, Ciaxares se enraiveceu muito mais com Ciro por ele não ter lhe falado nada sobre isso e enviou seus homens com ainda mais celeridade até os medos, para privá-lo da cavalaria, chamando de volta os medos com ameaças ainda mais fortes do que as de antes. Ameaçou também o seu enviado, caso ele não entregasse a mensagem enfaticamente.

13. O mensageiro, então, pôs-se em marcha com os cavaleiros, cerca de cem homens, aborrecido por também ele próprio não ter partido antes com Ciro. Quando percorriam o caminho até lá, ficaram perdidos ao pegar um desvio da trilha e não che-

garam ao exército aliado antes de topar com alguns assírios que haviam desertado e que forçaram a servir de guias. Dessa forma, alcançaram o ponto onde avistavam os fogos do acampamento no meio da noite.

14. Quando estavam diante do acampamento, os guardas, agindo conforme as ordens de Ciro, não os deixaram entrar antes que amanhecesse. Quando o dia mal tinha raiado, Ciro chamou os magos* para ordenar que eles escolhessem as oferendas costumeiras aos deuses numa situação de tamanho sucesso.

15. Enquanto os magos tratavam disso, ele convocou os pares e disse: "Homens, os deuses nos mostram muitas benesses, mas nós, persas, somos no momento poucos para nos assenhorar delas, pois esses bens novamente pertencerão a outrem, se não pudermos guardar o que estamos trabalhando para obter; e se deixarmos alguns dos nossos homens como guardiães do que possuímos, nossa falta de força será de imediato revelada.

16. "Creio, então, que um de vocês deve ir o mais rápido possível até os persas, para lhes informar exatamente o que vou dizer e ordenar que enviem o quanto antes um exército, caso os persas desejem ter o comando da Ásia para si e os frutos que dele se originarem.

17. "Vá então você, que é o mais velho", Ciro disse, "e diga isso ao chegar e também que cuidarei da manutenção dos soldados que enviarem quando eles estiverem comigo. O que temos aqui você está vendo por si próprio e a respeito disso não esconda nada deles. Quanto à parte do espólio que devo enviar aos persas para agir com nobreza e justiça para com os deuses, pergunte ao meu pai; para com o país, pergunte aos

---

* Na narrativa de Xenofonte, os magos são representados como autoridades religiosas dos persas. Apesar de o sentido do termo no período não ser muito claro, indica uma casta sacerdotal. Somente em textos posteriores o termo denotaria um seguidor de Zoroastro.

magistrados. Que eles enviem homens para observar o que estamos fazendo e para responder às nossas perguntas. E você", ele concluiu, "faça os preparativos e leve para escoltá-lo seu próprio pelotão".

18. Depois disso, chamou também os medos e, ao mesmo tempo, o mensageiro enviado por Ciaxares se apresentou e reportou diante de todos como ele estava enraivecido com Ciro e as ameaças contra os medos. Por fim, disse que ele ordenava que os medos retornassem, mesmo que Ciro desejasse ficar.

19. Os medos, depois de ouvir o mensageiro, ficaram em silêncio, por um lado, sem saber como poderiam desobedecê-lo, uma vez que ele os estava chamando, por outro, com medo de o atenderem diante de sua ameaça, sobretudo por já conhecerem sua crueldade.

20. Ciro, porém, disse: "Bem, mensageiro e medos, em nada me admira se Ciaxares, tendo visto como os nossos inimigos eram numerosos e sem saber o que nós estamos fazendo, esteja hesitante quanto a nós e a si mesmo. Quando ele perceber que muitos dos inimigos estão mortos e que todos foram obrigados a fugir, ele deixará de sentir medo e, em seguida, reconhecerá que não está sendo deixado sozinho neste momento em que seus amigos estão acabando com os seus inimigos.

21. "Como podemos ser dignos de sua censura, quando não só o beneficiamos, mas também não agimos por conta própria? Eu o convenci a me dar permissão para partir, levando vocês comigo. Vocês, por outro lado, não perguntaram se poderiam tomar parte na expedição e vir até aqui porque queriam, mas porque aqueles entre vocês que não tivessem objeções receberam dele ordens para fazê-lo. Vejo com clareza, então, que essa raiva será aplacada pelos nossos sucessos e deixará de existir quando seu medo passar.

22. "Agora", ele disse, "que você, mensageiro, descanse, pois também está cansado, e quanto a nós persas, porque estamos es-

perando que os inimigos se apresentem para lutar ou para se render, ocupemos nossas posições da melhor forma possível, pois é mais provável que, sendo vistos assim por eles, obtenhamos aquilo que almejamos. E você, chefe dos hircanos, espere aqui, depois de dar aos seus comandantes a ordem de armar os soldados".

23. Depois de ter feito o necessário, o rei hircano retornou, e Ciro disse: "Tenho o prazer, hircano, de perceber que você está aqui não apenas demonstrando sua amizade, mas também me deixando evidente a sua sagacidade. Agora está claro que temos os mesmos interesses, pois os assírios são meus inimigos e, no momento, são ainda mais hostis com você do que comigo.

24. "Assim, devemos nós dois deliberar sobre como garantir que nenhum dos nossos presentes aliados nos deixe e também, se possível, como obter novos aliados. Você viu o rei medo chamar de volta os cavaleiros; se eles partirem, permaneceremos somente nós, da infantaria.

25. "É necessário, portanto, que eu e você ajamos para que também esse homem que os chama de volta queira permanecer ao nosso lado. Encontre, pois, uma tenda para lhe dar, onde ele possa se instalar da melhor forma possível, com tudo de que precisar. Quanto a mim, tentarei lhe designar alguma tarefa que ele próprio considerará mais agradável realizar do que partir. Converse com ele sobre quantas coisas boas temos esperança de obter para todos os nossos aliados, se tudo correr bem. Depois que isso tenha sido feito, venha de novo até mim."

26. Então o hircano partiu, levando o medo para uma tenda, enquanto o homem que estava a caminho da Pérsia se apresentou com todos os preparativos para a viagem prontos. Ciro o enviava não só para dizer aos persas o que havia anteriormente exposto em seu discurso, mas também para entregar uma carta a Ciaxares. "Gostaria de ler para você a mensagem que estou enviando", ele disse, "para que, a par dos fatos, você fale em

concordância comigo, caso ele faça alguma pergunta sobre a situação". O que havia na carta era o seguinte:

27. "Ciro a Ciaxares: saudações. Nós não o deixamos sozinho, pois nenhum homem, no momento em que está dominando seus inimigos, torna-se desprovido de amigos. Nem acreditamos tê-lo colocado em perigo, por estarmos distantes, mas quanto mais longe estamos, maior julgamos tornar a sua segurança.

28. "Não são os homens que se sentam mais perto dos amigos os que mais garantem segurança a eles; os que repelem os inimigos para o mais longe possível são os que põem seus amigos mais fora de perigo.

29. "Observe de que modo agi com relação a você e de que modo você agiu com relação a mim e só depois me censure. Eu, da minha parte, trouxe-lhe aliados, não apenas aqueles que você havia persuadido, mas tantos quantos fui capaz de convencer; já você me concedeu, quando eu estava em território aliado, apenas os homens que eu pudesse persuadir a vir comigo. Agora que estou em território inimigo, você está chamando de volta não aqueles que desejam partir, mas todos os homens.

30. "De fato, antes achei que devia gratidão a você e a eles, mas agora você me força a não levá-lo mais em consideração e a tentar demonstrar toda minha gratidão aos homens que me seguiram.

31. "Contudo, não sou capaz de ser igual a você, mas mesmo agora, quando estou enviando aos persas um pedido de reforços, ordeno que todos aqueles que vieram se juntar a mim acatem as suas ordens, caso você precise deles antes de nós retornarmos, não da maneira que eles quiserem, mas da forma como você quiser utilizá-los.

32. "Ainda que eu seja mais jovem, aconselho-o a não tomar de volta aquilo que você deu, para que não se crie uma dívida de inimizade em vez de gratidão; a não fazer um chamado com

ameaças, quando você quiser que alguém retorne rapidamente até você, e a não ameaçar um número grande de homens, declarando ao mesmo tempo estar sozinho, para que você não os ensine a lhe ser indiferentes.

33. "Quanto a nós, tentaremos nos apresentar tão logo realizarmos as ações que julgamos serem igualmente vantajosas para você e para nós. Aqui me despeço."

34. "Entregue-lhe essa carta e ao que quer que ele venha a perguntar, responda de acordo com o que está nela escrito, pois as ordens que estou dando a você com relação aos persas também estão de acordo com essas palavras." Foi isso que Ciro lhe disse e, dando-lhe a carta, mandou que ele partisse, acrescentando que deveria se apressar como alguém que sabe ser importante retornar rapidamente.

35. Depois disso, viu que todos já estavam armados, tanto os medos quanto os hircanos e os homens de Tigranes, bem como os persas. Alguns homens que viviam nos arredores começavam a trazer cavalos e a entregar suas armas.

36. Ordenou que jogassem suas lanças no mesmo lugar onde os outros as haviam deixado anteriormente, e alguns soldados foram designados para a tarefa de queimar tudo aquilo de que não teriam necessidade. Quanto aos cavalos, mandou que os homens que os trouxeram cuidassem deles, aguardando até que ele lhes desse alguma ordem. Em seguida, chamando os comandantes da cavalaria e dos hircanos, disse o seguinte:

37. "Amigos e aliados, não se admirem com o fato de que os convoco com tamanha frequência, pois as presentes circunstâncias são novas para nós, muitas delas em estado de desordem; forçosamente o que está desordenado causa sempre problemas, até que as coisas tomem seu lugar.

38. "Agora temos muitos bens tomados como espólio e, além disso, homens. Como, porém, não sabemos que parte deles per-

tence a cada um de nós, nem eles sabem quem será o senhor de cada um deles, podemos ver que não são muitos os que estão agora realizando alguma tarefa, já que quase todos estão sem saber o que fazer.

39. "Para que a situação não continue assim, façam a divisão do espólio. No caso daquele que receber uma tenda com comida e bebida suficientes, servos, cama, roupa e todo o resto com o qual uma tenda militar se faz confortável, nada mais é necessário lhe oferecer; ele deve saber que cuidará de tudo sozinho. Para quem for colocado numa tenda carente de alguma coisa, tomem as providências necessárias depois de observar o que está faltando. Sei que também haverá muitos itens sobressalentes.

40. "Os inimigos tinham mais do que todo o necessário para o nosso número de homens. Os tesoureiros me procuraram, tanto os do rei assírio quanto os dos outros monarcas, e disseram que tinham ouro cunhado com eles, quando falavam sobre certos tributos.

41. "Façam os arautos anunciar, então, que eles devem levar todos os bens até vocês, onde quer que vocês se assentem, e ponham medo naquele que não fizer o que está sendo ordenado. Quanto a vocês, distribuam o que receberem, dando para os cavaleiros o dobro da quantia dos infantes, para que vocês tenham como comprar qualquer coisa de que ainda tenham necessidade.

42. "Que se anuncie também que no mercado que já está no acampamento", ele concluiu, "ninguém deve agir de forma indevida, mas os vendedores podem oferecer o que tiverem para vender e, uma vez negociadas essas mercadorias, que tragam outras, a fim de que o acampamento fique bem abastecido". Esses anúncios foram feitos imediatamente.

43. Os medos e os hircanos, então, perguntaram: "E como nós podemos dividir o espólio sem a sua ajuda e a dos seus homens?".

44. Ciro, por sua vez, declarou o seguinte sobre essa questão: "Acaso a sua opinião, homens, é a de que para cada coisa que deve ser feita, todos devemos estar presentes em todas as situações, e que eu só não bastarei para fazer qualquer coisa por vocês, ou vocês por nós? Existe alguma outra forma de ter mais problemas e menos resultados do que agindo assim?

45. "Mas vejam: nós guardamos esses espólios para vocês e vocês acreditaram que o fizemos direito. Agora, façam a divisão e teremos confiança de que foi feita de forma justa.

46. "Há outra coisa que, mais uma vez, tentaremos realizar pelo bem comum, pois vocês estão vendo aqui, pela primeira vez, quantos cavalos temos e outros mais virão. Se deixarmos que fiquem sem ninguém para montá-los, não nos ajudarão em nada, mas trarão apenas problemas com os cuidados de que necessitam; porém, se colocarmos cavaleiros sobre eles, ficaremos ao mesmo tempo livres dos problemas e ampliaremos nossa própria força.

47. "Assim, se há outros homens a quem vocês entregariam os cavalos, cuja companhia vocês prefeririam ter em vez da nossa no momento de se expor ao perigo — caso isso venha a ser necessário —, entreguem-nos a eles. Se, porém, vocês querem nos ter ao seu lado, mais do que quaisquer outros homens, deem os cavalos para nós.

48. "Pois há pouco, quando vocês cavalgavam para enfrentar o perigo sem a nossa ajuda, vocês nos causaram muito receio sobre o que lhes poderia acontecer e nos fizeram passar muita vergonha por não estarmos ao seu lado. Se recebermos os cavalos, porém, poderemos segui-los.

49. "Caso vocês pensem que somos de maior ajuda lutando ao seu lado montados, disposição nunca nos faltará, mas se nossa presença for mais oportuna como infantes, apearemos e vamos nos apresentar a vocês imediatamente como infantaria. Quanto aos cavalos, encontraremos a quem confiá-los."

50. Essas foram as palavras de Ciro. Eles responderam: "Ciro, não temos homens que possamos colocar sobre esses cavalos, e se tivéssemos, não escolheríamos fazer outra coisa a não ser aquilo que você quer. Agora pegue os cavalos e faça o que achar melhor".

51. "Bem, eu os aceito", ele respondeu, "e que tenhamos sorte, nós ao nos tornar cavaleiros e vocês, na divisão do espólio comum. Primeiro, separem para os deuses o que os magos ordenarem; em seguida, selecionem para Ciaxares o que vocês acreditarem que será mais do seu agrado".

52. Eles responderam rindo que teriam de escolher mulheres. "Então escolham mulheres", ele disse, "e o que mais vocês decidirem. Quando vocês tiverem feito a seleção para ele, hircanos, façam o que estiver dentro do seu alcance para que todos esses homens que desejaram me acompanhar não tenham motivo de queixa.

53. "Já vocês, medos, tratem com honra os homens que foram os nossos primeiros aliados, de modo que acreditem ter tomado uma boa decisão ao resolver que se tornariam nossos amigos. Compartilhem uma parte de tudo também com o enviado de Ciaxares e com os homens que o acompanham; convidem-no para permanecer conosco, sugerindo que essa ideia também é minha, para que, conhecendo melhor a situação, ele possa fazer um relato a Ciaxares.

54. "Quanto aos persas que me acompanham, o que sobrar depois que vocês estiverem bem guarnecidos será o bastante", ele disse, "pois não crescemos com nenhuma forma de luxo, mas de modo rústico, então vocês talvez rissem de nós se nos enrolássemos com algo pomposo, assim como estou certo de que provocaremos muito riso ao montar sobre os cavalos e, presumo, ao nos estatelar no chão".

55. Depois disso, foram tratar da divisão do espólio, rindo muito da piada com os cavalos, enquanto Ciro reunia os ca-

pitães e ordenava que levassem os animais, o equipamento de montaria e os cavalariços e que, depois de contá-los, distribuíssem-nos por sorteio às companhias em quantidades iguais.

56. Em seguida, deu ordens para que se proclamasse que, no caso de haver algum homem da Pérsia, da Báctria, da Cária, da Cilícia, da Grécia ou de qualquer outro lugar forçado a servir como escravo no exército dos assírios, dos sírios ou dos árabes, que se manifestasse.

57. Ao ouvir o arauto, muitos homens se apresentaram contentes. Ele selecionou aqueles de melhor aparência e lhes disse que estavam livres, mas que teriam de portar as armas que lhes dessem e que ele próprio cuidaria para que recebessem as provisões necessárias.

58. Imediatamente os levou até os capitães, a fim de que fossem incorporados, e ordenou que lhes fossem dados escudos e espadas sem bainha, que eles carregariam marchando atrás dos cavalos; também pediu que lhes arranjassem as mesmas provisões que os persas sob seu comando recebiam. Quanto a estes, deveriam estar sempre montados sobre os cavalos portando couraças e lanças, e ele próprio começou dando o exemplo. Cada um deles, além disso, deveria indicar outro homem entre os pares para ficar no seu lugar no comando da infantaria dos pares.

6

1. Estavam ocupados com essas atividades quando Gobrias, um velho homem assírio, chegou a cavalo acompanhado de uma comitiva igualmente a cavalo, todos armados como cavaleiros. Os homens que haviam sido designados para receber as armas ordenaram que eles entregassem suas lanças, para que fossem

queimadas como as outras, mas Gobrias disse que gostaria de primeiro ver Ciro. Os servos então deixaram ali os outros cavaleiros e levaram Gobrias até ele.

2. Quando viu Ciro, esse homem começou a dizer o seguinte: "Senhor, sou assírio de nascimento. Tenho fortificações resistentes e as terras que governo são extensas. Também possuo cerca de mil cavalos, que punha a serviço do rei assírio, por quem tinha a maior das amizades; mas já que ele, que era um homem nobre, foi morto por vocês e é o filho dele, que me é odioso, quem detém o governo, apresento-me a você e caio suplicante a sua frente, entregando-me como escravo e aliado, e peço que você seja meu vingador. Assim, da maneira que me é possível, faço de você meu filho, pois não tenho descendentes homens.

3. "Senhor, meu único filho era um homem nobre e me amava e respeitava com o respeito com o qual um filho faz feliz um pai. Quando o antigo rei, pai do atual, chamou meu filho para lhe dar a mão de sua filha, enviei-o cheio de orgulho porque, supunha, o veria casado com a filha do rei. Porém, o atual monarca o convidou para uma caça, permitindo que usasse todo seu potencial para caçar, por acreditar que fosse um cavaleiro muito superior ao meu filho, ao passo que este saía para caçar com ele como um amigo. Quando apareceu um urso, ambos o perseguiram; o rei atual errou o alvo ao atirar a lança — quisera eu que jamais isso tivesse acontecido —, mas meu filho fez o lançamento dele, o que não deveria ter feito, e abateu o urso.

4. "Nesse momento, o homem ficou descontente, mas manteve a inveja sob a escuridão; quando, porém, um leão apareceu, ele mais uma vez errou o alvo, o que não acho algo de admirar, mas quando meu filho, por sua vez, atirou e acertou o leão, disse: 'Mas não é que atirei duas lanças em sequência e abati animais com as duas!'. Nisso, o ímpio não conteve mais sua inveja, e tomando a arma de um dos homens que os acom-

panhavam, golpeou no peito meu único e amado filho e lhe privou da vida.

5. "E eu, desgraçado, recebi um cadáver no lugar de um noivo e, na minha idade, enterrei o melhor dos filhos, amado, que apenas deixava de ser imberbe. Seu assassino, como se tivesse matado um inimigo, nunca se mostrou arrependido, nem prestou honras àquele que está debaixo da terra como forma de compensar o seu ato vil. Seu pai, porém, não só teve compaixão por mim como claramente sofreu com meu infortúnio.

6. "Portanto, se ele ainda estivesse vivo, eu nunca teria procurado você para fazer mal a esse homem, pois muitas foram as vezes em que recebi demonstrações de amizade da parte de seu pai e em que estive a seu serviço. Como o reinado passou para o assassino de meu filho, eu jamais seria capaz de lhe querer bem e estou certo de que ele nunca me verá como um amigo, pois sabe como me sinto com relação a ele e em que estado hoje me encontro, eu que antes vivia em plena alegria e que agora estou sozinho e passo minha velhice em sofrimento.

7. "Então, se você me aceitar e eu encontrar em você alguma esperança de vingança pelo meu filho amado, acho que eu rejuvenesceria e, se continuar vivo, não viverei mais em vergonha, e se eu morrer, creio que não sentirei pesar por chegar ao meu fim."

8. Assim ele falou e Ciro respondeu: "Bem, Gobrias, se você demonstrar que seu pensamento corresponde àquilo que você nos diz, recebo-o como suplicante e também lhe prometo, com ajuda dos deuses, vingar o seu filho. Diga-me, se fizermos isso por você e deixarmos que você mantenha suas fortificações, suas terras, suas armas e o poder que você tinha antes, de que forma você poderia nos servir em retribuição?".

9. Ele disse: "As fortificações serão sua casa, sempre que vier até aqui; o tributo que entregava a ele pelo meu território darei a você e servirei no exército ao seu lado, para onde quer que vá

em campanha, no comando das forças das terras que governo. Tenho ainda", ele continuou, "minha amada filha solteira, que já está em idade de casar, a que antes achei que estava criando para ser esposa do rei atual. Agora, minha própria filha, em lágrimas, implorou-me para não ser dada ao assassino do irmão e estou de acordo. Deixo então que você tome uma decisão sobre o destino dela, da mesma forma como demonstrarei ter tomado uma decisão quanto a você".

10. Então Ciro respondeu: "Sendo verdadeiras essas condições, estendo-lhe minha mão direita e tomo a sua; que os deuses sejam nossas testemunhas". Quando isso estava feito, mandou que Gobrias partisse levando as armas e perguntou quão longo era o caminho até sua casa, como se tivesse intenção de ir até lá. Ele disse: "Se você sair amanhã de manhã, poderá passar a noite do dia seguinte conosco".

11. Então, enquanto ele partia, depois de deixar lá um guia, os medos se apresentaram, tendo entregado aos magos aquilo que pediram para separar aos deuses. Para Ciro escolheram a tenda mais bonita e uma mulher de Susa, que dizem ter sido a mais bela mulher da Ásia, e duas das melhores musicistas; na sequência, a segunda parte dos espólios foi para Ciaxares, e, do restante, tomaram aquilo de que precisavam para que não continuassem em campanha passando qualquer necessidade, uma vez que havia abundância de tudo.

12. Os hircanos também receberam o que precisavam e fizeram com que igualmente o mensageiro de Ciaxares ganhasse uma parte igual à dos demais. Deram todas as tendas que sobraram para Ciro, a fim de que os persas ficassem com elas, e disseram que distribuiriam as moedas depois que tudo tivesse sido recolhido; e foi isso que fizeram.

Livro V

1

1. Essas foram suas palavras e ações. Ciro ordenou aos homens que sabia ser os mais próximos de Ciaxares a se revezarem na guarda dos seus espólios. "O que vocês me derem, receberei com prazer", ele disse, "mas sempre que alguém tiver especial necessidade de alguma das minhas coisas, poderá utilizá-la".

Um homem medo amante de música então disse: "Realmente, Ciro, depois que eu ouvi com prazer durante a noite as musicistas que agora estão com você, se você me cedesse apenas uma delas, creio que lutar na guerra me seria mais agradável do que ficar em casa!".

Ciro respondeu: "Bem, não só a concedo, mas creio que devo ficar mais grato a você, por ter me feito um pedido, do que você a mim por levá-la, tão sedento estou de prestar favores!". Então o homem que pediu a musicista a recebeu.

2. Ciro chamou o medo Araspas, seu amigo de infância, a quem deu o robe medo que despiu quando deixou Astíages e voltou para a Pérsia, e lhe passou ordens para vigiar a mulher e a tenda que havia recebido. Essa mulher era esposa de Abradatas de Susa.

3. Quando o acampamento assírio foi tomado, o marido dela não estava lá, porque tinha partido numa embaixada até o rei da Báctria, enviado pelo rei assírio em busca de uma aliança, pois acontecia de ele ter laços de hospitalidade com o rei báctrio. Ciro então mandou Araspas vigiá-la até que ele próprio pudesse recebê-la.

4. Ao ouvir essa ordem, Araspas perguntou: "Ciro, acaso você já viu essa mulher, da qual você está me mandando ser guardião?".

"Por Zeus, não vi, não", respondeu Ciro.

"Mas eu, sim", ele retrucou, "quando a escolhemos para você. No momento em que entramos na tenda dela, a princípio não a reconhecemos, pois ela estava sentada no chão e todas as servas estavam ao seu redor; além disso, ela tinha uma roupa igual à das escravas. Como queríamos descobrir qual delas era a senhora, olhamos bem para elas e ficou logo evidente que ela se destacava muito dentre todas as outras, embora estivesse sentada, toda coberta e olhando para o chão.

5. "Quando mandamos que se levantasse, todas as mulheres ao seu redor se levantaram também e ela se mostrou primeiro superior em estatura e depois também em virtude e em elegância, ainda que estivesse ali parada com aparência modesta. Visíveis eram também as lágrimas que ela derramava, e algumas escorriam pelo seu peplo, outras, até os seus pés.

6. "Então o homem mais velho entre nós disse: 'Coragem, mulher! Ouvimos dizer que seu marido é belo e nobre, mas agora a estamos escolhendo para um homem que, você pode ter certeza, não é inferior em aparência nem em juízo, nem detentor de um poder menor, mas nós, pelo menos, pensamos que se há alguém digno de ser admirado, esse homem é Ciro, a quem você pertence a partir deste momento'. Quando a mulher ouviu isso, rasgou a parte de cima do peplo e começou a gemer; junto com ela passaram a gritar todas as servas.

7. "Nisso, quase todo o seu rosto ficou visível, bem como seu pescoço e suas mãos. E tenha certeza de uma coisa, Ciro, não só eu, mas todos os que a viram, achamos que nunca houve mulher nascida de pais mortais como ela na Ásia. Não há dúvida de que você também precisa vê-la!"

8. Ciro respondeu: "Não, por Zeus, se ela é como você está dizendo, não preciso".

"Por que não?", perguntou o jovem.

"Porque, se agora mesmo, ao ouvi-lo dizer que ela é bonita, estou convencido de que devo ir vê-la, quando não tenho nenhum tempo livre, temo que ela própria me convencerá bem rapidamente a ir vê-la de novo. Depois disso, talvez eu fique lá sentado a observá-la, descuidando das coisas que preciso fazer."

9. O jovem então falou, rindo: "Mas você acha, Ciro, que a beleza de uma pessoa é suficiente para forçar um homem involuntariamente a agir de forma contrária ao que é mais nobre? Se nossa natureza fosse essa, ela nos obrigaria a todos igualmente.

10. "Você vê como o fogo queima todos os homens de forma igual? Essa é a sua natureza. Quanto às coisas belas, algumas nós amamos, outras não, e um ama essa, outro ama aquela, pois se trata de algo voluntário, e cada um ama o que quiser. Por exemplo", ele continuou, "um irmão não se apaixona por sua irmã, mas outro homem se apaixona por ela, nem o pai pela filha, mas outro homem se apaixona por ela; pois o medo e a lei bastam para impedir esse amor.

11. "Se leis fossem instituídas proibindo os homens de sentir fome quando não comem, de sentir sede quando não bebem, de sentir frio no inverno e de passar calor no verão, nenhuma lei seria capaz de persuadir os homens a agir dessa forma, pois são por natureza subjugados em tais circunstâncias. Já o amor depende da vontade; cada um ama o que lhe serve melhor, como lhe servem roupas e sapatos."

12. "Como, então", respondeu Ciro, "se o amor é voluntário, não é possível deixar de amar quando se quer? Mas já vi muitos homens chorando ao sofrerem por amor e homens que se tornaram escravos das pessoas que amavam, ainda que antes de se apaixonar julgassem a escravidão um grande mal; vi homens entregarem muitas coisas das quais era melhor que não se privassem e rezando como se pedissem para se livrar de alguma doença, sem, porém, conseguir se ver livres dela, presos por uma necessidade mais forte do que o ferro. Entregam-se àqueles que amam para servir aos seus muitos caprichos. Mesmo sofrendo todos esses males, não tentam fugir correndo, mas, pelo contrário, mantêm a guarda para não deixar escapar aqueles que eles amam".

13. A isso o jovem respondeu: "De fato, há quem aja assim; são, no entanto, pessoas fracas. Por isso, creio que devem também sempre rezar pedindo para morrer, porque são infelizes, mas embora haja uma miríade de recursos para se verem livres da vida, nunca se livram dela. São esses mesmos homens que tentam roubar e não se contêm diante dos bens alheios; mas sempre que eles cometem um furto ou roubo, veja que você é o primeiro a responsabilizar o ladrão e o assaltante, porque roubar não é algo necessário, e você não o perdoa, mas o pune.

14. "Da mesma forma, por sua vez, as pessoas belas não obrigam os homens a sentir desejo por elas ou a cobiçar o que não devem, mas esses homens miseráveis, creio, são dominados pelas paixões e, por conseguinte, culpam o amor. Os homens nobres e belos, porém, embora também tenham desejo de ouro, de bons cavalos e de belas mulheres, são capazes de se conter diante de tudo isso, para não pôr as mãos neles agindo contrariamente à justiça.

15. "Quanto a mim, já vi essa mulher e, embora me tenha parecido muito bela, estou aqui ao seu lado, monto meu cavalo e cumpro com todo o resto que me diz respeito."

16. "Sim, por Zeus", disse Ciro, "pois talvez você tenha se afastado dela antes de o amor ter tido o tempo que é de sua natureza necessário para enredar um homem; é possível tocar o fogo sem se queimar imediatamente, e a madeira não entra em chamas de uma vez. Mesmo assim, eu, pelo menos, de minha própria vontade não entro em contato com o fogo nem olho para pessoas bonitas. Aconselho você, Araspas", ele continuou, "a também não permitir que sua visão se demore sobre elas. O fogo queima quem o toca, mas as coisas belas põem fogo também naqueles que as observam de longe, que se inflamam de paixão".

17. "Fique confiante, Ciro", ele respondeu, "mesmo que eu nunca deixe de observá-la, não serei dominado a ponto de fazer o que não devo fazer".

"Palavras bem-ditas", ele respondeu, "então permaneça como seu guarda, como eu havia pedido, e cuide dela, pois talvez essa mulher possa nos ser muito útil em momento oportuno".

18. Depois dessa conversa, despediram-se. O jovem via a beleza da mulher, mas ao mesmo tempo também passou a notar sua nobreza; dava-lhe atenção e pensava que a agradava; percebia que ela não era ingrata, mas cuidava, por meio de suas servas, para que ele tivesse o que era preciso quando a visitava e, quando ele adoecia, não passava nenhuma necessidade. Por todos esses motivos, foi tomado de amor e o que lhe aconteceu talvez não seja de admirar. Era dessa forma que a situação se desenrolava.

19. Desejando que os medos e seus aliados permanecessem voluntariamente ao seu lado, Ciro convocou todos os oficiais importantes. Quando se reuniram, disse o seguinte:

20. "Homens da Média e todos os demais presentes, sei bem que vocês não entraram em expedição comigo porque precisavam de dinheiro, nem por pensar que prestavam um serviço a

Ciaxares, mas foi por querer me fazer um favor e prestar honras a mim que concordaram em marchar durante a noite e a se expor aos perigos.

21. "Sou grato a vocês por isso e estaria cometendo uma injustiça se não fosse, mas acho que ainda não tenho capacidade de lhes retribuir de forma digna — e digo isso sem me envergonhar. Tenham certeza de que eu sentiria vergonha de dizer 'se ficarem ao meu lado, vou lhes dar algo em troca', pois julgo que eu passaria a impressão de fazer tal declaração a fim de que tivessem mais vontade de permanecer comigo. Em vez disso, é outra coisa o que eu digo: mesmo que agora vocês partam, em obediência à ordem de Ciaxares, caso eu obtenha algum sucesso, tentarei agir de forma a que também vocês venham a me louvar.

22. "Pois, quanto a mim, não retornarei, mas manterei as promessas e os compromissos que tenho com os hircanos e jamais serei visto os traindo; e tentarei fazer com que Gobrias, que agora nos oferece suas fortificações, território e forças, não venha a se arrepender do caminho que percorreu para chegar até mim.

23. "E o mais importante, com os deuses nos concedendo sucesso de forma tão clara, eu não só teria medo deles como sentiria vergonha em dar as costas a tudo isso, partindo sem motivo. É isso, então, o que farei. Quanto a vocês, ajam conforme acharem melhor e me digam qual é a sua decisão."

24. Essas foram suas palavras. O primeiro a responder foi aquele que certa vez disse ser parente de Ciro: "Quanto a mim, meu rei", ele falou, "e digo 'rei' porque a mim, ao menos, você parece ser por natureza um rei não menos do que aquele que nasceu para governar as abelhas num enxame, pois as abelhas obedecem sempre prontamente ao seu rei e, onde quer que esteja, ninguém se separa dele. Se sai para algum lugar, nenhuma

abelha fica para trás, tamanho desejo têm de serem comandadas pelo rei.*

25. "Penso que os homens têm disposição semelhante com relação a você, pois quando você estava conosco e retornou para a Pérsia, qual dos medos, fosse jovem ou velho, deixou de acompanhá-lo até que Astíages nos fizesse voltar? Quando você saiu da Pérsia para vir em nosso socorro, vimos que quase todos os seus amigos o acompanharam por vontade própria. E ainda, quando você quis fazer esta expedição, todos os medos o seguiram voluntariamente.

26. "Agora é assim que nos sentimos mais uma vez, pois, na sua companhia, mesmo estando em território inimigo, ficamos confiantes, mas sem você tememos até voltar para casa. Os outros dirão eles próprios o que farão, mas quanto a mim, Ciro, e àqueles que eu comando, permaneceremos ao seu lado, suportaremos ter que olhar para você e toleraremos receber seus benefícios."

27. Na sequência, Tigranes falou o seguinte: "Você, Ciro, não fique nunca surpreso caso eu permaneça calado, pois minha alma não foi preparada para dar conselhos, mas para fazer o que você ordena".

28. Já o hircano disse: "Quanto a mim, medos, se partirem agora, direi que foi a maquinação de uma divindade ruim para impedir que vocês fossem excepcionalmente afortunados, pois quem em juízo perfeito daria as costas para inimigos que estão fugindo, ou não tomaria suas armas quando eles as entregam, ou deixaria de receber seus bens quando eles se rendem, sobretudo tendo o comandante que temos? Ele me parece, juro por

---

* Aristóteles (c. 384-322 a.C.) descreveu o que se sabia sobre as abelhas nesse período na Grécia no seu influente *História dos Animais*. A noção de que as abelhas têm rainhas, e não reis, começou a se popularizar apenas a partir da publicação de *The Feminine Monarchie*, de Charles Butler, em 1623.

todos os deuses, sentir mais prazer em nos conceder benesses do que em enriquecer".

29. Depois dele, todos os medos falaram nesse sentido: "Você, Ciro, nos tirou de nosso país, e, quando você achar que é hora de voltar para casa, leve-nos com você". Ao ouvir isso, Ciro pediu aos deuses: "Zeus Magnânimo, peço-lhe, conceda que eu possa superar a honra que estou recebendo com o bem que eu fizer a eles".

30. Em seguida, ordenou aos aliados que posicionassem as sentinelas e fossem tratar de seus assuntos; aos persas, que dividissem as tendas, dando aos cavaleiros as que fossem apropriadas para eles e aos infantes, as boas o suficiente para eles. Depois, deu ordem para que a situação fosse arranjada de modo que os servos nas tendas preparassem o necessário para levá-lo às companhias persas, bem como providenciassem o cuidado dos cavalos, a fim de que os persas não tivessem nenhuma outra tarefa além de se empenhar nos trabalhos da guerra. Foi assim que passaram esse dia.

2

1. Tendo se levantado cedo na manhã seguinte, deram início à viagem até Gobrias. Ciro estava a cavalo, e o número de soldados persas que haviam se tornado cavaleiros chegava aos dois mil. Aqueles que portavam os escudos e sabres seguiam atrás deles, no mesmo número, e o resto do exército marchava posicionado. Ele mandou que todos dissessem a seus novos servos que seria castigado aquele que fosse visto atrás da retaguarda ou à frente da vanguarda, ou que estivesse nos flancos e fosse apanhado fora da posição de marcha.

2. Na tarde do segundo dia, chegaram às terras de Gobrias e viram que a fortificação era robusta e que, sobre as mura-

lhas, tudo estava preparado para que pudessem lutar ali da maneira mais eficaz; notaram também muitos bois e um grande número de ovelhas que haviam sido trazidas para o interior da fortificação.

3. Então Gobrias enviou um emissário até Ciro e mandou que cavalgasse pelos arredores, para ver em que local o acesso era mais fácil, e que enviasse até ele alguns de seus homens de confiança, a fim de que pudessem reportar o que havia lá dentro.

4. Assim, Ciro, que desejava ele próprio, na realidade, verificar se a muralha podia ser tomada em algum ponto, na possibilidade de ficar provado que Gobrias tentava enganá-lo, cavalgou ao redor dela toda e viu que era inteira forte demais para ser atacada. Os homens enviados até Gobrias relataram a Ciro que, na opinião deles, havia bens no interior da fortificação em quantidade suficiente para durar por uma geração inteira de homens.

5. Enquanto Ciro refletia sobre o que isso significava, o próprio Gobrias não se dirigiu sozinho até ele, mas trazia todos os homens do interior da fortificação, uns carregando vinho, cevada e farinha, outros conduzindo bois, cabras, ovelhas, porcos e qualquer outra comida que houvesse. Traziam tudo em quantidade suficiente para preparar o jantar do exército inteiro de Ciro.

6. Então, os homens que se dedicavam a essa tarefa dividiram a comida e começaram a preparar a refeição. Gobrias, por sua vez, quando todos os homens estavam fora da fortificação, mandou que Ciro entrasse do modo que ele considerasse mais seguro. Ciro, na sequência, enviou primeiro homens para examinar o interior da fortificação e um contingente do exército e, por fim, entrou ele próprio. Quando estava lá dentro, as portas se mantiveram completamente abertas, e ele chamou todos os seus amigos e comandantes para junto de si.

7. Dentro da fortificação, Gobrias lhe trouxe taças de ouro, jarros, vasos, todo tipo de ornamento, incontáveis dáricos,* diversos objetos preciosos e, por fim, sua filha, de impressionante beleza e estatura, mas que guardava luto pelo irmão morto; e então ele disse: "Eu lhe presenteio, Ciro, com todos esses bens, e esta minha filha confio a você para dela dispor da forma que você quiser. Mas suplicamos: eu, que você seja o vingador de meu filho, como já fiz anteriormente, e ela, que você seja o de seu irmão".

8. Ciro respondeu a essas palavras: "Mas eu já então havia lhe prometido, caso você se mostrasse sincero, que executaria a vingança na medida da minha capacidade. Agora que vejo que você dizia a verdade, já estou em dívida no cumprimento da minha promessa; juro também a ela que com ajuda dos deuses é isso que farei. Quanto a esses bens", ele continuou, "eu os aceito, mas os deixo para sua filha e àquele que desposá-la. Um dos presentes, porém, vou levar quando partir daqui, no lugar do qual nem os tesouros da Babilônia, onde eles são muitos, nem os do mundo todo, me deixariam mais satisfeito".

9. Gobrias, admirado com o que isso poderia significar e suspeitando de que ele falasse da sua filha, perguntou: "E que presente é esse, Ciro?".

Ciro respondeu: "Gobrias, creio que muitos são os homens que não seriam voluntariamente nem ímpios nem injustos nem mentirosos, mas, pelo fato de que ninguém quis lhes confiar uma soma grande de dinheiro ou poder tirânico, ou muralhas fortes ou filhos amáveis, morrem antes que possa ficar claro que tipo de homens eles são.

---

* Moeda de ouro cunhada durante o governo de Dario I. Trata-se, porém, de um anacronismo do original, uma vez que Dario será o segundo a suceder Ciro.

10. "Você, ao entregar agora nas minhas mãos não só essas fortificações, mas também todo tipo de riquezas, suas tropas e uma filha preciosa, fez com que ficasse evidente para todos os homens que eu não agiria de forma ímpia para com os amigos, nem cometeria injustiças por causa de dinheiro, nem agiria de má-fé num acordo.

11. "Tenha certeza de que, enquanto eu for um homem justo e receber o louvor dos homens porque lhes pareço ser justo, jamais me esquecerei disso, mas tentarei lhe retribuir a honra com todo o tipo de atos nobres.

12. "Quanto a um marido digno para sua filha, não tenha receio de não encontrar um para ela, pois tenho muitos amigos valorosos e um deles a desposará. Se, contudo, ele terá riquezas no mesmo número que as que você agora está oferecendo ou se terá riquezas muitas vezes maiores, não sou capaz de dizer. Tenha certeza, porém, de que alguns deles não têm por você maior admiração por causa do dinheiro que você distribui; eles sentem inveja de mim neste momento e pedem a todos os deuses para que algum dia possam demonstrar que não são menos dignos do que eu da confiança dos amigos e, além disso, que nunca se submeterão aos inimigos enquanto estiverem vivos, a não ser que um dos deuses os prejudique. Eles não preteririam sua virtude e boa reputação nem por toda a riqueza dos sírios, dos assírios e a sua juntas. Esses homens, fique sabendo, são esses que estão sentados ali."

13. Gobrias riu e disse: "Pelos deuses, Ciro, mostre-me onde eles estão, para que eu possa pedir a um deles que se torne meu genro".

E Ciro respondeu: "Não se preocupe, você não terá necessidade de receber informações sobre eles de mim, mas, se vier conosco, você mesmo poderá apontar depois para os outros quem cada um deles é".

14. Tendo dito isso, tomou Gobrias pela mão direita e levantou-se para partir, levando todos os homens que estavam com ele. Ainda que Gobrias tivesse insistido para que jantasse no interior da fortificação, ele não quis, e jantou no acampamento, recebendo Gobrias como seu convidado à mesa.

15. Depois de se reclinar sobre um leito de palha, perguntou-lhe o seguinte: "Diga-me, Gobrias, você acha que possui mais mantas do que cada um de nós?".

Ele então respondeu: "Tenho certeza, por Zeus, de que vocês têm mais mantas e camas do que eu e de que a casa de vocês é muito maior do que a minha; vocês não só se servem da terra e do céu como moradia, mas os seus leitos são todo o chão que usam como cama. Uma manta para vocês não é feita de lã das ovelhas, mas de tudo o que cresce nas montanhas e planícies".

16. Por ser a primeira vez que Gobrias jantava com eles, ao ver a simplicidade da refeição que lhe foi servida, considerou que seus homens eram muito mais refinados do que eles.

17. Observou na sequência, porém, a moderação dos seus comensais, pois um homem persa educado não demonstrava deslumbre diante de nenhuma comida nem bebida, fosse com os olhos, com a gula ou com uma mente incapaz do discernimento que teria se não estivesse diante de uma refeição. Assim como cavaleiros não se confundem quando estão montados e são capazes de cavalgar ao mesmo tempo que observam, ouvem e falam o que devem, os persas julgam que devem parecer prudentes e comedidos à mesa. Ficar comovido por causa de comidas e bebidas lhes parece algo muito bestial e selvagem.

18. Observou também que faziam perguntas uns aos outros que davam mais prazer àquele que era questionado do que se ele não tivesse recebido nenhuma pergunta, que faziam brincadeiras uns com os outros igualmente de uma forma que dava

mais prazer àquele que era zombado do que se ele não tivesse sido, e notou como suas brincadeiras estavam muito distantes da insolência, muito distantes de um ato indecoroso e muito distantes de provocar irritação nos outros.

19. O que lhe parecia mais notável era o fato de que, estando em campanha, eles não achavam que deveria ser servida uma porção maior a nenhum homem entre todos que encaravam perigos iguais, mas que consideravam o mais agradável banquete tornar mais bem preparados aqueles que lutariam ao seu lado.

20. No momento em que Gobrias se levantou para voltar para casa, dizem que teria declarado: "Não estou mais admirado como estava antes, Ciro, pelo fato de que, se possuímos mais taças, vestimentas e ouro do que vocês, também valemos menos, pois tratamos de ter esses objetos na maior quantidade possível, enquanto vocês me parecem tomar medidas para que venham a aprimorar a si próprios da melhor maneira que há".

21. Foram essas as suas palavras. Então Ciro disse: "Vá, Gobrias, e esteja aqui amanhã de manhã com seus cavaleiros armados, para que também possamos ver as suas forças e para que você nos guie através das suas terras, de modo que saibamos quais regiões devemos considerar aliadas e quais inimigas".

22. Depois de falarem sobre isso, partiram cada um para tratar de seus interesses. Quando o dia raiou, Gobrias se apresentou com seus cavaleiros e serviu de guia. Ciro, como convém a um homem que está no comando, não apenas prestou atenção à marcha, mas ao mesmo tempo examinava se havia alguma possibilidade de enfraquecer os inimigos e fortalecer os seus homens enquanto prosseguia.

23. Então chamou o hircano e Gobrias, pois pensava serem os que mais tinham conhecimento sobre aquilo que achava que ele próprio deveria saber, e disse: "Amigos, acredito que

não cometerei erros, deliberando junto com vocês, homens de confiança, sobre esta guerra, pois vejo que vocês, mais do que eu, devem examinar como o rei assírio não nos poderá dominar, já que posso ter um refúgio em caso de fracasso, enquanto vejo que tudo o que vocês têm será de outrem, se ele prevalecer.

24. "Ele é meu inimigo, mas não me odeia, apenas acredita que lhe será desvantajoso se nos tornarmos poderosos e, por isso, está em guerra contra nós; mas a vocês ele de fato odeia, por julgar que foi por vocês injustiçado." A isso ambos responderam da mesma forma, que ele deveria terminar o que tinha para dizer, pois sabiam desses fatos e tinham grande preocupação a respeito de como o futuro se desenrolaria.

25. Então Ciro começou a falar da seguinte forma: "Digam-me, o assírio julga que vocês são os únicos a tê-lo como inimigo ou vocês sabem de alguém mais que lhe é hostil?".

"Sim, por Zeus", respondeu o hircano, "os que lhe são mais hostis são os cadúsios, um povo numeroso e valente; assim como são os seus vizinhos sacas, que muitos males sofreram na mão do rei assírio, pois ele tentou subjugá-los como fez conosco".

26. "Então vocês acham que agora ambos esses povos ficariam satisfeitos em participar do ataque ao rei assírio ao nosso lado?"

"Sim, imensamente, se de alguma forma puderem se juntar a nós."

"E que empecilho existe para essa união?", perguntou Ciro.

"Os assírios", eles disseram, "o mesmo povo cujo território você está neste momento atravessando".

27. Ao ouvir isso, Ciro respondeu: "Mas, Gobrias, você não está acusando esse jovem que agora assumiu a posição de rei de ter um caráter enormemente arrogante?".

"Sim, pois julgo que foi essa a minha experiência."

"E ele se mostrou dessa forma apenas com relação a você ou também com outros?", perguntou Ciro.

28. "Por Zeus", disse Gobrias, "ele agiu assim com muitos outros; por que deveria contar seus ultrajes contra os fracos? Mas certa vez ele mandou apanhar e castrar o filho de um homem muito mais poderoso do que eu, também seu companheiro, como era o meu filho, e que bebia com ele. Dizem alguns que fez isso porque sua concubina elogiou o rapaz, dizendo que ele era bonito e que sua futura esposa seria uma mulher de sorte. Agora o rei alega, porém, que ele se insinuou para a concubina. Esse homem é hoje um eunuco, enquanto o outro é rei porque seu pai faleceu".

29. "E então, você não acha que ele também ficaria contente ao nos ver, se pensar que podemos ajudá-lo?", perguntou Ciro.

"Tenho certeza disso", falou Gobrias, "mas é difícil vê-lo, Ciro".

"Por quê?"

"Porque é preciso passar ao longo da própria Babilônia para chegar até ele."

30. "E por que isso seria difícil?"

"Porque, por Zeus", respondeu Gobrias, "sei que as forças que sairiam da cidade são muitas vezes maiores do que as que você comanda agora. Tenha certeza de que os assírios estão menos inclinados neste momento do que estavam antes a lhe entregar as armas e lhe trazer os cavalos, porque suas forças pareceram pequenas aos homens que as viram e esse relato já está muito difundido. Parece-me que é melhor estarmos precavidos durante a marcha".

31. Ao ouvir isso de Gobrias, Ciro lhe disse o seguinte: "Penso que você está certo, Gobrias, ao sugerir que marchemos da forma mais segura possível. Quanto a mim, ao examinar a situação, não sou capaz de conceber uma viagem mais segura

para nós do que a que leva direto à própria Babilônia, se é lá que está a maior parte das forças inimigas, pois eles podem ser muitos, como você diz, e se ganharem confiança, também serão motivo de medo para nós — é isso que digo.

32. "Então, se eles não nos virem, mas pensarem que não nos mostramos porque estamos intimidados, tenha certeza", Ciro disse, "de que se desembaçarão do medo que provocamos neles anteriormente; quanto maior o tempo durante o qual não nos veem, maior será a coragem que brotará no lugar do medo. Se os atacarmos de vez, encontraremos muitos deles ainda chorando os homens que morreram nas nossas mãos, muitos ainda enfaixados por causa das feridas que causamos, e todos eles ainda com a lembrança da ousadia do nosso exército e da sua própria fuga e desastre.

33. "Saiba também, Gobrias, para que você aprenda mais esta lição, que um grupo numeroso de homens apresenta uma disposição irresistível quando está confiante, mas quando estão assustados, quanto maior for o seu número, maior e mais poderoso também o medo que os domina.

34. "Esse medo que os acompanha cresce com as muitas palavras ruins, com as muitas expressões dolorosas, com os muitos rostos desanimados e desfigurados. Por causa da magnitude do exército, não é fácil extinguir o medo com palavras, nem inspirar bravura atacando os inimigos, nem elevar seu moral durante uma retirada, mas quanto mais você manda que eles criem coragem, mais julgam estar em perigo.

35. "Por Zeus, examinemos a situação nos seus detalhes. Se a partir deste momento as vitórias nos trabalhos militares pertencerem àqueles que contam com a maior massa de homens, você tem razão ao temer por nós e realmente estamos em perigo. Se, porém, ainda hoje, como antes, as batalhas são decididas por aqueles que lutam bem, você não se sentirá frustrado se

criar agora alguma confiança, pois, com ajuda dos deuses, encontrará um número muito maior de homens dispostos a lutar entre nós do que entre eles.

36. "Para que você fique ainda mais confiante, reflita também sobre este fato: os inimigos são em número muito menor agora do que antes de serem derrotados por nós e em número muito menor do que quando fugiram das nossas forças. Por outro lado, nós também agora somos mais poderosos, pois somos vencedores, e mais fortes, porque vocês se juntaram a nós. Não continue a desonrar os seus homens, pois agora eles estão conosco, e tenha certeza de que, ao lado de vencedores, até os servos seguem confiantes.

37. "Que não lhe escape também outra coisa", ele concluiu, "que nossos inimigos podem mesmo agora nos ver; tenha certeza de que não haveria outra forma de parecermos mais ferozes do que marchar sobre eles. Sendo esse o meu entendimento, conduza-nos imediatamente à Babilônia".

3

1. Assim, chegaram aos limites das terras de Gobrias no quarto dia. Em território inimigo, Ciro parou, colocando em ordem para acompanhá-lo a infantaria e o número de cavaleiros que lhe pareceu apropriado. Enviou os demais cavaleiros para a pilhagem, ordenando que matassem os homens armados, mas que levassem até ele os outros e quantos animais pudessem capturar. Mandou que também os persas se juntassem a essa incursão; muitos deles voltavam depois de ter tombado dos cavalos, mas muitos também traziam um grande butim.

2. Quando todo o butim foi apresentado, Ciro reuniu os oficiais medos e hircanos e os pares persas e disse o seguinte:

"Amigos, Gobrias nos recebeu todos em excelentes condições. Então, depois de separar para os deuses a parte que lhes é devida e o suficiente para o exército, vocês não acham que agiremos bem se dermos o resto para ele, deixando evidente que tentamos superar em favores aqueles que nos beneficiam?".

3. Ao ouvirem a proposta, todos começaram a fazer elogios e a aplaudi-la. Um deles até disse o seguinte: "Ciro, façamos mesmo isso! Pois me parece que Gobrias julga que somos mendigos, porque não chegamos cheios de dinheiro nem bebemos em taças de ouro. Se fizermos isso, ele aprenderá que homens podem ser generosos mesmo sem possuir ouro".

4. "Vão, então", Ciro disse, "depois de entregar aos magos a parte dos deuses e de separar uma quantidade suficiente para o exército, chamem Gobrias e lhe deem o restante". Assim, eles pegaram o que precisavam e deram o resto para Gobrias.

5. Depois disso, Ciro seguiu para a Babilônia, mantendo o exército na ordem em que estava quando da batalha. Como os assírios não marcharam ao seu encontro, Ciro ordenou que Gobrias cavalgasse até lá para dizer que, caso o rei quisesse sair para lutar por seu país, ele próprio, Gobrias, lutaria ao seu lado, mas que, se ele não o defendesse, seria obrigado a obedecer aos conquistadores.

6. Gobrias então cavalgou para um lugar em que estivesse seguro e passou essa mensagem; o rei, na sequência, enviou um homem para lhe responder da seguinte forma: "Seu senhor está dizendo a você, Gobrias: 'Não me arrependo de ter matado seu filho, mas de não ter matado você, além dele. Se vocês querem lutar, venham daqui a trinta dias, pois agora estou sem tempo para vocês, já que ainda estamos ocupados com os preparativos'".

7. Gobrias respondeu: "Mas que esse seu arrependimento nunca passe! Pois está claro que de alguma forma eu o aflijo, desde o momento em que você foi tomado por esse arrependimento".

8. Gobrias, em seguida, mandou reportar as palavras do rei assírio. Ciro, ao ouvi-las, fez com que o exército se afastasse e, depois, chamou Gobrias para lhe perguntar: "Conte-me, você não falou que achava que o homem castrado pelo rei assírio se juntaria a nós?".

"Ora, tenho certeza disso, pois eu e ele conversamos muitas vezes abertamente."

9. "Assim que você considerar a situação favorável, vá até ele. Inicialmente aja de modo que somente vocês dois saibam o assunto da conversa. Quando você estiver com ele, caso entenda que ele gostaria de se tornar nosso aliado, você deve tramar para que essa aliança conosco permaneça oculta, pois não há outra forma de se fazer mais bem aos amigos numa guerra do que parecer ser seu inimigo, nem outra forma de prejudicar mais os inimigos do que aparentar ser seu amigo."

10. "Realmente", disse Gobrias, "sei que Gadatas até pagaria para poder fazer algum grande mal ao atual rei assírio, mas o que ele próprio seria capaz de fazer é algo que também devemos levar em consideração".

11. "Diga-me", perguntou Ciro, "quanto ao forte que fica na fronteira, que você diz ter sido construído para ser uma proteção a esse país em caso de guerra contra os hircanos e os sacas, você acha que, se o eunuco fosse até lá com um exército, ele seria admitido pelo comandante?".

"Certamente", respondeu Gobrias, "se for até lá tão insuspeito como é agora".

12. "E então ele continuaria insuspeito se eu investisse contra suas terras como se eu desejasse tomá-las e ele resistisse vigorosamente? E se eu tomasse alguma coisa dele e ele, por sua vez, capturasse alguns dos nossos soldados ou mesmo mensageiros enviados por mim para outros homens que você diz ser inimigos do assírio? E se esses presos dissessem que estavam

indo pedir tropas e escadas para atacar o forte e o eunuco, ao ouvir isso, fingisse ter ido até lá com intenção de avisá-los?"

13. Gobrias disse: "Se a situação for essa, de certo o comandante o admitiria e imploraria para que ele permanecesse lá até você ir embora".

"Então", perguntou Ciro, "se ele conseguir entrar apenas uma vez, será capaz de colocá-lo em nossas mãos?".

14. "Isso é pelo menos provável", disse Gobrias, "se você do lado de fora empreender um forte ataque enquanto ele prepara as coisas para você no interior".

"Então vá", disse Ciro, "tente explicar esse plano e volte depois de ter resolvido isso com ele. Você não poderia mencionar ou mostrar-lhe provas de confiança maiores do que aquilo que você acabou de receber de nós".

15. Depois disso, Gobrias partiu. O eunuco, contente por vê-lo, concordou com tudo e combinaram o que deveriam fazer. Uma vez que Gobrias reportou que o eunuco havia aceitado as propostas resolutamente, no dia seguinte Ciro realizou o ataque e Gadatas se defendeu. Havia também o forte, como Gadatas havia indicado, que Ciro tomou.

16. Ciro enviou os mensageiros, avisando antes que caminho eles fariam. Alguns deles Gadatas permitiu escapar, para que trouxessem as tropas e conseguissem as escadas, mas capturou outros, que interrogou na presença de muitos homens. Quando ouviu a resposta sobre o motivo de sua viagem, imediatamente organizou os preparativos e partiu em marcha durante a noite, como se fosse dar um alerta a respeito do que havia descoberto.

17. No fim, os homens acreditaram que se apresentava para socorrê-los e ele conseguiu entrar no forte. Enquanto estava lá, ajudou o comandante no que podia com a preparação, mas, quando Ciro chegou, ele tomou o lugar, tornando seus cúmplices os homens de Ciro que eram seus prisioneiros.

18. Uma vez que isso estava feito, o eunuco Gadatas se apresentou a Ciro imediatamente, depois de resolver a situação no interior do forte, e, como o costume, prostrou-se dizendo: "Que a alegria te acompanhe, Ciro!".*

19. "Mas ela já me acompanha", ele respondeu, "pois você, com ajuda dos deuses, não apenas ordena que eu me alegre, mas me obriga a fazê-lo. Tenha certeza de que considero um grande feito deixar esse forte para os meus aliados aqui. De você, Gadatas, o rei assírio tomou, ao que parece, a possibilidade de ter filhos, porém ele não o privou da capacidade de conquistar amigos. Tenha certeza de que com esse feito você fez amigos que tentarão permanecer ao seu lado se puderem, para que venham a ser-lhe um auxílio não pior do que seriam os seus próprios filhos, caso você os tivesse". Assim Ciro falou.

20. Nesse momento, o rei hircano, que acabava de saber o que havia acontecido, correu até Ciro, segurou sua mão direita e disse: "Que enorme bem você é para seus amigos, Ciro, que grande dívida você me faz ter com os deuses porque eles me conduziram para junto de você".

21. "Vá agora", disse Ciro, "e depois de se apossar do forte pelo qual você está me saudando, disponha dele da forma mais útil para seu povo e para o resto dos aliados, sobretudo para Gadatas aqui, que foi quem o tomou antes de entregá-lo para nós".

22. "Bem", disse o hircano, "quando chegarem os cadúsios, os sacas e o meus concidadãos, devemos chamá-los também, para que em conjunto deliberemos com todos a quem interessa a questão de como utilizar o forte do modo mais vantajoso?".

---

* Aqui há um jogo de palavras em grego que tentamos, de alguma forma, manter na tradução. A palavra *khaire* era comumente usada nas saudações (e frequentemente traduzida em português como "salve") e é o imperativo de segunda pessoa do singular do verbo "alegrar-se".

23. Ciro concordou com essa sugestão. Quando os homens a quem concernia discutir sobre o forte se reuniram, decidiram que seria ocupado em comum por todos a quem fosse benéfico que ele estivesse nas mãos de aliados, a fim de que o forte fosse uma defesa em caso de guerra e uma base de operações contra os assírios.

24. Depois desses eventos, tanto os cadúsios quanto os sacas e os hircanos participaram da campanha em maior número e com mais disposição. Por conseguinte, reuniu-se um exército de cadúsios de cerca de vinte mil peltastas e quatro mil cavaleiros; dos sacas eram cerca de dez mil arqueiros e dois mil arqueiros montados. Os hircanos enviaram tantos infantes quanto puderam e chegaram a cerca de dois mil cavaleiros, pois até esse momento haviam deixado a maior parte da sua cavalaria em casa, porque os sacas e os cadúsios eram inimigos dos assírios.

25. Durante o tempo em que Ciro se ocupou com a organização do forte, muitos assírios da região trouxeram seus cavalos e entregaram suas armas, pois já sentiam medo de todos os seus vizinhos.

26. Gadatas então se dirigiu até Ciro e disse que mensageiros o haviam procurado para reportar que, quando o rei assírio foi informado do que acontecera com o forte, recebeu a notícia furioso e estava se preparando para invadir as suas terras. "Então, se você me deixar partir, Ciro, tentarei pôr a salvo as fortificações, o resto tem menor importância."

27. "Se você partir agora, quando estará em casa?", perguntou Ciro.

Gadatas respondeu: "No terceiro dia jantarei em minhas terras".

"Mas e o assírio", ele disse, "você não acha que ele já estará lá?".

"Tenho certeza de que sim", ele respondeu, "pois se apressará por pensar que você ainda está longe".

28. "E em quantos dias eu poderia chegar lá com meu exército?", perguntou Ciro.

Ao ouvir isso, Gadatas disse: "O seu exército é agora numeroso, senhor, e você não conseguiria chegar à minha residência em menos de seis ou sete dias".

"Bem, então vá o mais rápido que conseguir e eu seguirei na medida do possível."

29. Gadatas partiu, e Ciro convocou todos os comandantes dos aliados, que pareciam já estar presentes em grande número de homens nobres e corajosos. Ele fez então o seguinte discurso:

30. "Caros aliados, Gadatas realizou feitos que parecem a todos nós de grande valor e isso antes de receber qualquer benefício de nossa parte. Agora se anuncia que o rei assírio está invadindo suas terras, com o objetivo evidente de se vingar dele, porque pensa ter sido fortemente lesado por suas ações. Ao mesmo tempo, talvez reflita também que, se aqueles que desertaram e se juntaram a nós não sofrerem nenhum mal em suas mãos, enquanto os que estão ao seu lado são por nós mortos, é provável que em breve ninguém queira ficar ao seu lado.

31. "Agora, então, homens, parece-me que faríamos bem em nos empenhar para ajudar Gadatas, um homem que é nosso benfeitor, agindo ao mesmo tempo com justiça ao retornar um favor. Acho, além disso, que também faríamos algo útil para nós próprios.

32. "Se mostrarmos a todos que procuramos vencer os que nos fazem mal fazendo ainda mais mal a eles, e que superamos os nossos benfeitores em boas ações, é provável que por essa razão muitos desejem se tornar nossos amigos e que ninguém queira se tornar nosso inimigo.

33. "Por outro lado, se dermos a impressão de negligenciar Gadatas, pelos deuses! Com que argumentos convenceremos outro homem a nos prestar um favor? Como poderíamos ter a ousadia de aprovar nossas ações? Como qualquer um de nós seria capaz de olhar nos olhos de Gadatas, se nós, mesmo sendo numerosos, fomos superados por ele, que agiu bem quando estava sozinho e que agora enfrenta uma situação como essa?"

34. Assim Ciro falou e todos aprovaram com convicção o que ele propunha fazer. "Vão então, já que vocês também concordaram com o plano, e que cada um deixe encarregados de cuidar dos animais e dos carros os homens mais apropriados a viajar com eles.

35. "Que Gobrias fique no comando e os guie por nós, pois ele conhece a estrada e é qualificado em outros aspectos. Quanto a nós", ele disse, "marcharemos com os homens e os cavalos mais fortes, levando provisões para três dias. Quanto mais leve e mais frugalmente nos equiparmos, mais prazer teremos nos dias seguintes ao almoçar, ao jantar e ao dormir. Agora, prossigamos da seguinte forma:

36. "Você, Crisantas, fique à frente dos homens que usam couraças, já que a estrada é plana e ampla, mantendo todos os capitães à frente. Cada companhia deve seguir numa única coluna. Marcharemos da forma mais rápida e segura em formação cerrada.

37. "A razão pela qual estou dando ordens para que os homens vestidos com couraças sigam na frente é o fato de que essa é a parte mais lenta do exército; se a mais lenta está na dianteira, consequentemente todas as outras mais rápidas seguem com facilidade. Sempre que a parte mais rápida conduz durante a noite, não é de espantar que a formação dos exércitos se quebre, pois a vanguarda se afasta das demais rapidamente.

38. "Depois deles, que Artabazo conduza os peltastas e arqueiros persas; em seguida, Andamias, o medo, a infantaria dos medos; depois, Embas, a infantaria armênia; na sequência, Artucas, os hircanos, e então Tambradas, a infantaria dos sacas; depois, Datamas, os cadúsios.

39. "Que todos esses conduzam a marcha com seus capitães à frente, os peltastas à direita e os arqueiros à esquerda da sua própria formação, pois também estaremos dispostos da forma mais vantajosa se marcharmos assim.

40. "Na sequência, devem seguir os carregadores da bagagem de todo o exército. Os seus oficiais devem zelar para que eles façam todos os preparativos antes de dormir e que, ao amanhecer, se apresentem com a bagagem no local designado e que nos sigam de forma ordenada.

41. "Depois dos carregadores, que Madatas, o persa, conduza a cavalaria persa, mantendo também ele os seus capitães à frente, e que cada capitão da cavalaria conduza sua companhia numa única coluna, como os oficiais da infantaria.

42. Em seguida, que Rambacas, o medo, conduza seus cavaleiros da mesma forma e, então, você, Tigranes, os seus. Todos os outros oficiais da cavalaria devem cada um conduzir aqueles com que vieram até nós. Vocês, sacas, vêm depois. Por último, já que foram também os últimos a chegar, os cadúsios. Alceunas, você que está no comando, por agora cuide de todos que estão na retaguarda e não deixe ninguém ficar atrás dos cavaleiros.

43. "Tomem o cuidado de marchar em silêncio, tanto os comandantes quanto todos os demais homens prudentes, pois à noite os ouvidos são mais necessários do que os olhos para o discernimento e a ação. Cair em desordem durante a noite é uma questão muito mais grave do que quando isso acontece durante o dia e algo muito mais difícil de remediar. Por isso, deve-se praticar o silêncio e a manutenção da ordem.

44. "Quanto aos guardas noturnos, sempre que vocês começarem a marchar antes do amanhecer, eles devem estar em maior número e pelo período mais curto possível, para que a falta de sono durante uma vigília longa não deixe ninguém exausto durante a viagem. Na hora de sair, o sinal deve ser dado com a trombeta.

45. "Vocês todos devem se colocar a caminho da Babilônia levando o que for necessário; toda vez que um comandante se puser em movimento, deve dizer ao homem que vem na sequência para segui-lo."

46. Depois disso, eles foram para suas tendas e, enquanto se afastavam, comentavam uns com os outros com que boa memória Ciro os organizava e comandava, chamando cada um pelo nome.

47. Ciro, por sua vez, era cuidadoso ao fazer isso, pois ficava muito impressionado com o fato de que todos os artesãos sabem os nomes das ferramentas da sua profissão e os médicos conhecem os nomes de cada instrumento e medicamento que utilizam, enquanto um general é tolo a ponto de não saber o nome dos comandantes sob suas ordens, os quais ele precisa utilizar como instrumentos sempre que pretende capturar um lugar ou defendê-lo, ou inspirar coragem ou medo. Quando desejava honrar um homem, parecia-lhe adequado se dirigir a ele pelo nome.

48. Ele achava que aqueles que tinham a impressão de ser conhecidos pelo seu comandante não só se empenhavam mais para serem vistos realizando um ato nobre como tinham mais vontade de evitar uma má ação.

49. Também lhe parecia tolo, quando se desejava que algo fosse feito, dar ordens como alguns senhores fazem em suas casas: "Alguém vá buscar água! Alguém vá cortar lenha!".

50. Ele achava que, com comandos desse tipo, os servos ficavam olhando uns para os outros e ninguém cumpria o que

era pedido. Todos estavam em falta, mas ninguém se envergonhava ou sentia medo por compartilhar essa culpa com muitos outros. Por essa razão, ele chamava todos pelo nome quando estava dando alguma ordem.

51. Era esse o entendimento de Ciro sobre essas questões. Já os soldados, depois de jantar, de montar a guarda e de fazer todos os preparativos necessários, foram descansar.

52. À meia-noite, foi dado o sinal com a trombeta. Tendo Ciro dito a Crisantas que esperaria na estrada à frente do exército, partiu levando os seus ajudantes. Pouco depois, Crisantas se apresentou conduzindo os soldados que vestiam couraças.

53. Ciro lhe designou guias que conheciam a estrada e ordenou que marchasse com calma, pois nem todos já estavam no caminho. Ele próprio ficou na estrada, direcionando quem chegava e enviando mensageiros para chamar quem estivesse atrasado.

54. Uma vez que estavam todos na estrada, enviou cavaleiros a Crisantas para lhe dizer que agora já estavam todos ali: "Marche mais rápido agora, portanto".

55. Ele mesmo, cavalgando de modo tranquilo para chegar até a frente, observava as companhias; dirigia-se até os homens que via marchando em posição e em silêncio, perguntava quem eles eram e os elogiava depois de ouvir a resposta. Se percebia outros envolvidos em alguma confusão, descobria a causa e tentava acabar com o tumulto.

56. Uma única coisa ainda não foi mencionada acerca da sua precaução durante a noite: ele enviou à frente de todo o exército um grupo não muito numeroso de infantes com armamento leve, que ficavam à vista de Crisantas e que também podiam vê-lo, para ouvir e obter informação do modo que conseguissem, e na sequência sinalizar a Crisantas o que julgassem apropriado. Eles também tinham um comandante que os mantinha em ordem e

que reportava o que parecesse digno de menção, mas que não perturbava Crisantas comunicando o que não fosse necessário.

57. Foi dessa forma que eles marcharam durante a noite; quando amanheceu, ele deixou a cavalaria dos cadúsios com a infantaria cadúsia, que estava marchando na última posição, para que não avançasse sem uma cavalaria. Aos demais cavaleiros ele ordenou que cavalgassem até chegar à frente, porque também os inimigos estavam à frente. Se ele encontrasse alguma resistência, poderia ir de encontro a ela com suas forças posicionadas e entrar em combate; caso se notasse alguma fuga, ele sairia em perseguição imediatamente.

58. Ao seu lado havia sempre homens posicionados para o combate, alguns com a tarefa de sair em perseguição aos inimigos e outros que deveriam permanecer junto dele; em nenhum momento permitia que essa formação se desfizesse.

59. Era assim, então, que Ciro conduzia seu exército. Ele próprio, porém, não ocupava uma única posição, mas fazia a supervisão do exército, cavalgando por aqui e por ali e cuidando do que fosse necessário. Era desse modo que Ciro e seus homens avançavam.

4

1. Um homem entre os mais importantes da cavalaria de Gadatas, depois de ter visto que ele se revoltara contra o rei assírio, julgou que ele próprio poderia receber do rei todos os bens de Gadatas, caso lhe ocorresse algum infortúnio. Assim, enviou um dos seus homens de confiança até o rei assírio com ordens de lhe dizer que, encontrando o exército assírio já nas terras de Gadatas, ele poderia capturar Gadatas e os homens ao seu lado, se o rei estivesse disposto a armar uma emboscada.

2. Instruiu-lhe ainda a esclarecer o tamanho das forças de Gadatas e que Ciro não o estava acompanhando. Mostrou-lhe também o caminho por onde eles estavam prestes a chegar. Além disso, para ganhar mais confiança do rei, mandou seus próprios subordinados entregarem ao assírio o forte que ele ocupava nas terras de Gadatas, com tudo o que havia dentro. Dizia também que ele próprio se apresentaria depois de matar Gadatas, caso conseguisse, e que, mesmo que não conseguisse, no futuro permaneceria do lado do rei.

3. O homem designado para essa tarefa cavalgou o mais rápido que pôde para se apresentar ao rei assírio e lhe esclareceu o motivo pelo qual chegava ali; depois de ouvi-lo, o rei tomou imediatamente o forte e armou uma emboscada com uma grande força de cavaleiros e carros num aglomerado de vilas.

4. Quando Gadatas se aproximou dessas vilas, enviou alguns homens antecipadamente para inspecioná-las. O rei assírio, ao saber dessa guarda avançada, ordenou que dois ou três carros e vários cavaleiros aparecessem diante dela e depois fugissem, como se estivessem amedrontados e fossem poucos. A guarda avançada, quando viu isso, saiu ela própria em perseguição e fez um sinal para Gadatas prosseguir; ele, ludibriado, começou a persegui-los com força total. Os assírios, porém, saíram da tocaia quando Gadatas lhes pareceu uma presa fácil.

5. Assim que Gadatas e seus homens perceberam a situação, começaram a fugir, como era natural, e os outros, por sua vez, passaram a persegui-los, também como era natural. Nessa situação, o homem que estava conspirando contra Gadatas o atingiu, sem conseguir desferir um golpe mortal; acertou-o no ombro e provocou uma ferida. Depois disso, ele se afastou e se juntou aos que estavam na perseguição. Quando foi reconhecido, fez seu cavalo correr para junto dos assírios e se pôs ao lado do rei com vigor na perseguição.

6. Nesse momento, evidentemente, os que estavam com os cavalos mais lentos foram capturados pelos mais rápidos. Quando todos já se sentiam exaustos, porque também estavam cansados da viagem, os cavaleiros de Gadatas viram Ciro se aproximando com seu exército. Pode-se imaginar que se dirigiram até eles contentes como quando se chega a um porto durante uma tempestade.

7. Ciro a princípio ficou surpreso, mas, quando entendeu a situação, ele próprio conduziu o exército posicionado contra os inimigos, que estavam todos cavalgando na sua direção. Os inimigos, ao perceberem o que estava acontecendo, voltaram-se para fugir e, nesse momento, Ciro ordenou que dessem início à perseguição os homens que haviam sido posicionados para isso, enquanto ele seguiria da forma que fosse mais vantajosa junto com os outros.

8. Nisso, também os carros começaram a ser capturados, alguns porque seus condutores haviam caído ou quando se voltavam para fugir ou por motivos diferentes, enquanto outros foram interceptados pela cavalaria. Mataram muitos homens, incluindo o que havia ferido Gadatas.

9. Quanto à infantaria assíria, que mantinha um cerco ao forte de Gadatas, parte se refugiou na fortificação que havia se insurgido contra ele, parte numa grande cidade da Assíria, onde também o próprio rei com sua cavalaria e seus carros estava refugiado.

10. Depois de resolver essas questões, Ciro se retirou para as terras de Gadatas. Assim que deu instruções aos homens que lidariam com os espólios, foi ao encontro de Gadatas para saber como estava sua ferida, mas este, já todo enfaixado, encontrou-o no caminho. Ao vê-lo, Ciro se alegrou e disse: "Eu estava indo visitá-lo para saber como você está".

11. "Mas pelos deuses", respondeu Gadatas, "eu estava indo contemplá-lo mais uma vez, para ver que aparência tem um ho-

mem com um espírito desses! Alguém que eu, ao menos, não sei que necessidade tem de mim agora, que não me prometeu fazer nada disso nem devia a mim nenhum favor, ao menos não um pessoal... Mas porque você ficou com a impressão de que ajudei de alguma forma os seus amigos, você veio em meu socorro prontamente, enquanto eu agora estaria perdido se dependesse de mim, mas estou salvo graças a você.

12. "Pelos deuses, Ciro, se eu fosse hoje como a natureza originalmente me fez e tivesse tido filhos, não sei se teria conseguido que um filho fosse para mim o que você é, já que sei que o presente rei assírio, como muitos outros, causou muito mais dor ao seu próprio pai do que ele é capaz agora de provocar em você."

13. Ciro respondeu a essas palavras da seguinte forma: "Gadatas, você está deixando de lado algo muito mais admirável ao se admirar agora comigo".

"E o que isso poderia ser?", perguntou Gadatas.

"Que muitos persas se preocuparam com você", ele disse, "e muitos medos, muitos hircanos e todos os armênios, sacas e cadúsios aqui presentes".

14. Gadatas começou então uma prece: "Ó Zeus", ele disse, "que os deuses possam lhes dar muitas benesses, principalmente a Ciro, que é responsável por eles serem como são. Para que hospedemos de forma nobre, porém, esses homens que você está elogiando, Ciro, receba os dons de hospitalidade que eu possa oferecer". Ao mesmo tempo, ele fez com que trouxessem uma grande variedade de itens, para quem quisesse realizar sacrifícios e para que todo o exército fosse recebido de forma digna por seus nobres feitos e conquistas.

15. O comandante cadúsio estava na retaguarda e não participou da perseguição. Desejando também fazer algo notável, sem consultar Ciro nem dizer nada a ele, tentou saquear as ter-

ras próximas da Babilônia. Acontecia, porém, que o rei assírio, voltando da cidade onde tinha se refugiado, tinha seu exército muito bem posicionado, enquanto a cavalaria do cadúsio estava dispersa.

16. Quando entendeu que os cadúsios estavam sozinhos, atacou-os e matou o líder dos cadúsios e muitos outros, capturou alguns cavalos e tomou de volta os espólios que eles estavam carregando. O assírio também os perseguiu até o ponto em que considerou seguro antes de retornar. Alguns cadúsios conseguiram se salvar, e os primeiros chegaram ao acampamento quando anoitecia.

17. Assim que Ciro percebeu o que havia acontecido, foi ao encontro dos cadúsios e, quando via algum ferido, encaminhava-o para Gadatas, para que fosse tratado; o resto ele alocou nas tendas e cuidou para que tivessem o necessário, levando alguns dos pares persas para ajudá-lo, pois em situações como essas os homens bons desejam continuar trabalhando.

18. Era evidente que Ciro, porém, estava muito perturbado, e enquanto os demais jantavam, pois já era hora, ele ainda estava com os ajudantes e os médicos, sem querer deixar ninguém sem tratamento, mas ou ele próprio examinava o soldado ou, caso não conseguisse, deixava claro que estava enviando quem pudesse tratá-lo.

19. Assim foram descansar aquela noite. Quando amanheceu, Ciro pediu aos arautos que reunissem os comandantes e todos os cadúsios e disse o seguinte: "Aliados, o que aconteceu é humano, pois julgo que não é de admirar que erros sejam cometidos por sermos humanos. Porém, devemos tirar algum benefício dessa situação, que é aprender a nunca separar do conjunto um grupo mais fraco do que as forças inimigas.

20. "Não estou dizendo que nunca se deve sair com um destacamento ainda menor do que aquele com que partiu o cadú-

sio, pois em alguns momentos é necessário. Contudo, caso se comunique a expedição a alguém que esteja apto a socorrê-lo, é possível que se venha a ser ludibriado, mas também é possível que aquele que ficou para trás engane os inimigos, desviando--os do grupo que saiu em missão; é possível ainda causar outros problemas aos inimigos para garantir a segurança dos amigos. Dessa forma, aquele que se afasta não se separa, mas está em contato com a força principal. Já aquele que parte sem comunicar seus planos, onde quer que esteja, em nada é diferente de um homem que está sozinho em campanha.

21. "Para compensar essa situação", ele continuou, "se o deus quiser, poderemos nos vingar dos inimigos sem muita demora. Assim que vocês comerem, vou conduzi-los até o local onde o fato se passou. Enterraremos os nossos mortos, mas ao mesmo tempo mostraremos aos inimigos, com consentimento divino, que ali, no lugar onde eles julgam ter prevalecido, outros são mais fortes do que eles. Se eles não vierem para o embate, queimaremos suas vilas e devastaremos suas terras, para que não se alegrem vendo o que fizeram a nós, mas sintam dor ao contemplar os seus próprios males, de modo que não tenham prazer ao observar a região onde mataram os nossos aliados.

22. "Os demais, então", ele disse, "vão se alimentar. Já vocês, cadúsios, vão primeiro escolher um comandante de acordo com seu costume, alguém que possa cuidar de vocês, com a nossa ajuda e a dos deuses, caso precisem. Quando tiverem tomado uma decisão, enviem o escolhido até mim e vão comer".

23. Eles fizeram o que foi ordenado. No momento em que Ciro saía com o exército, ele posicionou o homem escolhido pelos cadúsios e mandou que conduzisse a sua companhia perto dele, com o objetivo de "caso sejamos capazes, reanimarmos os soldados", ele disse. Assim eles marcharam; ao chegar ao local, enterraram os cadúsios e devastaram a região. Depois de fazer

isso, voltaram para as terras de Gadatas levando mais uma vez provisões do país dos inimigos.

24. Tendo refletido que aqueles que desertaram para o seu lado sofreriam, pois viviam perto da Babilônia, a não ser que ele próprio estivesse presente o tempo todo, ordenou que todos os inimigos que ele havia libertado dissessem ao rei assírio — e também enviou um arauto para lhe dizer o mesmo — que estava decidido a deixar os homens cultivarem a terra e a não lhes fazer nenhum mal, se ele também estivesse disposto a permitir o mesmo aos trabalhadores que haviam passado para o seu lado.

25. "De qualquer forma", Ciro disse, "ainda que você fosse capaz de impedi-los, impediria apenas alguns, pois as terras daqueles que desertaram para o meu lado são poucas. Já eu permitiria que uma grande extensão das suas fosse cultivada. Quanto à colheita, se houver guerra, o vencedor, acredito, é quem colherá os frutos; se houver paz, é evidente que será você. Caso, porém, um dos meus pegue em armas contra você ou um dos seus contra mim", ele concluiu, "esse homem nós dois puniremos como pudermos".

26. Depois de entregar essa mensagem ao arauto, mandou-o partir. Quando os assírios a ouviram, fizeram tudo para convencer o rei a dar seu consentimento, também para tornar mínimos os danos da guerra.

27. O rei assírio, por sua vez, seja porque foi convencido pelos seus conterrâneos, seja porque ele próprio o desejasse, concordou com a proposta. Então fizeram um acordo de que os camponeses estariam em paz, mas os homens armados, em guerra.

28. Essa concessão Ciro obteve para os agricultores. Quanto à pastagem do gado, ordenou aos seus aliados, caso quisessem, que a mantivessem nas terras sob seu controle. Saqueavam os inimigos em qualquer localidade que pudessem, de modo que a expedição fosse mais agradável aos aliados, pois não só os

perigos seriam os mesmos, ainda que não tomassem essas provisões, mas também o fato de se alimentarem às custas dos inimigos fazia com que a expedição parecesse mais leve.

29. Quando Ciro já estava se preparando para partir, Gadatas apareceu com muitos presentes variados, como se espera de uma casa opulenta, e trouxe também muitos cavalos que havia tomado dos cavaleiros em quem não confiava mais como resultado da conspiração.

30. Ele se aproximou e disse: "Ciro, agora eu lhe dou essas coisas, para que você as utilize no presente momento, caso tenha necessidade delas. Considere seu, porém, também tudo o mais que é meu, pois não há nem haverá algum dia um filho meu a quem poderei deixar minhas propriedades, mas é inevitável que, com o meu fim, toda a nossa raça e nome sejam extintos.

31. "E juro a você, Ciro", continuou, "pelos deuses que tudo veem e tudo ouvem, que tenho que sofrer por isso sem nunca ter cometido ou pronunciado nenhuma injustiça, nenhuma torpeza...". Enquanto ele dizia isso, começou a chorar pela sua sina e não foi capaz de continuar falando.

32. Ciro, ao ouvi-lo, apiedou-se pelo seu sofrimento e respondeu: "Aceito os cavalos, pois estarei ajudando-o a entregar os animais a homens aparentemente mais leais a você do que aqueles que há pouco os possuíam. Assim, aumentarei a cavalaria persa para o número de dez mil homens, como desejo há bastante tempo. Você, no entanto, leve embora daqui essas outras riquezas e guarde-as até o momento em que me veja capaz de retribuir os seus presentes de forma não inferior. Se você partir depois de me dar mais do que recebeu de mim, pelos deuses, não sei como poderei evitar a vergonha".

33. A isso Gadatas respondeu: "Confio em você, pois posso observar o seu caráter. Veja, porém, se estou em posição de guardar esses bens para você.

34. "Enquanto éramos amigos do rei assírio, a propriedade do meu pai me parecia a melhor de todas, uma vez que está próxima da poderosa cidade de Babilônia e pode usufruir dos benefícios da grande cidade, que nós de fato aproveitávamos; voltando para casa, porém, ficávamos longe de qualquer perturbação. Agora que somos inimigos, está claro que, quando você partir, nós mesmos e toda a nossa casa seremos alvo de conluios e acho que levaremos uma vida dolorosa em todos os aspectos, vivendo tão próximos dos inimigos e vendo-os mais fortes do que nós.

35. "Talvez alguém diga 'por que então você não pensou nisso antes de se revoltar?'. Porque, Ciro, minha alma, por causa do ultraje que sofri e do meu ódio, não buscava percorrer o caminho mais seguro, mas estava sempre gestando uma ideia: se seria um dia possível me vingar daquele que é odiado tanto por deuses quanto por mortais, um homem que vive em ódio incessante, não contra aquele que lhe trate com alguma injustiça, mas contra o que possa suspeitar ser melhor do que ele.

36. "Sendo o rei, portanto, esse ser desprezível, acho que só se valerá de aliados que sejam todos mais desprezíveis do que ele. Se um deles se mostrar melhor, esteja confiante, Ciro", ele disse, "que você não precisará combater esse homem valente, já que o próprio rei bastará para isso, pois está sempre tramando até acabar com quem seja melhor do que ele. Para me molestar, no entanto, acho que mesmo acompanhado de uns imprestáveis ele será facilmente forte o suficiente".

37. Ao ouvir isso, Ciro achou que ele dizia algo digno de consideração e logo respondeu: "Por que, então, Gadatas, não construímos muralhas fortes e seguras, com guarnições, para que você fique resguardado quando estiver no interior delas? E entre em campanha conosco, de forma que ele terá medo de você, não você dele, se os deuses estiverem ao nosso lado como

agora. Traga qualquer coisa sua que lhe dê prazer de olhar ou aqueles cuja companhia o alegre e venha. A minha impressão é de que você me será muito útil, e tentarei ser o mesmo para você, da forma que puder".

38. Ao ouvir isso, Gadatas respirou e então disse: "Eu conseguiria organizar meus preparativos antes de você partir? Pois quero levar minha mãe comigo".

"Sim, por Zeus", Ciro respondeu, "certamente terá tempo, pois aguardarei até que você diga que está tudo pronto".

39. Assim, Gadatas partiu e fortaleceu as muralhas com guarnições, com ajuda de Ciro, depois reuniu todo o necessário para habitar uma grande casa com conforto. Ele conduzia homens de sua confiança, que lhe agradavam, e vários outros em quem não confiava, forçando-os a levar consigo suas esposas e irmãos, a fim de mantê-los sob controle por meio desses laços.

40. Ciro partiu imediatamente, mantendo Gadatas entre os homens que marchavam com ele, como um guia que lhe dava informações sobre o caminho e sobre onde encontrar água, forragem e alimento, a fim de que pudessem acampar onde houvesse abundância desses itens.

41. Ao avançar, Ciro avistou a cidade de Babilônia e lhe pareceu que a estrada onde estava seguia ao longo dos próprios muros da cidade. Então chamou Gobrias e Gadatas para perguntar se havia outro caminho, de modo que não conduzisse o exército tão próximo das muralhas.

42. Gobrias disse: "Há, sim, muitos outros caminhos, senhor, mas eu, de minha parte, pensava que você desejasse conduzir o exército o mais próximo possível da cidade, para mostrar ao rei que ele é belo e numeroso. Com um exército menor, você se aproximou da muralha e ele pôde observar que nós não éramos muitos. Agora, se ele está também de alguma forma preparado — de acordo com o que disse a você, que estava se preparando

para enfrentá-lo —, sei que, depois que vir suas forças, as dele parecerão novamente as mais despreparadas".

43. Ao ouvir essas palavras, Ciro respondeu: "Parece-me, Gobrias, que você está admirado com o fato de que, na época em que eu tinha um exército menor, conduzi-o para perto da muralha, ao passo que agora, que estou com uma força maior, não desejo marchar perto dela.

44. "Mas não se admire, uma vez que conduzir um exército contra o inimigo e conduzi-lo perto do inimigo não são a mesma coisa. Todos o conduzem na que julgam ser a melhor posição para o combate, e, quando se retiram, os homens prudentes o fazem da maneira mais segura, não da mais rápida.

45. "Ao avançarmos, é forçoso que os carros se disponham em uma linha e que o resto dos carregadores de bagagem venham atrás numa longa sequência. Tudo deve estar protegido por soldados, e de forma alguma os carros com a bagagem podem parecer aos inimigos estar sem proteção armada.

46. "Marchando dessa forma, é inevitável que as forças de combate estejam posicionadas numa linha fina e frágil. Assim, se os inimigos quiserem sair das muralhas para atacar num grupo compacto, em qualquer lugar em que deem início ao combate, eles entrariam na luta muito mais fortes do que os homens que marcham em coluna.

47. "Os soldados que marcham numa longa linha estão longe dos que podem vir em seu socorro, ao passo que os homens que estão saindo das suas muralhas contra um inimigo tão próximo têm um caminho curto para percorrer na direção dele e para de novo se retirar.

48. "Porém, se passarmos em coluna a uma distância deles não menor do que esta em que agora marchamos, certamente poderão observar o tamanho do nosso exército, mas debaixo de uma carreira de armas toda multidão parece aterrorizante.

49. "Então, se realmente nos atacarem em algum ponto, poderemos avistá-los de uma grande distância e não seremos pegos despreparados. O fato, porém, amigos, é que eles não se arriscarão se tiverem que se afastar das muralhas, a não ser que se suponham mais fortes no conjunto do que nós, com todas as nossas forças, pois uma retirada nessa situação seria temerosa para eles."

50. Depois de apresentar seus argumentos, pareceu a todos os presentes que Ciro tinha razão no que dizia, e Gobrias os guiou da forma como havia sido ordenado. No momento em que o exército marchava ao longo da cidade, Ciro prosseguia mantendo sempre fortalecida a seção que ainda não havia passado por ela.

51. Marchando desse modo, chegou no número costumeiro de dias à fronteira com a Síria e a Média, de onde ele havia partido; existiam três fortes dos sírios ali, um dos quais, o mais fraco, ele tomou à força. Quanto aos outros dois, Ciro pela intimidação e Gadatas pela persuasão, fizeram com que as guarnições se rendessem.

5

1. Isso feito, Ciro enviou um mensageiro até Ciaxares para lhe dizer que viesse até o acampamento, para que decidissem que fim dariam aos fortes que haviam tomado e para que, depois de inspecionar o exército, também o aconselhasse acerca de outras ações que ele achasse que deveriam realizar no porvir. "Mas se ele ordenar que eu me apresente", Ciro falou, "diga-lhe que eu irei até ele para montarmos juntos o acampamento".

2. Então o mensageiro partiu para transmitir essas palavras, e Ciro, nesse ínterim, ordenou que preparassem da melhor for-

ma possível a tenda do rei assírio, que os medos haviam escolhido para Ciaxares, com todo tipo de provisões disponíveis, e que levassem para o gineceu a mulher e, com ela, também as musicistas que haviam sido escolhidas para Ciaxares.

3. Eles tratavam desses preparativos enquanto o homem enviado a Ciaxares lhe dizia o que fora ordenado, e este, depois de ouvi-lo, entendeu que seria melhor que o exército permanecesse perto das fronteiras, pois também os persas que Ciro havia solicitado já tinham chegado — eram quarenta mil arqueiros e peltastas.

4. Assim, vendo que trariam um grande prejuízo para o país medo, pareceu-lhe mais agradável se livrar deles do que receber mais tropas. Quando o homem que comandava o exército perguntou a Ciaxares se precisava das tropas, de acordo com a carta de Ciro, ele respondeu que não tinha necessidade delas e, no mesmo dia, depois que soube que Ciro se encontrava nos arredores, foi até ele conduzindo o exército.

5. Ciaxares partiu no dia seguinte com os cavaleiros medos que haviam permanecido com ele. Quando Ciro percebeu que ele estava se aproximando, foi ao seu encontro com a cavalaria persa, que já era numerosa, bem como com todos os medos, armênios, hircanos e outros aliados que tivessem os melhores cavalos e as melhores armas, mostrando seu poder a Ciaxares.

6. Quando Ciaxares viu que com Ciro seguiam muitos homens nobres e belos, ao passo que seu séquito era pequeno e de pouco valor, isso lhe pareceu desonroso e foi tomado pela dor. Depois de descer do cavalo, Ciro se aproximou para beijá-lo, segundo o costume, mas Ciaxares apeou do seu e lhe deu as costas. Não o beijou e estava visivelmente às lágrimas.

7. Diante disso, Ciro ordenou que todos se retirassem e aguardassem. Ele próprio pegou Ciaxares pela mão direita e o levou para um local fora da estrada, sob as palmeiras, ordenando que

estirassem ali alguns tapetes medos, e fez com que ele se sentasse. Em seguida, sentou-se também ao seu lado e disse o seguinte:

8. "Diga-me, pelos deuses, meu tio, por que você está com raiva de mim e o que você viu de tão terrível para agir dessa forma tão ríspida?"

Então Ciaxares respondeu: "Ajo assim porque, Ciro, penso que até onde alcança a memória dos homens, sou descendente de uma linha de reis ancestrais e de um pai que também foi rei; eu próprio me considero um rei, mas me vejo agora cavalgando até aqui dessa forma humilhante e indigna, enquanto você se apresenta poderoso e magnificente diante do meu séquito e da força aliada.

9. "Isso é algo que acho difícil de tolerar quando se sofre em mãos inimigas, mas muito mais difícil, por Zeus, quando se sofre nas mãos daqueles que deveriam ser os últimos a me fazer passar por isso, pois acho que me seria dez vezes mais agradável afundar sob a terra do que ser visto assim tão humilhado e perceber que meus próprios homens não se preocupam comigo e riem de mim. E não ignoro o fato", ele continuou, "de que você é não apenas muito mais poderoso do que eu, mas que até meus próprios escravos estão vindo agora ao meu encontro mais fortes do que eu e tão bem preparados que são capazes de fazer mais mal a mim do que eu a eles".

10. Enquanto dizia isso, ele foi ainda mais dominado pelas lágrimas, de modo que elas também afetaram Ciro, que ficou com os olhos cheios delas. Depois de uma pequena pausa, Ciro disse: "Mas quanto a isso, Ciaxares, você não está falando a verdade nem entendendo a situação corretamente, se acha que, na minha presença, os medos foram preparados para serem capazes de lhe fazer mal.

11. "Porém, não me admiro que você esteja irritado e intimidado. Se, contudo, você se exaspera com eles justa ou injustamente, isso não vou discutir, pois sei que seria um fardo para

você me ouvir falar em defesa deles. Agora, que um homem que é um líder se exaspere com todos os seus súditos ao mesmo tempo, isso me parece um grande erro, pois ele necessariamente faz muitos inimigos ao provocar medo em muitos homens. Ao se exasperar com todos ao mesmo tempo, provoca em todos eles a mesma atitude.

12. "É por esse motivo, fique sabendo, que não enviei as tropas de volta sem que eu mesmo estivesse presente, porque temia que algo doloroso a todos nós acontecesse em razão da sua raiva. Então, como estou agora aqui, com ajuda dos deuses, você está protegido contra isso. Acho difícil, porém, suportar o fato de que você julga ter sido injustiçado por mim — se estou me esforçando na medida da minha capacidade para fazer o bem maior aos amigos, pareço que estou então realizando o contrário do que pretendo.

13. "Mas chega de nos acusar dessa forma tão vã. Em vez disso, se possível, examinemos mais claramente que tipo de injustiça cometi. Eu lhe faço a proposta que é a mais justa entre amigos: se ficar demonstrado que agi mal com relação a você, concordo que fui injusto. Caso, por outro lado, se demonstre que não fiz nem planejei nenhum mal, você então concordará que não sofreu nenhuma injustiça da minha parte?"

14. "Serei obrigado a isso", ele respondeu.

"E se ficar claro também que agi pelo seu bem, entusiasmado em realizar o máximo de minha capacidade, não serei mais digno do seu louvor do que de sua censura?"

"Isso seria justo", ele disse.

15. "Então vamos", continuou Ciro, "examinemos todas as minhas ações uma por uma, pois assim ficará bastante claro qual delas foi boa e qual delas foi ruim.

16. "Comecemos por quando assumi o comando, se isso parecer também a você apropriado. Sem dúvida, quando perce-

beu que os inimigos tinham se reunido em grande número e se punham em marcha contra você e seu país, você imediatamente enviou um mensageiro ao governo persa solicitando aliados e a mim, em particular, pedindo que eu próprio tentasse me apresentar como seu líder, caso alguns dos persas fossem ao seu encontro. Não fui eu, portanto, convencido por você a fazer isso e me apresentei levando comigo o maior e melhor número de homens possível?"

"De fato, você veio, sim", ele respondeu.

17. "Nessa ocasião, portanto", Ciro disse, "diga-me primeiro se você julga que eu estava cometendo uma injustiça com você ou se, ao contrário, agia em seu favor."

"Está claro que, ao menos nisso, em meu favor."

18. "Pois bem, quando os inimigos chegaram e foi necessário lutarmos com eles, nessa ocasião você considerou que eu de alguma forma evitava o esforço ou me poupava de correr perigo?"

19. "Não, por Zeus", ele respondeu, "de jeito nenhum".

"E quando a vitória foi nossa, com ajuda dos deuses, e os inimigos se retiraram, chamei-o para que os perseguíssemos juntos, juntos nos vingássemos e juntos colhêssemos os frutos, caso o resultado fosse algo belo e nobre — nessa situação, você pode me acusar de ter agido com ganância?"

20. Diante disso, Ciaxares se calou e Ciro tomou a palavra novamente: "Mas já que é mais agradável para você se calar diante desse fato do que me dar uma resposta, diga-me, então, se considera que eu de alguma forma fui injusto quando achou que não era seguro levar adiante a perseguição e eu, por um lado, aceitei que você não compartilhasse conosco esse risco, e, por outro lado, pedi-lhe que me enviasse alguns dos seus cavaleiros. Pois se fui injusto ao lhe pedir isso, ainda que eu tenha me oferecido antes como seu aliado, é a sua vez de demonstrá-lo".

21. Quando mais uma vez Ciaxares se calou ao ouvir, Ciro disse: "Se você também sobre isso não quer me dar uma resposta, diga-me quanto a esta próxima questão se agi com injustiça: quando você me respondeu que, vendo os medos contentes, não queria interrompê-los para que fossem obrigados a correr mais riscos, pareço de alguma forma ter-lhe feito algo desagradável ao ignorar minha raiva decorrente dessa resposta e ao novamente pedir-lhe aquilo que eu sabia ser algo mais fácil a você conceder e nem um pouco difícil de impor aos medos? Pedi que me fosse concedido qualquer homem que quisesse me acompanhar.

22. "Acontece, portanto, que aquilo que obtive de você não teria valor nenhum, a não ser que eu convencesse os soldados. Então fui tentar convencê-los e parti com aqueles que consegui persuadir, com a sua permissão. Se você julga que isso é algo digno de repreensão, aparentemente é reprovável receber de você qualquer coisa, mesmo que você a conceda.

23. "Foi assim, então, que começamos. Depois que partimos, qual das nossas ações não está clara? O acampamento dos inimigos não foi tomado? Não morreram muitos dos que o atacaram? E dos inimigos que estão vivos, não foram vários privados de suas armas e outros vários, de seus cavalos? Além disso, você está vendo que seus amigos agora estão em posse dos bens daqueles homens que antes tomavam e levavam embora as riquezas que pertenciam a você e que lhe trazem uma parte deles e ainda outra parte para os que estão sob seu comando?

24. "O mais importante e o mais belo é que você está vendo seu território crescer e o dos seus amigos diminuir, além dos fortes dos inimigos serem ocupados, e o seus, que anteriormente haviam acabado em poder dos assírios, agora, pelo contrário, passarem de volta para suas mãos. Se nisso tudo existe algo ruim ou que não seja bom para você, eu mesmo não sei se diria

que tenho vontade de descobrir, mas não tenho nenhuma objeção em ouvi-lo.

25. "Então me diga o que você pensa sobre esses fatos."

Ciro, então, parou de falar e Ciaxares respondeu o seguinte: "Mas, Ciro, quanto a todos os seus feitos, não vejo como alguém poderia dizer que foram coisas ruins. Saiba, porém, que esses seus favores são tais que, quanto mais numerosos parecem ser, maior é também o fardo que são para mim.

26. "Com relação ao território", ele continuou, "eu preferiria tornar maior o que está sob seu domínio com as minhas forças do que ver o meu expandido pelas suas, pois esses feitos que você realizou lhe são nobres, mas para mim de alguma forma estão carregados de desonra.

27. "Quanto aos bens, creio que me seria mais agradável lhe presentear com eles do que recebê-los de você, nas condições em que agora me são ofertados. Ao enriquecer com eles e por sua causa, percebo ainda mais em que aspecto estou agora me tornando mais pobre. E acho que me seria menos doloroso ver meus súditos minimamente maltratados por você do que observar agora por que grandiosas e belas experiências eles passaram nas suas mãos.

28. "Se pareço a você insensato por levar a situação tão a sério, coloque-se em meu lugar e observe o que acha disso tudo. Se alguém cuidasse dos cães que você está criando para que se tornem guardiães do que você possui e de você mesmo, e fizesse com que se tornassem mais familiares a ele do que a você, você ficaria contente com esses cuidados?

29. "Caso esse fato lhe pareça desimportante, considere este outro: se alguém lidasse com os seus servos, que você mantém para sua guarda e para seu exército, de forma que eles desejassem pertencer mais a esse homem do que a você, você seria grato a ele por essa boa ação?

30. "Agora, em se tratando daquilo que os homens mais estimam e de que cuidam com maior afeição: se um homem cuidasse tão bem da sua esposa que a fizesse amá-lo mais do que a você, você ficaria contente com essa boa ação? Muito pelo contrário, eu acho; mas tenho certeza de que, ao fazer isso, ele estaria cometendo contra você a pior das injúrias.

31. "Para que se dê também um exemplo mais próximo da minha própria situação: e se alguém tratasse os persas que você comanda de forma que lhes fosse mais agradável seguir a ele do que a você, você consideraria esse homem seu amigo? Acredito que não, mas ele seria para você um inimigo mais odioso do que se tivesse matado muitos dos seus homens.

32. "E imagine uma situação em que um dos seus amigos, depois de você lhe dizer de forma generosa para levar tudo aquilo que quisesse, ouvisse essa ordem, partisse com tudo o que fosse capaz de levar e enriquecesse graças àquilo que pertence a você, enquanto você próprio não tivesse sequer como se manter de forma razoável. Você poderia considerar esse homem um amigo irrepreensível?

33. "Agora, Ciro, mesmo que não tenha feito com que eu passasse por nenhuma dessas situações, acho que elas são parecidas, pois você estava dizendo a verdade — eu disse que você poderia levar com você aqueles cavaleiros que se voluntariassem —, mas você partiu levando todas as minhas forças e me deixou para trás sozinho! E agora traz para mim o que obteve com minhas tropas e aumenta o meu território com o meu próprio exército. Já eu, que aparentemente não compartilho da responsabilidade por esse sucesso, apresento-me para receber favores como uma mulher, enquanto para esses meus súditos e para o resto da humanidade você parece um homem e eu, indigno do meu reinado.

34. "Esses fatos lhe parecem ser favores, Ciro? Esteja certo de que, se você se importasse um pouco comigo, teria ficado

atento para não me privar de coisas como a minha dignidade e a minha honra. O que ganho eu, ao ampliar meu território, ficando desonrado? Não governo os medos por ser mais forte do que todos eles, mas porque eles próprios nos consideram melhores do que eles em tudo."

35. Ciro o interrompeu enquanto ele ainda estava falando e disse: "Pelos deuses, meu tio, se no passado fiz a você algum favor, também você me faça um, agora que estou lhe pedindo: pare de me culpar. Quando você tiver tido provas de como nos comportamos com relação a você, caso minhas ações lhe pareçam ter sido realizadas pelo seu bem, cumprimente-me de volta quando eu o cumprimentar e me considere seu benfeitor; se parecer o oposto, então volte a me reprovar".

36. "Bem, talvez você tenha razão", Ciaxares disse.

"E então?", disse Ciro, "Posso beijá-lo?".

"Se você quiser...", ele respondeu.

"E você não me dará as costas como fez agora há pouco?"

"Não lhe darei as costas", ele disse. Então Ciro o beijou.

37. Quando os medos, os persas e os demais viram isso — pois o que resultaria dessa conversa preocupava a todos —, ficaram imediatamente satisfeitos e se encheram de alegria. Ciro e Ciaxares montaram seus cavalos e ficaram à frente; os medos seguiram Ciaxares, pois Ciro lhes fez um sinal para isso, os persas foram atrás de Ciro e os demais seguiram depois deles.

38. Quando chegaram ao acampamento e instalaram Ciaxares na tenda que havia sido arrumada para ele, os homens designados para a função lhe prepararam o que era necessário.

39. Durante todo o período antes do jantar, Ciaxares estava desocupado, e os medos foram até ele levando presentes, alguns por conta própria, mas a maioria incentivada por Ciro; um trazia um belo escanção, outro, um bom cozinheiro, outros, um

padeiro, um músico, taças, uma bela túnica. Todos lhe deram presentes, na maioria dos casos com pelo menos um item que eles próprios haviam recebido.

40. Dessa forma, Ciaxares mudou de ideia e considerou que nem Ciro os preparava para uma revolta nem os medos eram menos atenciosos com ele do que antes.

41. Na hora do jantar, Ciaxares chamou Ciro e lhe pediu que jantassem juntos, pois fazia algum tempo que não se viam, mas Ciro disse: "Não me mande fazer isso, Ciaxares. Você não vê que todos esses homens aqui presentes estão aqui por nossa causa? Então eu não estaria agindo bem, se desse a impressão de estar cuidando do meu prazer e de ser negligente com eles. Os bons soldados, quando se consideram negligenciados, tornam-se muito mais abatidos, já os ruins, muito mais insolentes.

42. "Quanto a você, que percorreu um caminho tão longo, vá jantar agora. Àqueles que vierem prestigiá-lo, cumprimente-os e os entretenha, para que também sintam confiança em você. Já eu vou partir e tratar dos assuntos de que lhe falei.

43. "Amanhã de manhã", ele continuou, "nossos homens mais importantes se apresentarão diante da sua tenda, a fim de que discutamos todos com você o que devemos fazer daqui para frente. Apresente-se e nos introduza a seguinte questão: se devemos nos manter em campanha ou se já é o momento de dissolver o exército".

44. Depois disso, Ciaxares se ocupou com o jantar, enquanto Ciro reuniu, dentre os seus amigos, aqueles que eram os mais capazes, tanto em entendimento quanto em cooperação quando do havia necessidade, e disse o seguinte: "Amigos, aquilo pelo qual nós a princípio rezávamos, com ajuda dos deuses, já é fato, pois onde quer que marchemos, somos os senhores das terras. Além disso, vemos os nossos inimigos minorando, ao passo que vamos nos tornando não só mais numerosos como mais fortes.

45. "Se os aliados que agora ganhamos quiserem permanecer ao nosso lado, seríamos capazes de realizar muito mais, seja pela força, na ocasião certa, seja pela persuasão, se necessário. Então, pensar numa estratégia a fim de que permanecer em campanha seja a decisão da maioria dos aliados não é tarefa minha mais do que é de vocês.

46. "Assim como, no momento em que se deve lutar, aquele que subjuga o maior número de homens é visto como o mais valoroso, quando se deve persuadir, aquele que faz com que o maior número de homens tome uma mesma decisão pode ser considerado, justamente, o mais eloquente e o mais eficiente.

47. "Não se preocupem, porém, em nos apresentar o argumento com o qual vocês pretendem se dirigir a cada um deles, mas o ponham em prática, tendo em vista que os homens persuadidos por cada um de vocês o demonstrem por meio de seus atos.

48. "É disso, portanto, que vocês devem cuidar. Quanto a mim, tentarei arranjar, da melhor forma que eu puder, que os soldados tenham as provisões necessárias quando estiverem discutindo a respeito da continuidade da nossa campanha."

Livro VI

1

1. Depois de passar o dia nessas atividades e de jantar, foram descansar. Na manhã do dia seguinte, todos os aliados estavam diante da tenda de Ciaxares. Enquanto Ciaxares se adornava, pois escutava um grupo numeroso à sua porta, amigos de Ciro traziam os cadúsios, que lhe pediam para permanecer, outros traziam os hircanos, alguém trouxe os sacas e outro, Gobrias. Histaspas trouxe Gadatas, o eunuco, que pediu a Ciro para continuar com eles.

2. Então, Ciro, sabendo que Gadatas havia tempos estava morto de medo de que o exército se dissolvesse, disse com um sorriso: "Gadatas, é evidente que você está dizendo isso por ter sido convencido por Histaspas".

3. Gadatas, estendendo as mãos para o céu, jurou que não tinha sido persuadido por Histaspas a pensar daquela forma. "Mas sei", ele disse, "que, se vocês partirem, estarei completamente perdido. Por isso, eu mesmo fui conversar com ele, para perguntar se sabia quais eram seus planos acerca da dissolução do exército".

4. Ciro respondeu: "Então eu estava sendo injusto ao responsabilizar Histaspas".

"Injusto mesmo, Ciro", concordou Histaspas, "pois eu apenas disse a Gadatas aqui que seria impossível para você continuar a campanha, informando-lhe que seu pai o chamou para junto de si".

5. E Ciro falou: "O que você está dizendo? Você ousou tocar nesse assunto, quisesse eu ou não?".

"Por Zeus, sim", ele respondeu, "pois vejo que você está muito ansioso para circular entre os persas sendo admirado por todos os lados e para mostrar a seu pai como realizou cada um dos seus feitos".

Então, Ciro perguntou: "Mas você deseja voltar para casa?".

"Não, por Zeus", respondeu Histaspas, "e não vou embora, mas ficarei aqui para assumir meu posto de general, até que eu tenha feito de Gadatas o senhor do rei assírio".

6. Eles brincavam assim uns com os outros, com alguma seriedade, enquanto Ciaxares saía de sua tenda majestosamente adornado e se sentava sobre o trono dos medos. Quando todos os homens cuja presença era necessária estavam reunidos e ficaram em silêncio, Ciaxares começou a falar: "Aliados, uma vez que acontece de eu estar presente e ser mais velho do que Ciro, talvez seja apropriado que eu seja o primeiro a tomar a palavra. Parece-me, então, que agora é hora de conversarmos, inicialmente, sobre se achamos ser este um momento oportuno para continuarmos em campanha ou para dissolver o exército. Qualquer um pode se pronunciar a respeito dessa questão".

7. Depois disso, o primeiro a falar foi o hircano: "Aliados, quanto a mim, não sei se há necessidade de discursos quando as próprias ações indicam a melhor decisão. Todos temos conhecimento de que juntos causamos mais males aos inimigos do que sofremos, mas, quando estávamos separados uns dos

outros, faziam conosco o que fosse para eles mais agradável e mais severo para nós".

8. Depois dele, o cadúsio falou: "Por que deveríamos falar em nos separar, voltando para casa, quando nem sequer aos que estão em campanha, acredito, é vantajosa a separação? Nós, de fato, não muito tempo atrás, ao fazer uma expedição à parte do grupo que vocês formam, fomos punidos, como já sabem".

9. Em seguida, Artabazo, aquele que certa vez alegou ser parente de Ciro, pronunciou-se deste modo: "Quanto a mim, Ciaxares, penso diferente dos que falaram antes, pois dizem que devemos permanecer em campanha, mas eu digo que em casa é que estava de fato em campanha.

10. "Lá, frequentemente precisava acudir quando levavam embora nossos bens e sempre tinha necessidade de lidar com o temor e com a preocupação em relação aos nossos fortes, que eram constantemente objeto de conspirações. E eu fazia tudo isso à minha custa, mas agora estou ocupando os fortes deles e não tenho mais medo, me banqueteio com o que pertence aos inimigos e bebo o que é deles. Então, se estar em casa era estar no exército, e aqui é estar numa festa, não me parece", ele concluiu, "que devamos interromper esta comemoração".

11. Depois dele, foi a vez de Gobrias falar: "Já eu, aliados, louvo a retidão de Ciro até este momento, pois ele não faltou com a verdade em nada do que prometeu. Se, porém, ele partir deste país agora, está claro que o rei assírio se recuperará, sem ter tido que pagar pelas injustiças que tentou cometer contra vocês e que, contra mim, de fato cometeu. Quanto a mim, serei novamente punido por ele por ter me tornado seu aliado".

12. Por último, falou Ciro: "Homens, também não me escapa o fato de que, se dissolvermos o exército agora, nossa condição se tornará mais fraca e a dos inimigos novamente se fortalecerá, pois todos os que foram privados de suas armas imedia-

tamente mandarão fazer outras; todos os que perderam seus cavalos imediatamente arranjarão outros animais. Para ocupar o lugar dos que morreram, outros chegarão à idade adulta e nascerão, de modo que não será de admirar se em bem pouco tempo forem capazes de novamente nos causar problemas.

13. "Por que então pedi a Ciaxares para lançar a questão sobre a dissolução do exército? Saibam que é porque estou com medo do porvir, pois vejo adversários vindo em nossa direção contra os quais nunca seremos capazes de lutar se nos mantivermos em campanha.

14. "O inverno está se aproximando e, mesmo que tenhamos abrigos para nós, por Zeus, não temos para os cavalos, nem para os servos, nem para o grosso dos soldados, sem os quais não seríamos capazes de continuar em guerra. Quanto às provisões, onde quer que tenhamos estado, elas já foram por nós consumidas, enquanto nos lugares onde não estivemos, os homens, com medo, as carregaram para os seus fortes para que fiquem com elas e não possamos tomá-las.

15. "Quem, portanto, seria tão bom ou tão forte para continuar em campanha lutando contra a fome e o frio? Se continuarmos com a guerra na situação em que nos encontramos, digo que devemos por iniciativa própria dissolver o exército em vez de sermos expulsos contra a nossa vontade pela falta de recursos. Se desejamos manter a campanha, digo que é preciso fazer uma coisa: tentar o mais rapidamente possível tomar deles o maior número de suas fortalezas e construir para nós outras, na maior quantidade que pudermos. Caso isso seja feito, terão mais provisões aqueles que forem mais capazes de obter e estocá-las, ficando em vantagem se vierem a ser sitiados.

16. "Agora em nada nos diferenciamos dos marinheiros em alto mar, pois eles navegam constantemente, mas deixam para trás águas que não lhes pertencem nem um pouco mais do que

aquelas em que não navegaram. Caso, porém, as fortalezas passem para as nossas mãos, isso alienará o território dos inimigos e ficaremos em bonança completa.

17. "Talvez alguns de vocês sintam receio do fato de que precisarão manter uma guarda longe dos seus próprios países. Não hesitem de forma alguma por causa disso. Nós, porque já estamos mesmo afastados de casa, assumiremos a responsabilidade de manter guarnições para vocês nas regiões mais próximas dos inimigos, enquanto vocês devem apossar-se de e cultivar as regiões fronteiriças entre Assíria e os seus países.

18. "Se conseguirmos manter a salvo com as nossas guarnições as regiões que estão próximas dos inimigos, vocês estarão em paz absoluta nas áreas distantes, pois acredito que eles não poderão descuidar dos que estão próximos para conspirar contra vocês, que estarão longe."

19. Depois desse discurso, todos os outros, bem como Ciaxares, levantaram-se e disseram que estavam animados a cooperar com esses planos. Gadatas e Gobrias falaram que, com a permissão dos aliados, construiriam uma fortificação cada um, para que também essas fossem zonas amigas dos aliados.

20. Então, quando Ciro viu que todos estavam dispostos a agir como ele havia sugerido, disse finalmente: "Se desejamos realizar agora o que dissemos que devemos fazer, é preciso arranjar máquinas para destruir as fortificações inimigas o mais rápido possível e encontrar trabalhadores para construir as nossas fortalezas".

21. Depois disso, Ciaxares se comprometeu ele próprio a fabricar e disponibilizar uma máquina, Gadatas e Gobrias, outra, Tigranes, mais uma, e Ciro falou que ele mesmo tentaria fornecer outras duas.

22. Uma vez que isso estava resolvido, eles começaram a procurar construtores e a arranjar o que fosse necessário para as máqui-

nas, encarregando os homens que lhes pareciam mais capacitados para a tarefa.

23. Quando Ciro percebeu que gastariam muito tempo com a construção, acampou o exército num lugar onde considerou haver condições mais salubres e ser mais acessível para que o material necessário fosse transportado, além de mandar reforçar pontos onde fosse indispensável para que estivessem seguros os homens que lá ficassem, na eventualidade de em algum momento ele acampar longe dali com o grosso do exército.

24. Além disso, perguntando a quem julgava conhecer melhor a região de que locais o exército poderia se beneficiar o máximo possível, saía sempre em busca de forragem, não só para obter ao exército quantidade abundante de provisões, mas para que, se exercitando no trabalho durante essas expedições, permanecessem saudáveis e fortes e, por fim, também para que pudessem se lembrar das suas posições nos deslocamentos.

25. Ciro se ocupava dessas questões quando os desertores e os prisioneiros da Babilônia começaram a falar que o rei assírio tinha partido para a Lídia, levando muitos talentos de ouro e de prata, além de outros bens e joias de todo tipo.

26. A massa dos soldados então começou a dizer que ele já estava salvaguardando seus bens por estar com medo, mas Ciro, percebendo que este havia partido com a intenção de congregar, se fosse possível, uma força adversária contra ele, por sua vez passou a cuidar vigorosamente das preparações, pensando que ainda seria necessário lutar. Desse modo, preencheu as fileiras da cavalaria persa, tomando os cavalos dos prisioneiros e alguns dos aliados, pois aceitava as ofertas de todos e não recusava nada, fosse quando lhe davam uma bela arma, fosse quando lhe davam um cavalo.

27. Preparou também um corpo de carros, usando tanto os dos prisioneiros quanto de qualquer outro que pudesse forne-

cê-los e aboliu o antigo modo troiano de condução, que ainda hoje é empregado em Cirene, pois, em tempos passados, tanto na Média, quanto na Síria, na Arábia e no restante da Ásia, os carros eram utilizados da mesma forma como hoje fazem os cireneus.

28. Pareceu-lhe que, embora pudesse ser provavelmente o corpo mais forte do exército, já que os melhores homens estavam sobre os carros, essa era uma seção em que estavam apenas soldados que lutavam de longe e que não dava, de fato, grande contribuição para a vitória, uma vez que trezentos carros tomam trezentos homens e usam mil e duzentos cavalos. Os condutores são, como é natural, aqueles em quem se tem mais confiança, os melhores soldados, mas esses eram outros trezentos que não causavam nenhum dano aos inimigos.

29. Ele aboliu, portanto, esse modo de condução. No lugar dele, preparou carros de guerra, com rodas fortes, para que não quebrassem com facilidade, e com eixos grandes, pois tudo que é largo tem menos chance de tombar. Ele fez a caixa onde ficavam os condutores no formato de uma torre, com madeira espessa e da altura dos cotovelos deles, para que os cavalos pudessem ser guiados por sobre a caixa. E cobriu os condutores inteiramente com couraças, com exceção dos olhos.

30. Mandou colocar também foices de ferro de dois cúbitos de comprimento nos eixos de ambas as rodas e ainda outras sob o eixo, que apontavam na direção do chão, com o objetivo de enviar os carros contra os inimigos. É dessa forma que até hoje os que vivem nos domínios do rei utilizam seus carros, da maneira como Ciro então os construiu. Ele também tinha muitos camelos recolhidos de junto de seus amigos e outros de prisioneiros, que foram todos reunidos.

31. Esses arranjos foram assim concluídos. Como Ciro queria enviar um espião à Lídia para saber o que estava fazendo o

rei assírio, pareceu-lhe que o mais indicado para essa missão era Araspas, o guardião daquela bela mulher, pois a situação de Araspas tinha chegado ao ponto em que, tomado de paixão, foi forçado a lhe fazer propostas amorosas.

32. Ela, por sua vez, repeliu-o por ser fiel ao marido, ainda que ele estivesse ausente, pois o amava intensamente, e não fez acusações contra Araspas a Ciro, com receio de colocar dois amigos um contra o outro.

33. Uma vez que Araspas achou que a ameaça de obrigar a mulher à força ajudaria a realizar os seus desejos, se ela não o quisesse por vontade própria, a mulher, depois disso, passou a sentir medo de uma violência e não mais manteve segredo sobre a situação, mas enviou o seu eunuco a Ciro e ordenou que lhe contasse tudo.

34. Depois de ouvi-lo, Ciro riu porque Araspas havia dito ser mais forte do que o amor e enviou Artabazo com o eunuco, com ordens de lhe dizer para não usar de violência contra a mulher, mas que, caso conseguisse persuadi-la, ele não se oporia.

35. Artabazo foi até Araspas e o repreendeu, chamando a mulher de uma aquisição que ele deveria guardar e apontando a sua impiedade, injustiça e licenciosidade, fazendo assim com que Araspas derramasse muitas lágrimas pela dor que sentia, afundasse sob o sentimento de vergonha e passasse a morrer de medo do que poderia sofrer nas mãos de Ciro.

36. Então Ciro, quando soube da situação, chamou-o e conversou com ele em particular, dizendo: "Estou vendo que você, Araspas, não só sente medo de mim como está terrivelmente envergonhado. Deixe disso. Ouço dizer que até os deuses são derrotados pelo amor e, quanto aos homens, sei que mesmo aqueles que parecem muito prudentes sofreram por causa dele. Até eu faço um juízo negativo de mim mesmo ao considerar que não seria forte o bastante para estar ao lado do que é belo e lhe

ser indiferente. Sou a causa do seu problema, pois fui eu quem o aprisionou nesse caso irresistível".

37. Araspas, interrompendo-o, falou: "Mas você, Ciro, está agindo nessa situação do jeito como age em outras, você é gentil e compreensivo com os erros humanos. Quanto a mim, os homens estão me fazendo afundar em minha dor, pois desde que se espalhou o relato do meu infortúnio, os meus inimigos exultam à minha custa, enquanto meus amigos vêm até mim dizer para eu me pôr longe daqui a fim de não vir a sofrer nas suas mãos, já que cometi tão grandes injustiças".

38. Ciro respondeu: "Então tenha certeza, Araspas, de que com essa reputação você é capaz não só de me fazer um enorme favor, mas também de ser de grande ajuda aos aliados".

"Se houver ocasião em que eu possa ser novamente útil a você..."

39. "Se fingir que quer escapar de mim e se estiver disposto a ir até os inimigos, creio que eles acreditariam em você."

"Estou certo disso, por Zeus", respondeu Araspas, "e até os nossos amigos; sei que poderia usar como pretexto que fugi de você".

40. "Então você voltaria até nós sabendo tudo a respeito dos inimigos, creio que até o fariam participar dos debates e das deliberações, por confiar em você, de modo que você não deixaria de descobrir nem uma única coisa das que desejamos saber."

"Então estou indo agora mesmo!", disse Araspas, "Pois talvez a impressão de que escapei quando estava prestes a ser castigado por você dê credibilidade à história".

41. "E você será capaz de deixar a bela Panteia?", perguntou Ciro.

"Sim", ele respondeu, "pois tenho claramente duas almas; sobre isso acabei de ter uma discussão filosófica com aquele injusto sofista, o Amor, pois a alma não é boa e ruim ao mesmo tempo, sendo uma só, nem ama ao mesmo tempo as ações nobres e as torpes, nem quer ao mesmo tempo fazer e não fazer, mas é claro que existem duas almas e, quando prevalece a boa, belos feitos são realizados, quando a má, atos torpes. Agora que ela tomou você como aliado, a boa é a superior — e em muito".

42. "Se você está, então, decidido a partir", disse Ciro, "isto é o que você precisa fazer para ganhar ainda mais a confiança deles: reporte-lhes a nossa situação, mas faça isso de forma que tudo o que você disser sobre nós seja um grande obstáculo ao que eles desejam fazer. Seria um empecilho para eles se você dissesse que estamos nos preparando para invadir algum ponto do seu território. Ao ouvir isso, ficarão menos concentrados na reunião das forças conjuntas, pois cada um deles terá medo pelo que deixou em casa.

43. "Fique com eles tanto quanto puder, pois o momento mais importante para sabermos o que estão fazendo será quando estiverem o mais próximo de nós. Aconselhe-os a se posicionar da forma que lhes parecer melhor, pois, quando você for embora, mesmo que já conheça o posicionamento deles, serão forçados a mantê-lo, uma vez que ficarão hesitantes em alterá--lo e acabarão se confundindo, caso façam alguma modificação de última hora."

44. Assim, Araspas saiu e, depois de reunir seus subordinados mais confiáveis e de dizer a alguns amigos o que achou que contribuiria para o plano, partiu.

45. Quando Panteia percebeu que Araspas tinha ido embora, enviou uma mensagem a Ciro: "Não sofra, Ciro, porque Araspas passou para o lado dos inimigos. Se você me permitir, enviarei alguém até o meu marido e lhe garanto que virá até você um amigo muito mais confiável do que Araspas. Sei que ele se apresentará com o maior número de tropas que puder, pois o pai do atual rei era seu amigo, mas esse homem que agora está

reinando certa vez até tentou me separar do meu marido. Então, porque o considera insolente, tenho certeza de que ficaria satisfeito em deixá-lo por um homem com o seu caráter".

46. Depois de ouvir isso, Ciro lhe pediu que enviasse uma mensagem ao seu marido e ela assim o fez. Quando Abradatas reconheceu que os sinais da carta eram de sua esposa e percebeu qual era a situação, marchou satisfeito até Ciro, levando cerca de mil cavalos. Ao chegar diante das sentinelas persas, mandou dizer a Ciro quem ele era e Ciro imediatamente ordenou que o levassem até sua esposa.

47. Quando Abradatas e sua esposa viram um ao outro, abraçaram-se, como era natural diante do reencontro inesperado. Depois disso, Panteia falou sobre a piedade de Ciro, sobre sua moderação e compaixão para com ela. Abradatas ouviu tudo e respondeu: "O que eu poderia fazer, então, Panteia, para retornar a Ciro o favor que ele fez a você e a mim?".

"Mas que outra coisa", disse Panteia, "se não tentar ser para ele aquilo que ele foi para você?".

48. Depois disso, Abradatas se dirigiu até Ciro e, ao vê-lo, apertou sua mão direita e disse: "Em retribuição ao bem que você nos fez, Ciro, o que mais posso dizer a não ser que me entrego a você como amigo, servo e aliado? Em tudo em que eu vir você se engajar, tentarei cooperar da melhor forma que eu puder".

E Ciro disse:

49. "Eu o aceito. E agora deixo você partir, para que jante com sua esposa. Você deve vir aqui de novo, porém, como meu convidado, para jantar com seus amigos e os meus".

50. Depois disso, vendo que Ciro estava empenhado no projeto dos carros falcados e que estava colocando armaduras em cavalos e cavaleiros, Abradatas tentou contribuir com até cem carros da sua própria cavalaria, fabricados de forma semelhan-

te aos de Ciro, e ele próprio estava se preparando para conduzi-los também sobre um carro.

51. Ele jungiu ao seu carro quatro timões e oito cavalos e equipou os animais que o puxavam com armaduras feitas inteiramente de bronze.

52. Eram essas as realizações de Abradatas. Quando Ciro viu o seu carro de quatro timões, percebeu que era possível também fazer um com oito, de modo que oito jugos de bois puxassem o andar mais baixo das suas máquinas, que tinha cerca de três braças de altura* a partir do chão, incluindo as rodas.

53. Acreditava que essas torres, que acompanhariam cada uma das companhias do exército, seriam um grande auxílio para a sua própria linha de combate e um grande dano para a formação dos inimigos. Nas plataformas mandou fazer galerias e ameias e colocou cerca de vinte homens em cada torre.

54. Quando todas as partes estavam montadas, Ciro fez um experimento com a tração, e os oito jugos puxaram a torre e os homens que estavam nela muito mais facilmente do que cada um puxaria sozinho uma carga com o peso usual, pois ele era de cerca de vinte e cinco talentos para um jugo,** ao passo que o da torre, que tinha tábuas grossas como as de um palco teatral, incluindo os vinte homens e suas armas, não chegava a quinze talentos para cada um.***

55. Tendo constatado que o deslocamento seria simples, Ciro deu início à preparação para levar as torres com o exército, julgando que, na guerra, ganhar vantagem significava ao mesmo tempo salvação, justiça e felicidade.

* Pouco mais de cinco metros.
** Cerca de 650 quilos.
*** Cerca de 390 quilos.

2

1. Nessa época, chegou uma delegação do rei da Índia trazendo dinheiro e reportou a Ciro a seguinte mensagem do rei: "Estou feliz, Ciro, que você tenha me deixado saber do que estava precisando; desejo manter relações de hospitalidade com você e lhe envio o dinheiro. Se você precisar de mais, mande alguém me avisar. Meus enviados foram instruídos a fazer o que você ordenar".

2. Ao ouvir isso, Ciro disse: "Ordeno então que vocês permaneçam aqui onde armaram suas tendas, para guardar o dinheiro, e que vivam da forma que lhes for mais agradável, mas quero que três de vocês se dirijam até os inimigos, com o pretexto de discutir uma aliança em nome do rei da Índia. Depois de ouvir lá o que eles estão dizendo e fazendo, relatem-no para mim e para seu rei o mais rápido possível. Se vocês me prestarem de forma bem-feita também esse serviço, serei ainda mais grato a vocês por ele do que pelo dinheiro que vocês trouxeram, pois espiões que se parecem com escravos não podem relatar nada que já não saibam todos os homens, enquanto espiões como vocês conseguem com frequência perceber até aquilo que ainda está sendo planejado".

3. Os indianos ouviram isso com satisfação e foram recebidos como hóspedes por Ciro. No dia seguinte, depois de organizar os preparativos, partiram, prometendo voltar o mais rapidamente possível depois de descobrir tudo que conseguissem sobre os inimigos.

4. Ciro fazia os demais preparativos para a guerra de modo magnificente, pois era um homem que não tinha propósitos modestos, e zelava não apenas pelas decisões dos aliados, mas também lançava discórdia entre seus amigos a fim de que todos buscassem se mostrar como os mais bem armados, os mais

hábeis cavaleiros, os melhores lanceiros, os mais excelentes arqueiros e os mais dispostos ao trabalho.

5. Ele conseguia isso levando-os para caçar e premiando os melhores em cada atividade e, além disso, estimulava com elogios os comandantes que visse cuidando para que seus soldados dessem o melhor de si e lhes prestava os favores a seu alcance.

6. Se em algum momento oferecia um sacrifício ou celebrava um festival, também nessa ocasião organizava competições em todas as atividades que os homens praticam em razão da guerra e distribuía prêmios magníficos para os vencedores. Havia um grande entusiasmo no exército.

7. Ciro nesse momento estava com quase tudo que desejava pronto para a expedição, com exceção das máquinas, pois a cavalaria persa já estava completa. Eram cerca de dez mil homens, e os carros falcados que ele próprio havia construído já chegavam ao número de cem, enquanto os que Abradatas de Susa tinha tomado a iniciativa de construir semelhantes aos de Ciro também já eram cerca de cem.

8. Ciro havia igualmente convencido Ciaxares a transformar os carros medos de estilo troiano e líbio em carros com esse mesmo tipo de condução e eles também já perfaziam cerca de outros cem. Quanto aos camelos, foram destacados dois arqueiros para montar cada um deles. Assim, as tropas de uma forma geral tinham a impressão de que a vitória estava perfeitamente assegurada e de que as ações dos inimigos de nada valeriam.

9. Quando era essa a disposição do exército, os indianos que Ciro havia enviado para espionar os inimigos voltaram e contaram que Creso fora escolhido comandante e general de toda a força inimiga, e que todos os reis aliados estavam decididos a se juntar a ele com suas forças completas e a contribuir com grandes quantias de dinheiro, para com ele pagar

quantos mercenários pudessem conseguir e gratificar a quem fosse necessário.

10. Disseram também que os mercenários trácios que lutavam com espadas já eram muitos e que egípcios estavam navegando até lá, cujo número, diziam, era cerca de cento e vinte mil homens, que lutavam com escudos que cobriam todo o corpo e com lanças longas, como as que ainda hoje utilizam, além de sabres. Havia também uma tropa de cíprios. Estavam já presentes todos os cilícios, homens de ambas as Frígias, licônios, paflagônios, capadócios, árabes, fenícios, os assírios com o rei da Babilônia, jônios, eólios e quase todos os gregos que vivem na Ásia, obrigados a seguir com Creso; diziam que este havia enviado uma delegação até mesmo para Lacedemônia a fim de discutir uma aliança.

11. Esse exército estaria se reunindo próximo do rio Pactolo, prestes a seguir na direção de Timbrara, onde até hoje se reúnem os bárbaros sob o domínio do rei no sul da Síria, local em que teriam feito um chamado geral para que fossem trazidas provisões. Quase as mesmas coisas foram relatadas pelos prisioneiros, pois essa era outra preocupação de Ciro, que fossem capturados homens de quem pudesse obter alguma informação. Também enviava espiões com aparência de escravos que diziam ser desertores.

12. Ao ouvir esse relato, o exército de Ciro ficou apreensivo, como era natural. Os homens perambulavam num silêncio maior do que o de costume e não pareciam muito contentes, mas começaram a andar em grupos e todo canto estava cheio de homens fazendo perguntas e discutindo essas questões.

13. Quando Ciro percebeu que o medo se espalhava nas tropas, convocou todos os oficiais do exército e todos aqueles cujo desânimo ele achava que poderia lhes causar prejuízo, bem como outros cujo bom ânimo seria uma vantagem. Declarou

aos ajudantes que, se mais algum dos combatentes armados quisesse aparecer para ouvir os discursos, não barrassem ninguém. Quando se reuniram, falou o seguinte:

14. "Aliados, eu os convoquei por ter visto alguns de vocês com a aparência de muito assustados quando vieram os relatos sobre os inimigos. Acho espantoso que qualquer de vocês sinta medo porque os inimigos estão se organizando, uma vez que estamos aqui reunidos em número muito maior do que estávamos quando os vencemos anteriormente e, com ajuda dos deuses, muito mais bem preparados agora do que antes, mas vocês veem isso tudo e mesmo assim não se sentem confiantes.

15. "Pelos deuses, o que então vocês que estão com medo agora fariam, se alguém tivesse relatado que as forças que nós temos fossem nossas adversárias e estivessem vindo nos atacar? E se vocês ouvissem, primeiro, que os que nos venceram anteriormente estão marchando sobre nós de novo, com o espírito de quem já obteve vitória uma vez? E em seguida, que os que outrora superaram o tiroteio dos arqueiros e dos lanceiros agora estão se aproximando e que são muito mais numerosos os homens que lutam como eles?

16. "E ainda, que agora também os cavaleiros deles, armados como os homens que derrotaram sua infantaria, estão vindo de encontro à sua cavalaria, que abandonaram arcos e projéteis e, segurando cada um deles uma lança forte, cavalgam até nós com o propósito de se engajar na luta corpo a corpo?

17. "E se, além disso, viessem carros, que não estão parados e virados para serem utilizados numa fuga como anteriormente, mas carros cujos cavalos usam armaduras e cujos condutores estão em torres de madeira, com as partes expostas dos seus corpos cobertas inteiramente com couraças e elmos, e que foices de ferro estão atadas aos eixos dos carros, pois a intenção é dirigi-los diretamente contra a formação dos inimigos?

18. "Ou então dissessem que têm camelos sobre os quais marcham para o ataque e que cem cavalos não tolerariam olhar para um único deles? E mais, que nos atacam com torres sobre as quais podem socorrer os seus, enquanto nos impedem de lutar no solo atirando contra nós?

19. "Se alguém tivesse relatado a vocês que essa é a situação dos inimigos, o que vocês que agora estão com medo fariam? O que fariam vocês, que se amedrontaram quando se reportou que Creso foi escolhido general dos inimigos, ele que é mais covarde do que os assírios? Porque estes ao menos fugiram depois de sobrepujados em combate, enquanto Creso, vendo-os derrotados, em vez de socorrer seus aliados, fugiu batendo em retirada.

20. "Enfim, o que se está relatando, eu presumo, é que esses inimigos não se julgam capazes de lutar contra nós, mas estão contratando outros soldados para lutar mais bravamente do que eles próprios. Se, porém, temos homens que acreditam que a situação deles é excelente, enquanto a nossa é ruim, eu digo, ó homens, que devemos deixá-los passar para o lado dos inimigos, pois lá eles seriam para nós um auxílio muito maior do que se ficarem ao nosso lado."

21. Uma vez que Ciro terminou de dizer isso, Crisantas, o persa, levantou-se e falou da seguinte forma: "Ciro, não se espante que alguns ficaram taciturnos depois de ouvir os relatos, pois não foi por estarem com medo que agiram assim, mas porque estão descontentes. Exatamente como aqueles que não só estão com fome, mas pensam que já vão jantar, mas então se anuncia que é necessário realizar alguma tarefa antes de irem comer — ninguém, penso eu, fica feliz ao ouvir uma coisa dessas. Assim, também nós, que já estávamos pensando que ficaríamos ricos, quando ouvimos que ainda resta uma tarefa que devemos concluir, nos tornamos todos taci-

turnos, não por medo, mas por desejar que também esse trabalho já estivesse concluído.

22. "Uma vez que vamos lutar não apenas pela Síria, onde há abundância de grãos, de rebanhos e de tamareiras cheias de frutos, mas também pela Lídia, onde há muito vinho, muitos figos e muito azeite e que, além disso, é banhada pelo mar, por onde chegam coisas boas em quantidade maior do que alguém aqui já possa ter algum dia visto, com isso em mente não sentimos mais medo, mas temos mais coragem do que nunca, porque queremos aproveitar logo também todas essas benesses da Lídia." Essas foram suas palavras. Todos os aliados ficaram contentes com o discurso e o aplaudiram.

23. "Então, homens", disse Ciro, "parece-me que devemos marchar contra eles o mais rápido possível, para que, em primeiro lugar, nos adiantemos em nossa chegada ao local onde estão sendo coletadas suas provisões, se conseguirmos. Em segundo lugar, quanto mais rápido partirmos, menos preparativos já arranjados e mais deficiências encontraremos.

24. "Essa é a minha sugestão, mas se alguém pensa que existe outra estratégia mais segura ou mais rápida para nós, que a apresente."

Quando muitos concordaram com Ciro que deveriam marchar o mais rapidamente possível contra os inimigos e ninguém se opôs à proposta, ele deu início ao seguinte discurso:

25. "Homens aliados, nossas almas, nossos corpos e as armas que deveremos utilizar, com ajuda dos deuses, estão prontos há muito tempo. Agora que vamos nos pôr em marcha, é necessário arranjarmos as provisões tanto para nós quanto para os animais para um período não menor do que vinte dias, pois, fazendo os cálculos, descobri que estaremos na estrada por mais de quinze dias, durante os quais não encontraremos nenhum alimento, já que coletamos uma parte

deles nós mesmos, enquanto os inimigos recolheram tanto quanto puderam.

26. "É imprescindível arranjar alimento suficiente, pois não poderemos lutar nem sobreviver sem isso. Quanto ao vinho, cada um deve ter o bastante até que nos acostumemos a beber água, pois em boa parte do trajeto ficaremos sem vinho, uma vez que, mesmo que preparemos uma grande quantidade dele, não será suficiente.

27. "Para que não caiamos doentes por ficar repentinamente sem vinho, eis o que devemos fazer: devemos começar imediatamente a beber água durante as refeições, pois fazendo isso desde já não será grande a mudança.

28. "Aquele que se alimenta de pão de cevada está sempre comendo uma massa que foi sovada com água, e aquele que se alimenta de pão de trigo também come uma pasta misturada a água. Tudo o que é cozido foi preparado com uma grande quantidade de água. Se bebermos um pouco de vinho apenas depois da refeição, nosso espírito não sentirá falta de nada e vai encontrar repouso.

29. "Em seguida, devemos também nos privar do vinho após comermos, até que sem perceber teremos nos tornado bebedores de água, pois uma alteração paulatina faz com que qualquer natureza tolere mudanças. Isso também é o deus quem ensina, afastando-nos pouco a pouco do inverno para suportar o calor intenso do verão e do calor intenso do verão para o inverno severo. Devemos, portanto, imitá-lo até que tenhamos chegado ao ponto necessário, nos acostumando a ele antecipadamente.

30. "Vocês devem usar o peso que seria dos seus cobertores para alguma coisa útil, pois provisões a mais nunca serão desnecessárias, e sem sentir receio de que vocês não terão como dormir de forma agradável por falta de cobertores. Se isso acontecer, ponham a culpa em mim. Porém, entendo que aque-

le que levar roupas em abundância será muito beneficiado por elas, esteja ele saudável, esteja doente.

31. "Quanto às refeições, devemos prepará-las apimentadas, pungentes e salgadas, pois assim estimulam o apetite e satisfazem por mais tempo. Quando entrarmos numa região ainda intocada, onde provavelmente já poderemos obter grãos, é necessário que tenhamos moedores de mão com os quais produziremos farinha, pois esse é o mais leve dos utensílios usados na preparação do pão.

32. "Precisamos também aprontar os itens de que os homens necessitam quando ficam debilitados, pois seu volume é o menor de todos, mas, se algo assim nos acontecer, eles terão a maior importância. Devemos também ter cintas, pois a maioria dos acessórios dos homens e dos cavalos depende delas e, quando elas se desgastam e rompem, é inevitável que fiquem sem uso, a não ser que alguém tenha cintas a mais. É bom que aquele que tiver aprendido a afiar uma lança não se esqueça de levar uma grosa.

33. "É bom que traga também uma lima, pois aquele que afia uma lança também de alguma forma aguça seu espírito, já que depois de afiar uma lança um homem terá vergonha de ser covarde. Devemos ter tábuas a mais para os carros e para os bageiros, pois é inevitável que muitas peças deixem de funcionar quando são diversas as operações.

34. "É preciso ter à disposição as ferramentas mais necessárias para todos esses propósitos; não teremos especialistas por toda parte, mas não serão poucos os com competência para fazer reparos que durem por um dia. Precisamos igualmente de uma pá e de uma enxada para cada carro e de uma foice e de um machado para cada animal de tração, pois eles são úteis em particular e frequentemente também servem ao interesse comum.

35. "Quanto às provisões, vocês, comandantes dos homens com armamento pesado, devem inquirir os seus subordinados, pois não devemos negligenciar nenhum item que possa ser necessário, já que seremos nós a sentir falta dessas mesmas coisas. Quanto aos itens que ordeno vir com os animais de carga, vocês que estão no comando dos carregadores devem examinar isso com cuidado e obriguem aquele que não estiver equipado com o que foi pedido a resolver a situação.

36. "Vocês, que estão no comando dos pioneiros, receberam de mim uma relação por escrito daqueles que foram dispensados dos corpos de lanceiros, arqueiros e fundeiros. Desses, é necessário que vocês façam os provenientes dos lanceiros carregarem durante a expedição um machado para cortar madeira; os provenientes dos arqueiros, uma picareta, e os dos fundeiros, uma pá. Eles devem marchar em grupos, carregando os instrumentos na frente dos carros, a fim de que vocês se ponham imediatamente a trabalhar, caso haja necessidade de abrir alguma estrada, e de modo que eu saiba onde os encontrar para empregá-los se eu tiver necessidade.

37. "Levarei também, com suas respectivas ferramentas, caldeireiros, carpinteiros e sapateiros, em idade de serviço militar. Assim, se alguma dessas técnicas for necessária ao exército, não nos faltará nada. Eles serão dispensados das tarefas nas suas unidades, mas estarão posicionados para prestar serviços sobre o assunto que entenderem a quem requisitar, em troca de pagamento.

38. "Caso algum comerciante queira nos seguir com intenção de vender alguma mercadoria, ele tem permissão, mas se for pego vendendo algo durante os dias em que decidirmos utilizar nossas próprias provisões, esse homem será privado de tudo que tiver. Quando esses dias tiverem passado, ele poderá negociar como bem entender. O homem que for reputado por

providenciar o mercado mais repleto de itens receberá presentes e distinções tanto de mim quanto dos aliados.

39. "Caso algum comerciante julgue que precisa de mais dinheiro para adquirir mercadorias, poderá tomar parte do que temos, se me apresentar garantias e referências de que viajará sem dúvida nenhuma com o exército. Essas são minhas instruções iniciais. Se alguém notar que há alguma outra necessidade, que a indique para mim.

40. "Vocês devem ir fazer os preparativos, enquanto eu realizarei os sacrifícios pela nossa partida; quando os sinais divinos forem favoráveis, nós o assinalaremos. Todos devem se apresentar aos seus comandantes no lugar designado, trazendo o que foi combinado.

41. "Todos vocês, comandantes, uma vez que tudo esteja pronto nas suas companhias, venham até mim, para que cada um aprenda os seus posicionamentos."

3

1. Ao ouvir isso, eles começaram a cuidar da preparação, enquanto Ciro realizava os sacrifícios. Como os sinais foram favoráveis, Ciro se pôs em marcha com o exército. No primeiro dia, acampou o mais próximo possível de onde estavam, pensando que, caso alguém tivesse se esquecido de alguma coisa, poderia ainda buscá-la e, se alguém sentisse necessidade de qualquer item, teria tempo de providenciá-lo.

2. Ciaxares havia ficado para trás com um terço dos soldados medos, para não deixar seu país desprotegido, e Ciro, por sua vez, marchava o mais rapidamente que podia, com a sua cavalaria à frente, enviando sempre antes deles batedores e uma guarda avançada para os pontos que ofereciam uma visão

mais ampla do que havia adiante. Depois da cavalaria, vinham os carregadores com a bagagem. Onde a estrada fosse plana, ele fazia várias colunas de carros e de animais de carga. Como a falange vinha na sequência, se parte da bagagem fosse deixada para trás, os oficiais que a encontrassem cuidariam para que a marcha não fosse interrompida.

3. Onde a estrada era mais estreita, os homens com armamento pesado colocavam a bagagem no centro e marchavam de um lado e do outro. Se aparecia algum obstáculo, os soldados que estivessem próximos dele cuidavam do assunto. A maioria das companhias marchava tendo sua bagagem junto de si, pois todos os carregadores tinham recebido ordem de acompanharem suas próprias companhias, a não ser que alguma necessidade os impedisse.

4. O carregador de cada capitão seguia à frente levando um estandarte reconhecível por todos da sua companhia, assim podiam marchar juntos e todos tinham um grande cuidado para não deixar nada que fosse seu para trás. Ao agir desse modo, não precisavam ficar procurando uns aos outros, cada item estava ao mesmo tempo disponível e seguro, e os soldados obtinham rapidamente qualquer coisa de que precisassem.

5. Ao avançar, os batedores pensaram ter visto homens no campo apanhando forragem e lenha e então viram também animais de carga, uns levando coisas desse tipo e outros pastando. Olhando mais ao longe pareceu-lhes que podiam reconhecer uma nuvem de fumaça ou de poeira subindo e, com todos esses indícios, estavam perto de concluir que o exército dos inimigos se encontrava nos arredores.

6. Então, o oficial da guarda avançada enviou imediatamente alguém para relatar as informações a Ciro, e ele, depois de ouvir as notícias, mandou que permanecessem nos seus postos de observação e avisassem sempre que houvesse alguma novidade. Ele enviou também uma companhia de cavaleiros com ordens de

tentar capturar alguns dos homens que estavam no campo, a fim de que se informassem de modo mais seguro sobre a situação.

7. Os homens designados para a tarefa assim o fizeram, enquanto ele próprio manteve o resto do exército ali, para que tratassem dos preparativos que julgava necessários antes de se aproximarem demais. Ele determinou que jantassem primeiro e, em seguida, permanecessem em suas companhias, atentos a novas ordens.

8. Uma vez que tinham jantado, convocou os comandantes da cavalaria, da infantaria e do corpo de carros, além dos oficiais encarregados das máquinas, da bagagem e das carruagens e fizeram uma reunião.

9. O contingente que havia realizado uma investida no campo trouxe então os homens que haviam capturado e esses prisioneiros, ao serem interrogados por Ciro, disseram que haviam se afastado do acampamento, avançando alguns atrás de forragem, outros de lenha, indo além dos postos avançados, pois tudo entre eles era escasso em razão do grande tamanho do exército.

10. Ao ouvir isso, Ciro perguntou: "Quão distante daqui está o exército?".

Eles responderam que cerca de duas parasangas.*

Diante dessa resposta, Ciro disse: "E quanto a nós, havia alguma conversa a nosso respeito entre vocês?".

"Sim, por Zeus", eles falaram, "diziam com frequência que vocês já estavam chegando bem perto de nós".

"E então?", quis saber Ciro, "Eles ficaram felizes ao ouvir que nós estávamos nos aproximando?", uma pergunta que fez pensando nos homens ali presentes.

"Não, por Zeus", responderam, "não ficaram nada felizes, mas, ao contrário, muito preocupados".

* Cerca de 10,6 quilômetros.

11. "E agora, o que estão fazendo?"

"Estão se colocando em ordem de batalha e ontem e anteontem estavam fazendo o mesmo."

"E quem é o responsável por apontar as posições?", perguntou Ciro.

"O próprio Creso", eles disseram, "e com ele havia um grego e mais outro homem, um medo, esse que dizem que desertou do lado de vocês".

E Ciro declarou: "Zeus Magnânimo, que você permita que eu venha a colocar minhas mãos nesse homem da forma como eu desejo!".

12. Depois disso, mandou que levassem embora os prisioneiros e se voltou para os presentes como se fosse falar alguma coisa, mas nesse momento apareceu outro homem enviado pelo oficial da guarda avançada, dizendo que uma grande companhia de cavaleiros estava visível no campo. "Presumimos que estão cavalgando com a intenção de observar nosso exército, pois à frente dessa companhia, numa distância considerável, estão outros trinta homens a cavalo; na verdade, eles estão vindo na nossa direção, talvez com intenção de tomar nosso posto de observação, caso consigam. Nós que estamos no posto somos apenas dez homens", ele informou.

13. Ciro então deu ordens para que alguns dos cavaleiros que estavam permanentemente na sua guarda fossem ao pé do posto de observação e ficassem quietos ali, sem chamar atenção dos inimigos: "Quando os nossos dez tiverem deixado o posto, levantem-se e ataquem os inimigos que estavam se dirigindo até lá. Para que vocês não sofram porque eles têm um contingente maior, você, Histaspas, avance contra eles com um corpo de mil cavaleiros, e mostre que se oporá à tropa inimiga, mas não entre em perseguição de forma alguma em locais fora da nossa visão e volte aqui depois de ter conseguido que os postos permaneçam

nossos. Se alguns homens cavalgarem até vocês com a mão direita estendida, recebam-nos de forma amigável".

14. Histaspas partiu e foi se armar, enquanto os homens de Ciro se dirigiram imediatamente até o posto, como ele havia ordenado. Nesse momento, contudo, estava vindo ao seu encontro, passando pela linha dos postos de guarda, junto com seus subordinados, o homem que tinha sido enviado como espião havia algum tempo, o guardião da mulher de Susa.

15. Ciro, ao saber disso, pulou de sua cadeira e foi encontrá-lo e cumprimentá-lo. Os outros, como era natural, já que nada sabiam, ficaram chocados com seu gesto, até que Ciro falou: "Meus amigos, o melhor dos homens está voltando para nós e agora todos devem ser informados dos seus feitos. Ele partiu não por ter sido dominado por sua vergonha ou porque estava com medo de mim, mas para que se informasse para nós acerca da situação exata dos inimigos e para que a relatasse.

16. "Eu me lembro do que então lhe prometi, Araspas, e vou concedê-lo a você junto com todos esses aqui presentes. É apenas justo que todos vocês, homens, honrem-no como um homem valoroso, pois foi pelo nosso bem que ele não só correu riscos, mas suportou a culpa colocada como um fardo sobre ele."

17. Depois disso, todos abraçaram Araspas e lhe deram um aperto de mão. Quando Ciro disse que já era o bastante, acrescentou: "Conte-nos, Araspas, o que agora precisamos saber. Não diminua a verdade nem reduza a situação dos inimigos, pois é melhor vê-los em menor número depois de termos pensado que eram mais numerosos do que ouvir que são em quantidade menor para depois virmos a descobrir que são, na verdade, mais fortes".

18. "Bem, de fato", começou Araspas, "agi de forma a conhecer com toda certeza o tamanho do exército, pois eu mesmo estava presente e auxiliei no seu posicionamento".

"Então você conhece não apenas o seu número, mas também a sua formação?"

"Sim, conheço, por Zeus", respondeu Araspas, "e também como pretendem conduzir a batalha".

"Mas então nos diga primeiro quanto eles são no total."

19. "Bem, no total eles estão posicionados numa profundidade de trinta fileiras, tanto infantes, quanto cavaleiros, com exceção dos egípcios, que ocupam uma área de cerca de quarenta estádios em extensão,* pois tomei bastante cuidado para saber exatamente que espaço ocupavam."

20. "E os egípcios", perguntou Ciro, "como estão posicionados? Porque você disse 'com exceção dos egípcios'".

"Os comandantes estavam ordenando cada companhia de dez mil homens em quadrados de cem soldados de cada lado, pois diziam que esse era o costume das companhias também em seu país. Creso, porém, consentiu que eles assim se ordenassem, mas muito contrariamente à sua vontade, pois queria que as alas superassem o máximo possível em extensão os do nosso exército."

"Mas por que razão ele desejava fazer isso?", perguntou Ciro.

"Porque assim, por Zeus", respondeu Araspas, "poderia cercá-lo com a parte mais longa das fileiras".

Então Ciro declarou: "Talvez eles tenham a oportunidade de descobrir se não serão cercados por aqueles que desejavam cercar.

21. "O que era nesse momento necessário que soubéssemos, já ouvimos de você. Eis o que devem fazer agora, homens: quando vocês partirem daqui, examinem com atenção tanto os seus armamentos quanto os dos seus cavalos, pois muitas vezes um homem, um cavalo ou um carro se tornam inúteis por causa de um defeito pequeno. Amanhã de manhã, enquanto eu estiver

* Cerca de 7 quilômetros.

realizando os sacrifícios, tanto homens quanto cavalos devem primeiro se alimentar, para que ninguém sinta falta disso quando estivermos em momento oportuno para a ação. Em seguida, você, Arsamas, ocupe [a ala esquerda e você, Crisantas,]* a direita, como você já faz, e os demais generais devem estar na mesma posição que agora ocupam. No momento em que um confronto se aproxima, não se deve trocar nenhum dos cavalos jungidos aos carros. Deem ordens para os capitães e para os tenentes de montar pelotões com duas falanges de profundidade." Cada pelotão era composto de vinte e quatro homens.

22. Um dos generais perguntou: "Ciro, você acha que estaremos em condições de enfrentar uma falange tão profunda, posicionados nesse número?".

E Ciro respondeu: "E você acha que falanges profundas demais para atingir com armas os oponentes são capazes de ferir os inimigos ou ajudar os amigos de alguma forma?

23. "Pois eu preferiria posicionar esses hoplitas não em cem, mas em dez mil homens em profundidade, já que assim lutaríamos com o menor número deles. Porém, com a profundidade que darei à nossa falange, creio que farei com que esteja inteiramente em ação e seja uma aliada a si mesma.

24. "Posicionarei os lanceiros após os soldados armados com couraças e, na sequência dos lanceiros, os arqueiros. Por que motivo alguém colocaria na dianteira aqueles que admitem não poder encarar o combate corpo a corpo? Com os soldados com armamento pesado na sua frente, eles se manterão na luta, e lanceiros e arqueiros infligirão males aos inimigos com projéteis que passarão acima de todos os que estiverem na sua frente.

---

* Aqui há uma lacuna nos manuscritos. A sugestão de emenda foi feita por E. Delebecque em sua edição da obra para a coleção *Les Belles-Lettres*.

25. "Na parte de trás, posicionarei os chamados 'últimos', pois assim como uma casa não serve para nada sem uma fundação de pedras forte ou sem as partes que formam um telhado, uma falange de nada serve sem homens valentes na vanguarda e sem homens valentes na retaguarda.

26. "E se posicionem da forma que vou indicar: vocês, que são oficiais dos peltastas, arranjem seus pelotões atrás deles, e vocês, oficiais dos arqueiros, da mesma forma, logo atrás dos peltastas.

27. "Quanto a você, que está no comando dos soldados na retaguarda, uma vez que estará com os homens que vêm por último, dê ordens para que cada soldado da sua divisão observe os que estão na frente dele e incentive aqueles que cumprirem os seus deveres, mas ameace duramente os que estiverem se acovardando. Se um deles se virar, com a intenção de desistir, eles devem puni-lo com a morte, pois a tarefa dos homens que estão na frente é de encorajar com palavra e com ação os que vêm na sequência, enquanto vocês, que estão posicionados atrás de todos, devem provocar nos covardes um medo maior do que aquele que eles sentem dos inimigos.

28. "Você, Eufratas, que está no comando dos soldados encarregados das máquinas, faça com que os animais que puxam as torres acompanhem o mais perto possível a falange.

29. "Você, Dauco, que está no comando da seção da bagagem, conduza toda essa divisão logo após as torres e faça com que seus ajudantes punam severamente os homens que avançarem além do que for apropriado ou os que ficarem para trás.

30. "Você, Carduco, que está no comando das carruagens que trazem as mulheres, deixe-as por último, atrás da seção da bagagem, pois elas parecerão um grupo mais numeroso se vierem todas em sequência, e isso nos dará oportunidade para uma emboscada; caso os inimigos tentem nos encurralar, terão

que fazer um círculo mais amplo. Quanto maior for a área que eles cercarem, necessariamente mais fracos se tornarão.

31. "É isso que vocês devem fazer. Quanto a vocês, Artaozo e Artagerses, cada um mantenha um corpo da sua infantaria atrás das carruagens.

32. "Farnuco e Asiadatas, não posicionem junto da falange os corpos de mil cavaleiros que cada um de vocês comanda, mas coloquem-nos armados atrás das carruagens; em seguida, venham até mim junto com os outros comandantes. Vocês devem estar suficientemente preparados para o combate, como se vocês fossem a vanguarda.

33. "E você, que está no comando dos homens montados nos camelos, posicione-se atrás das carruagens e faça o que Artagerses ordenar.

34. "Vocês, que são os comandantes dos carros, dividam as tarefas por sorteio; aquele que for sorteado deve posicionar os cem carros que comandar diante da falange. Quanto aos outros grupos de cem carros, um deles, posicionado em coluna no flanco direito, deve seguir a falange nessa ala, o outro grupo deve fazer o mesmo no flanco esquerdo." Era nessa ordem que Ciro os estava posicionando.

35. Abradatas, o rei de Susa, falou então: "Ciro, eu posso, voluntariamente, assumir a posição bem diante da falange inimiga, a não ser que você tenha outro plano".

36. Ciro, admirado com Abradatas e segurando sua mão direita, questionou os persas que estavam no comando dos outros carros: "Vocês dão o seu consentimento?". Quando eles responderam que não era nobre aceitar tal oferta, fez com que eles tirassem a sorte e Abradatas recebeu a posição para a qual tinha se proposto, de frente para os egípcios.

37. Então partiram e, depois de atender as ordens já mencionadas, foram jantar e descansaram após posicionarem as sentinelas.

4

1. Na manhã do dia seguinte, Ciro deu início aos sacrifícios, enquanto o resto do exército, depois de se alimentar e de fazer libações, começou a se armar com muitas e belas túnicas, couraças e elmos. Também nos cavalos puseram armas, testeiras e bardas. Nos cavalos de montaria, colocaram ainda coxotes; nos de tração, proteção nos flancos. Assim, todo o exército começou a brilhar com o bronze e a resplandecer com a cor púrpura.

2. O carro de Abradatas, com quatro timões e oito cavalos, tinha sido todo ricamente adornado. Quando ele estava prestes a vestir uma couraça de linho, do tipo que era usada em seu país, Panteia lhe trouxe, feitos de ouro, braceleiras, largos braceletes para colocar ao redor dos punhos, além de uma longa túnica púrpura drapeada até os pés e uma pluma para o elmo da cor do jacinto. Ela havia mandado fazer essas coisas em segredo, depois de tirar as medidas das armas do seu marido.

3. Ele ficou admirado ao ver o que ela trazia e perguntou a Panteia: "Mulher, você certamente não partiu suas próprias joias para fazer as armas para mim, não é?".

"Por Zeus", respondeu Panteia, "com certeza não a mais valiosa delas, pois caso você tenha para os outros a mesma aparência que tem para mim, será você meu maior adorno". Enquanto dizia isso, vestiu nele as armas e, embora tentasse esconder as lágrimas, elas escorreram sobre seu rosto.

4. Como mesmo antes Abradatas era digno de ser notado, vestido com essas armas, ele então pareceu o homem mais belo de todos e o de espírito mais livre, pois essa era a sua natureza. Tomando as rédeas das mãos do seu condutor ajudante, ele estava pronto para subir em seu carro.

5. Nesse momento, Panteia ordenou que todos os presentes se afastassem e disse: "Abradatas, se alguma outra mulher já

estimou seu marido mais do que sua própria vida, creio que você sabe que sou como ela. Então por que devo explicar isso palavra por palavra? Creio que minhas ações lhe dão provas mais confiáveis do que as palavras que agora são ditas.

6. "Mesmo que você conheça meus sentimentos por você, juro pelo meu e pelo seu amor, que prefiro estar na companhia de um homem que agiu de forma nobre, deitada ao seu lado na terra, do que viver desonrada ao lado de um homem desonrado. É dessa forma que sempre considerei você e a mim dignos das ações mais nobres.

7. "Acho que temos uma grande dívida de gratidão para com Ciro, porque, quando me tornei prisioneira e fui selecionada para ele, ele não julgou digno me manter nem como escrava nem como uma mulher livre com nome desonrado, mas me guardou para você como se tivesse capturado a esposa do próprio irmão.

8. "Além disso, quando Araspas, que havia sido encarregado de ser meu guardião, desertou, prometi-lhe, caso me deixasse enviar alguém até você, que você se apresentaria a ele, um homem muito melhor e mais confiável do que Araspas."

9. Essas foram as suas palavras. Quanto a Abradatas, admirado com o que ela disse e tocando o seu rosto, olhou para o céu e fez um voto: "Zeus Magnânimo, permita que eu me mostre um homem digno de Panteia e um amigo digno de Ciro, que nos tratou de forma honrada". Tendo dito essas palavras à porta da caixa de condução, subiu no carro.

10. Depois que ele fez isso e o condutor ajudante fechou a caixa, sem ter outra forma de se despedir dele, Panteia beijou o carro. Quando o carro seguiu, ela o acompanhou sem que fosse notada, até que Abradatas se virou, viu a esposa e lhe disse: "Coragem, Panteia, adeus! Vá-se agora!".

11. Seus eunucos e servas então a seguraram e a levaram até a carruagem, onde a deitaram e a esconderam com a capota.

Ainda que a visão de Abradatas e do seu carro fosse bela, os homens não foram capazes de admirá-lo enquanto Panteia não se afastou dali.

12. Quando Ciro recebeu presságios favoráveis e o exército estava na posição que ele havia indicado, tendo mandado ocupar novos postos de observação, reuniu os generais e disse o seguinte:

13. "Meus amigos e aliados, os deuses nos trazem sinais nos sacrifícios exatamente como aqueles que enviaram quando da nossa vitória anterior. Quanto a vocês, quero lembrá-los de fatos que acredito poder levá-los ao combate muito mais confiantes, caso os mantenham em mente.

14. "Vocês estão muito mais bem treinados nas artes da guerra do que os inimigos, viveram juntos, juntos foram colocados em formação de combate há muito mais tempo do que eles, e foram vitoriosos na companhia uns dos outros. A maioria dos nossos inimigos, por sua vez, foi derrotada na companhia dos mesmos homens que lá estão. Nos dois grupos há soldados que nunca estiveram em batalha, mas os dos inimigos sabem que têm ao seu lado traidores, enquanto vocês sabem que os homens junto de vocês estão dispostos a lutar para defender os companheiros.

15. "É natural que aqueles que confiam uns nos outros encarem o combate com disposição igual e é inevitável, por sua vez, que os que não têm nenhuma confiança entre si pensem de que forma cada um vai conseguir escapar o mais rapidamente possível.

16. "Marchemos contra os inimigos, homens, para que nossos carros armados enfrentem os carros desarmados dos inimigos e para que nossos cavalos e cavaleiros igualmente armados enfrentem uma cavalaria desarmada, num embate corpo a corpo.

17. "Vocês encararão uma infantaria que é a mesma de antes, e os egípcios estão tão mal armados quanto mal posicionados,

pois têm escudos grandes demais para deixá-los fazer ou enxergar qualquer coisa, e, com esse arranjo de cem homens, está claro que impedirão eles próprios uns aos outros de lutar, com exceção de alguns poucos.

18. "Se acreditam que nos obrigarão a retroceder nos empurrando, primeiro terão que enfrentar os cavalos e o ferro reforçado pela força dos cavalos; se ainda assim um deles resistir, como poderá ao mesmo tempo lutar contra uma cavalaria, contra as falanges e contra as torres? Pois os soldados que estarão nas torres virão em nosso socorro e, atingindo os inimigos, farão com que eles fiquem atônitos em vez de lutar.

19. "Se vocês acham que ainda têm necessidade de algo mais, digam-no para mim; com ajuda dos deuses, não sentiremos falta de nada. E se alguém quiser falar alguma coisa, que fale. Se não, depois de ir aonde foram realizados os sacrifícios e rezar aos deuses para os quais eles foram feitos, dirijam-se às suas companhias.

20. "Que cada um de vocês faça seus homens recordar dos mesmos fatos que lembrei agora a vocês. Um homem deve mostrar aos seus subordinados que é digno de estar no comando, mostrando-se destemido em atitude, na expressão de seu rosto e nas suas palavras."

Livro VII

1

1. Tendo feito uma prece aos deuses, eles voltaram para suas companhias. Os servos começaram a trazer comida e bebida para Ciro e os homens que o acompanhavam, que ainda se ocupavam dos sacrifícios. Ciro, parado onde estava, fez primeiro uma oferenda aos deuses, então passou à refeição e a compartilhou o tempo todo com quem tivesse mais necessidade. Depois de fazer uma libação e uma prece, ele bebeu, e os homens que estavam com ele fizeram o mesmo. Em seguida, pediu a Zeus Ancestral que fosse seu guia e aliado e então subiu em seu cavalo e ordenou que os outros também o fizessem.

2. Toda a guarda de Ciro estava armada com armas iguais às dele: túnicas púrpuras, couraças de bronze, elmos de bronze com plumas brancas, espadas e, além disso, cada um tinha uma lança feita de madeira de corniso. Os cavalos portavam testeiras, bardas e coxotes de bronze, e essas mesmas peças protegiam também as coxas do cavaleiro. Só num aspecto as armas de Ciro eram diferentes: todas as outras eram revestidas com a cor dourada, apenas as armas de Ciro brilhavam como um espelho.

3. Quando ele montou no cavalo e olhou na direção em que iria marchar, um trovão estrondou do lado direito e Ciro disse: "Seguiremos você, Zeus Magnânimo", pondo-se em movimento com Crisantas, o comandante da cavalaria, e os cavaleiros à direita e com Arsamas e a infantaria à esquerda.

4. Ele deu ordens para que se mantivessem atentos ao estandarte e que seguissem no mesmo passo. Seu estandarte era uma águia dourada com asas abertas pousada sobre uma lança longa, e ainda hoje é esse o estandarte do rei dos persas. Antes que pudessem ver os inimigos, fez o exército parar três vezes.

5. Depois que tinham avançado cerca de vinte estádios,* começaram a enxergar o exército dos inimigos marchando ao seu encontro. Quando todos ficaram à vista uns dos outros e os inimigos reconheceram que sua linha de combate se estendia em ambos os lados muito além da dos inimigos persas, mantendo sua própria falange fixa no centro, pois de outra forma não conseguiriam rodeá-los, começaram a fazer uma linha curva, preparando-se para o cerco e deixando sua própria formação em formato de letra gama nas duas laterais, de modo a entrarem em combate ao mesmo tempo em todos os lados.

6. Ciro, ao ver isso, não retrocedeu nem um pouco, mas conduziu seu exército da mesma forma que antes; percebendo com que distância eles formavam a dobra dos dois lados, ponto onde se arqueavam e estendiam as alas, perguntou: "Você está vendo, Crisantas, onde eles estão formando o ângulo com o centro?".

Crisantas respondeu: "Perfeitamente, e estou surpreso, pois tenho a impressão de que eles estão distanciando demais as alas da sua própria falange".

"Por Zeus", disse Ciro, "e também da nossa!".

---

* Cerca de 3,5 quilômetros.

7. "Por que estão fazendo isso?"

"Está claro que estão com medo de que os ataquemos caso se aproximem de nós enquanto sua falange, no centro, ainda está distante."

Crisantas respondeu: "Então como poderão se auxiliar estando assim tão longe uns dos outros?".

"Evidentemente que, tão logo as alas que agora estão avançando em coluna estiverem na altura dos flancos do nosso exército, eles se voltarão para formar uma linha de batalha, a fim de marcharem sobre nós simultaneamente de todos os lados para o combate", Ciro explicou.

8. "E então", disse Crisantas, "você acha que os planos deles são bons?".

"Sim, considerando a visão que eles têm, mas considerando o que eles não podem ver, isso é ainda pior do que se avançassem em colunas. Você, Arsamas, conduza sua infantaria morosamente, no mesmo ritmo em que você me observar avançando; quanto a você, Crisantas, acompanhe-o levando a cavalaria no mesmo passo. Eu parto para o local que penso ser mais apropriado para dar início ao combate e, ao mesmo tempo, examinarei a situação de cada seção do nosso exército enquanto passo por elas.

9. "Quando chegar lá, assim que estivermos avançando já próximos uns dos outros, puxarei o peã e então vocês se apressem. Vocês perceberão o momento em que entraremos no corpo a corpo com os inimigos, pois imagino que o tumulto não será pouco; nesse ponto, Abradatas vai se pôr em movimento com os carros em direção aos homens que estiverem do lado oposto, pois receberá o comando para agir, e vocês devem segui-lo, acompanhando os carros o mais perto possível, já que essa é a nossa principal estratégia para cairmos sobre inimigos desordenados. Também eu estarei presente assim que puder para perseguir os homens, se os deuses o permitirem."

10. Uma vez que disse isso e passou adiante a palavra de ordem — "Zeus salvador e guia" —, Ciro começou a cavalgar. Ao passar pelos carros e pelos soldados que usavam couraças, quando dirigia o olhar para alguns deles, dizia-lhes: "Homens, que prazer observar os seus rostos!"; e para outros falava: "Vocês percebem, homens, que o presente combate não diz respeito apenas à vitória de hoje, mas também àquela que vocês já venceram e à nossa felicidade geral?".

11. Diante de outros soldados, exclamava: "Daqui por diante, homens, não devemos em nenhum momento culpar os deuses, pois eles nos deram a oportunidade de obter muitas benesses. Sejamos valentes!".

12. Alguns ainda ouviam: "Mas para que festa melhor do que esta poderíamos ser convidados, homens? Agora, como homens valorosos, temos a chance de oferecer uns aos outros muitas boas contribuições que compartilharemos no banquete!".

13. Outros escutavam: "Creio que vocês entendem, homens, que perseguir, golpear, matar, adquirir riquezas, ouvir elogios, ser livre, comandar, todas essas coisas são agora os prêmios dos vitoriosos. Aos covardes, é evidente, sobra o oposto disso tudo. Quem quer que ame a si mesmo, que combata ao meu lado, pois jamais aceitarei de vontade própria agir de forma covarde ou vil!".

14. Quando, por sua vez, chegava próximo daqueles que tivessem lutado ao seu lado anteriormente, dizia: "O que devo falar para vocês, homens? Pois vocês já sabem como os valentes passam seus dias nas batalhas e como é o dia dos covardes".

15. Ele continuou avançando e, no momento em que chegou até Abradatas, Ciro parou. Abradatas, depois de entregar as rédeas ao condutor ajudante, dirigiu-se até ele, e outros homens que estavam por perto começaram a correr na sua direção, tanto infantes quanto soldados que estavam nos carros.

Ciro, por sua vez, disse aos homens que se reuniram diante dele: "Abradatas, o deus concordou com que você e os seus homens estivessem na linha de frente dos aliados da forma como você achava correto. Lembre-se de uma coisa quando agora tiver que lutar, que os persas não só estarão observando vocês, mas também vão acompanhá-los e não permitirão que vocês entrem na luta desamparados".

16. "Bem, ao menos para mim nossa seção parece estar bem", respondeu Abradatas, "mas estou preocupado com os flancos, pois estou vendo as alas dos inimigos se estendendo fortes, com carros e tropas portando todo tipo de armamento; na nossa frente não há nenhuma resistência além dos carros, de modo que eu", completou, "caso não tivesse recebido essa posição num sorteio, sentiria vergonha de estar aqui, pois tenho a forte impressão de que estou no lugar mais seguro de todos".

17. Então Ciro disse: "Mas se as coisas estão bem para vocês, tenha confiança nos outros! Com ajuda dos deuses, vou lhe mostrar esses flancos vazios de inimigos. Peço que você não se lance contra os nossos adversários egípcios antes que tenha visto debandando esses que agora você teme". Ele passou a se jactar assim na iminência do combate; em outros momentos, não era de forma alguma dado à presunção. "Quando, porém, você os vir fugindo, pense que eu então já estarei presente e avance contra esses homens, pois nesse momento você encontrará nossos adversários na pior situação possível, ao passo que a sua será a melhor de todas.

18. "Enquanto você ainda tem tempo, Abradatas, não deixe de cavalgar ao longo dos seus carros para exortar os homens que estarão ao seu lado no ataque, encorajando-os com a expressão no seu rosto e alentando-os com esperanças. Inspire neles o amor da vitória, de modo que pareçam aos outros os melhores homens que já lutaram sobre carros e tenha certeza

de que, se tivermos sucesso hoje, todos dirão no futuro que não existe nada mais vantajoso do que a virtude." Abradatas subiu num cavalo e começou a cavalgar e a seguir a recomendação.

19. Ciro, por sua vez, foi seguindo pelo exército e, quando chegou à ala esquerda, onde estava Histaspas com metade dos cavaleiros persas, chamou-o e disse: "Histaspas, você está vendo? É hora de pôr sua rapidez à obra. Se abatermos nossos inimigos antes que nos matem, nenhum dos nossos perecerá".

20. Histaspas respondeu com um sorriso: "Bem, cuidaremos dos inimigos que estão à nossa frente, mas encarregue outros daqueles que estão nos flancos, para que não fiquem sem fazer nada". Ciro respondeu: "Ora, eu mesmo vou marchar contra eles, mas lembre-se de uma coisa, Histaspas: seja lá a quem o deus conceder a vitória, se de algum modo parte da força inimiga continuar resistindo, devemos sempre nos juntar contra a seção que ainda estiver lutando". Seguiu em frente, depois de dizer isso.

21. Quando estava percorrendo o flanco, chegou também até o comandante dos carros naquela seção e lhe disse: "Sim, venho em sua ajuda. Quando vocês perceberem que estamos atacando na ponta da ala inimiga, nesse momento também vocês devem tentar avançar entre nossos adversários, pois vocês estarão muito mais seguros caso estejam fora da linha inimiga do que dentro dela".

22. Quando chegou à parte de trás da seção das carruagens, ordenou a Artagerses e a Farnuco que permanecessem ali com seus corpos de infantaria e de cavalaria: "No momento em que vocês perceberem que estou atacando os homens diante da nossa ala direita, também vocês marchem sobre os que estiverem na frente de vocês. Vocês lutarão contra o flanco, local onde o exército está na sua posição mais enfraquecida, e vocês estarão na linha de batalha central, de forma que vocês estarão na formação mais resistente de todas. Como podem ver, os cavaleiros dos ini-

migos estão no extremo da ala; então não deixem de enviar até eles os camelos e tenham certeza de que vocês verão os inimigos numa situação ridícula antes mesmo de começar a lutar".

23. Depois de fazer isso, Ciro se encaminhou para o lado direito. Creso, julgando que a falange central, na qual ele próprio marchava, já estava mais próxima dos inimigos do que as alas que se estendiam nas laterais, deu um sinal para que elas não continuassem a marcha, mas que passassem ali mesmo à conversão. Depois que pararam voltados na direção do exército de Ciro, ele deu o sinal para que avançassem sobre os inimigos.

24. Então três linhas de batalha atacaram o exército de Ciro, uma no centro e outras duas, que iam uma contra o lado direito, outra contra o esquerdo, fazendo com que um grande pavor atingisse todas as tropas de Ciro. Como uma pequena letra pi feita de pedra* e colocada dentro de uma maior, era assim que as tropas de Ciro, com exceção da retaguarda, estavam rodeadas de inimigos por todos os lados, entre os quais se contavam cavaleiros, hoplitas, peltastas, arqueiros e carros.

25. Mesmo assim, quando Ciro deu a ordem, todos os soldados se voltaram para ficar cara a cara com os inimigos. Havia um enorme silêncio por toda parte, que decorria do receio que sentiam pelo porvir. Quando achou ser o momento certo, Ciro deu início ao peã, e o exército inteiro cantou em coro com ele.

26. Em seguida, enquanto entoavam o grito de guerra a Eniálio,** Ciro avançou e, junto da cavalaria, caindo sobre o flanco dos inimigos, imediatamente entrou no combate corpo a corpo. A infantaria, em formação compacta, seguiu-o rapi-

---

* Assim como na passagem anterior, em que Xenofonte usa a imagem da letra gama maiúscula, aqui trata-se da grafia maiúscula da letra pi, Π.

** Embora a princípio fossem deuses distintos, Eniálio passou a ser outro nome do deus Ares, em especial quando referido por sua atuação na guerra.

damente e começou a circundar os inimigos dos dois lados, de forma que Ciro estava em grande vantagem, pois tinha atacado o flanco adversário com o corpo central do exército e, assim, aos inimigos só restou uma vigorosa fuga.

27. Quando Artagerses percebeu que Ciro estava em ação, também ele se lançou contra a ala esquerda inimiga, enviando os camelos como Ciro havia ordenado. Os cavalos, mesmo ainda muito distantes, não conseguiram sequer encará-los, mas alguns ficaram fora de si e fugiram; outros começaram a retroceder ou a cair uns sobre os outros, pois esse é o efeito dos camelos sobre os cavalos.

28. Com seus homens em formação compacta, Artagerses caiu sobre os inimigos que estavam fora de posição e, ao mesmo tempo, enviou os carros do lado direito e do lado esquerdo. Muitos homens, fugindo dos carros, acabaram mortos por aqueles que vinham na sequência do ataque ao flanco e muitos outros, fugindo destes, foram apanhados pelos carros.

29. Abradatas também não esperou mais e gritando "Sigam-me, meus amigos", avançou sem poupar os cavalos, tirando sangue deles com os golpes violentos do aguilhão, enquanto os demais homens que conduziam os carros se juntavam a ele. Os carros inimigos imediatamente deram início à fuga, alguns antes apanhando os soldados que deles haviam descido, ao passo que outros os abandonavam.

30. Abradatas, por sua vez, apressando-se diretamente na direção da falange egípcia, lançou-se contra ela, participando do ataque também os homens sob seu comando que estavam posicionados mais próximos dele. Em muitas ocasiões e por diversos motivos já se mostrou que uma linha de batalha é mais forte sempre que composta por aliados que são amigos e também nesse momento isso se comprovou, pois tanto os amigos quanto os companheiros de Abradatas se lançaram ao ataque junto com

ele, ao passo que os demais condutores, ao verem que os egípcios se mantinham firmes em formação, decidiram se voltar na direção dos carros inimigos que estavam fugindo e persegui-los.

31. No local onde Abradatas e seus seguidores atacaram, porque os egípcios não podiam bater em retirada em razão do fato de que havia homens lutando firmes de ambos os seus lados, os que estavam de pé eram derrubados com golpes e pela força dos cavalos, enquanto os que caíam eram destroçados, eles próprios e suas armas, pelos cavalos e pelas rodas. O que quer que fosse apanhado pelas foices, fossem armas, fossem corpos, era trinchado com toda a violência.

32. Nessa confusão indescritível, as rodas saltavam ao passar por amontoados de toda espécie e, por isso, Abradatas e outros que haviam entrado em combate com ele foram ao chão e, ali, esses homens que se mostraram tão corajosos foram massacrados e mortos. Os persas, juntando-se ao ataque depois que Abradatas e os seus homens haviam feito a investida, mataram os inimigos avançando sobre eles no momento em que estavam desordenados, mas havia egípcios ainda ilesos — e esses eram muitos —, que se moveram na direção dos persas.

33. Ocorreu aí uma batalha terrível, de lanças curtas, de lanças longas, de sabres. Os egípcios, porém, estavam em vantagem tanto em número quanto em armas, pois suas lanças até hoje são fortes e longas e seus escudos não só são bem maiores do que couraças e escudos ovais, mas também envolvem seus corpos e, quando apoiados nos ombros, ajudam na hora de empurrar os inimigos. Assim, juntando os seus escudos, os egípcios avançavam e tentavam fazer retroceder os rivais.

34. Os persas, por sua vez, não conseguiam resistir, já que seguravam os escudos com as mãos, e começaram a recuar pé a pé, golpeando e sendo golpeados, até que se encontraram sob a proteção das máquinas. Quando chegaram aí, os egípcios pas-

saram a receber novos golpes, que dessa vez vinham das torres, enquanto os homens na retaguarda não permitiam nem que os arqueiros nem que os lanceiros fugissem, mas com as espadas em punho os forçavam a atirar flechas e lanças.

35. Houve então uma grande matança de homens, um forte estrépito de armas e de projéteis de todo tipo, e muita gritaria, porque chamavam uns pelos outros, exortando-se ou invocando os deuses.

36. Foi nesse momento que Ciro chegou até eles, vindo em perseguição dos homens que ele estava encarregado de enfrentar, e se afligiu ao ver os persas forçados para fora das suas posições, mas também percebeu que não havia forma mais rápida de impedir o progresso dos inimigos do que marchando até a retaguarda deles. Ordenou que seus homens o acompanhassem, fez o contorno até a última fileira e, caindo sobre os inimigos, golpeou-os enquanto olhavam em outra direção e matou muitos deles.

37. Quando os egípcios perceberam a situação, passaram a gritar que os inimigos estavam atrás deles e se viraram em meio aos golpes. Então, infantes e cavaleiros começaram a lutar em desordem e certo homem, que tinha caído sob o cavalo de Ciro e estava sendo pisoteado, golpeou com a espada a barriga do animal; o cavalo, ferido, começou a se contorcer e derrubou Ciro.

38. Aqui é possível perceber como é importante um comandante ser amado pelos seus homens, pois imediatamente todos começaram a gritar e a lutar, partindo para o ataque. Empurravam, eram empurrados, golpeavam e recebiam golpes. Um dos ajudantes, apeando do seu próprio cavalo, colocou Ciro sobre o animal.

39. Quando Ciro montou o cavalo, notou que os egípcios já estavam sofrendo golpes por todos os lados, pois não apenas

Histaspas tinha se apresentado com os cavaleiros persas, mas também Crisantas. Ele, porém, não lhes deu nesse momento permissão de avançar contra a falange dos egípcios, mas ordenou que usassem o arco e as lanças. Circulando pelo exército, chegou diante das máquinas e decidiu subir numa das torres, a fim de observar se havia forças inimigas em algum outro lugar que continuassem resolutas no combate.

40. Uma vez lá em cima, viu sob ele um campo repleto de cavalos, de homens e de carros, que fugiam, perseguiam, venciam e eram vencidos. Não pôde, porém, enxergar nenhum outro grupo resistindo em qualquer local, com exceção da força dos egípcios, e estes, que já se viam sem saída, formaram um círculo e se sentaram sob os escudos, deixando visíveis apenas as suas armas. Já não faziam mais nada, mas sofriam grande e terrivelmente.

41. Ciro, admirado com eles e se apiedando, porque eram homens valorosos que ali pereciam, fez com que todos que estavam lutando ao redor deles retrocedessem e não permitiu que ninguém mais lutasse. Enviou até eles um arauto, perguntando se queriam todos morrer pelos homens que os haviam abandonado ou se desejavam se salvar, sendo reputados como homens de coragem. Eles responderam: "Como poderíamos nos salvar e ser reputados como homens de coragem?".

42. Então Ciro falou: "Estamos vendo que vocês são os únicos a resistir e a ter vontade de lutar".

"Mas para além disso", perguntaram os egípcios, "como podemos agir de forma nobre e ainda sermos salvos?".

Ciro, por sua vez, respondeu: "Sem trair nenhum dos seus aliados, sem entregar suas armas, e se tornando amigos daqueles que estão escolhendo salvá-los, ainda que pudessem matá-los".

43. Ao ouvir isso, eles perguntaram: "Se nos tornarmos seus amigos, de que modo você julgará apropriado nos tratar?".

Ciro respondeu: "Considerarei apropriado fazer e receber favores".

Mais uma vez perguntaram os egípcios: "Que tipo de favor?".

"Daria a vocês um pagamento maior do que o que agora recebem enquanto durar a guerra; havendo paz, darei terras, cidades, mulheres e servos a quem de vocês quiser permanecer a meu lado."

44. Depois de ouvir essa resposta, os egípcios lhe pediram que os liberasse de tomar parte numa campanha contra Creso; disseram que essa era a única condição a ser aceita. Estando de acordo quanto ao resto, eles deram e receberam demonstrações de boa-fé.

45. Os egípcios que permaneceram naquela época com Ciro até hoje continuam fiéis ao rei e Ciro lhes deu cidades, algumas no interior, que mesmo agora são chamadas de cidades egípcias, bem como Larissa e Cilene junto de Cime, na costa, ainda hoje habitadas por seus descendentes. Quando Ciro concluiu o acordo, já havia escurecido e, conduzindo o exército de volta, mandou armar o acampamento em Timbrara.

46. Durante o combate, os egípcios foram os únicos dentre os inimigos a se distinguir, e, dentre os homens de Ciro, a cavalaria persa pareceu ser a mais eficiente, de forma que mesmo agora o seu armamento permanece da forma como Ciro preparou os cavaleiros naquela época.

47. Os carros falcados também foram fortemente apreciados e, por isso, permanecem até hoje um equipamento militar, passado de rei para rei.

48. Os camelos, por sua vez, apenas assustaram os cavalos, mas os homens que estavam sobre eles montados não mataram ninguém, nem foram mortos pela cavalaria inimiga, pois nenhum cavalo conseguiu se aproximar deles.

49. Embora esse feito tenha parecido de fato útil, nenhum

homem valoroso deseja manter um camelo para montaria ou treinar para a guerra com um deles. Assim, voltando para sua antiga função, servem como animais de carga.

2

1. Depois que Ciro e seus homens haviam jantado e posicionado as sentinelas da forma necessária, foram descansar. Quanto a Creso, ele fugiu de imediato para Sárdis com seu exército, enquanto os demais contingentes se afastaram o máximo possível na direção das suas casas durante a noite.

2. Quando amanheceu, Ciro conduziu prontamente o exército até Sárdis e, aproximando-se das muralhas da cidade, instalou as máquinas como se fosse atacá-la e passou a preparar as escadas.

3. Embora fizesse isso, mandou que alguns caldeus e persas subissem a parte que era considerada a mais íngreme das fortificações de Sárdis durante a noite seguinte. Serviu-lhes de guia um homem persa que havia sido escravo de um dos guardas da acrópole e que havia descoberto uma forma de descer até o rio e subir de volta.

4. Quando ficou claro que parte da cidadela estava tomada, todos os lídios fugiram, afastando-se das muralhas em direção a qualquer lugar da cidade que conseguissem alcançar. Ciro a adentrou ao amanhecer e deu ordens de que nenhum homem abandonasse seu posto.

5. Creso, trancado no palácio, gritava por Ciro, mas este deixou guardas para vigiá-lo enquanto ele próprio se dirigia para a cidadela ocupada. Ele tinha visto que os persas a guardavam, o que era a sua obrigação, mas que as armas dos caldeus estavam largadas porque tinham saído correndo para saquear

os bens das casas. Ciro então convocou imediatamente os chefes dos caldeus e lhes disse que deveriam deixar o exército o quanto antes.

6. "Pois eu não seria capaz de suportar", ele disse, "ver que os homens que negligenciam seus deveres são justamente os que levam vantagem. Tenham certeza de uma coisa", ele acrescentou, "que eu estava me preparando para tornar aqueles que lutaram ao meu lado os homens mais afortunados aos olhos de todos os caldeus. Agora, não fiquem surpresos caso topem com alguém mais forte do que vocês quando estiverem indo embora".

7. Ao ouvir essas palavras, os caldeus se alarmaram, imploraram para que ele cessasse com sua raiva e declararam que devolveriam todos os bens que haviam tomado. Ciro, porém, disse que não queria nada disso: "Mas se vocês querem mesmo que eu ponha fim a minha irritação, entreguem tudo o que vocês apanharam aos homens que estão agora guardando a cidadela; caso os outros soldados percebam que ganham vantagens aqueles que são disciplinados, para mim estará tudo bem".

8. Então os caldeus fizeram o que Ciro havia ordenado, e os soldados obedientes receberam todo tipo de bens em grande quantidade. Ciro mandou que os seus homens montassem o acampamento no lugar da cidade que lhe pareceu mais conveniente, que ficassem com as armas e almoçassem.

9. Depois de concluir essas determinações, deu ordens para que Creso fosse trazido até ele. Este, ao ver Ciro, falou: "Eu o saúdo, meu senhor, pois o destino lhe concede a partir de agora que você detenha esse título e a mim, que me dirija a você por ele".

10. "E eu a você, Creso, já que somos ambos humanos; mas, Creso, por acaso você estaria disposto a me dar alguns conselhos?"

"Certamente, Ciro", ele respondeu, "gostaria de encontrar um bom conselho para você, pois imagino que isso seria bom também para mim".

11. "Pois escute, Creso: vendo que meus soldados penaram muito, enfrentaram diversos perigos e agora julgam que estão em posse da cidade mais rica da Ásia, depois da Babilônia, penso ser apropriado que eles sejam recompensados, pois sei que não serei capaz de mantê-los obedientes por muito tempo caso eles não colham frutos dos seus esforços. Não desejo, no entanto, permitir que saqueiem a cidade, pois julgo que ela seria destruída e sei bem que, na pilhagem, os piores homens teriam o maior lucro."

12. Ao ouvir isso, Creso respondeu: "Mas me permita que eu diga aos lídios que eu encontrar que consegui de você a garantia de que não se fará nenhuma pilhagem e que não se permitirá que mulheres e crianças sejam levadas; em troca disso que eu prometi que os lídios lhe entregariam, voluntariamente, tudo o que existe de belo e de valor na cidade de Sárdis.

13. "Após ouvirem essas palavras, tenho certeza de que chegará até você todo e qualquer belo item que possuam homens e mulheres; além disso, ano que vem novamente a cidade estará repleta de muitos belos produtos para você. Por outro lado, se você a saquear, ficarão complemente arruinados até mesmo os ofícios que dizem ser as fontes das coisas belas.

14. "Você ainda terá a possibilidade, depois de ver o que foi trazido até aqui, de tomar uma decisão sobre a pilhagem. Primeiro envie alguém até os meus tesouros e deixe que os seus guardas recebam os bens dos meus guardas." Ciro concordou em fazer tudo isso da forma como Creso havia sugerido.

15. "Mas não deixe de me contar, Creso", ele disse, "o que resultou das suas consultas ao oráculo de Delfos, pois dizem que Apolo é muito reverenciado por você e que tudo o que você faz é em obediência a ele".

16. "Bem queria que as coisas fossem assim, Ciro", ele respondeu, "mas logo de início me aproximei de Apolo fazendo o oposto de tudo isso".

"Como assim?", indagou Ciro, "explique, pois você está dizendo algo muito estranho".

17. "Em primeiro lugar, deixando de interrogar o deus sobre minhas necessidades, quis testar se ele era capaz de dizer a verdade. Mesmo homens belos e nobres — que dirá os deuses —, quando percebem que são vistos com desconfiança, não podem ter amor por quem deles desconfia.

18. Ele, porém, sabia dos grandes absurdos que eu cometia e, embora estivesse distante de Delfos, enviei uma embaixada para consultá-lo sobre filhos.

19. A princípio, ele nem me deu resposta, mas quando consegui propiciá-lo — era o que parecia —, enviando-lhe muitas oferendas de ouro e de prata e vítimas sacrificiais variadas, então ele respondeu à minha pergunta sobre o que eu poderia fazer para ter filhos; disse que eles viriam.

20. "E vieram, de fato, pois nem nisso ele estava mentindo, mas, depois de nascidos, não me deram nenhuma alegria, pois um deles passa a vida até hoje como um mudo, enquanto o melhor deles foi morto no ápice da vida. Sentindo o peso das desgraças que envolviam meus filhos, mais uma vez enviei uma embaixada ao deus e lhe perguntei o que eu deveria fazer para passar o resto da minha vida da forma mais feliz; e ele me respondeu: 'Ao conhecer a si mesmo, Creso, você passará feliz pela vida'.

21. "Ao ouvir essa resposta, alegrei-me, pois julgava que, ao me designar a tarefa mais simples de todas, ele estava me concedendo a felicidade. Quanto aos outros homens, é possível conhecer alguns, outros não, mas eu julgava que qualquer um conhecesse a si mesmo, que soubesse quem ele próprio é.

22. "No período posterior a esse acontecimento, enquanto estive em paz, não tinha nenhum motivo para reclamar da minha sorte após a morte de meu filho; mas quando fui convencido pelo rei assírio a entrar em campanha contra vocês, passei a correr todo tipo de perigo. Fui salvo, porém, sem sofrer nenhum mal e também não responsabilizo o deus pelo que aconteceu, pois, uma vez que reconheci a mim mesmo como incapaz de lutar contra vocês, com ajuda do deus tanto eu quanto meus homens nos retiramos.

23. "Agora, mais uma vez, mimado pela minha presente riqueza, por homens que pediam que eu me tornasse seu líder, pelos presentes que me deram e por aqueles que me bajulavam, dizendo que todos me obedeceriam caso eu desejasse comandá-los e que eu me tornaria o mais poderoso dos homens, aceitei o comando do exército, presunçoso que eu estava em razão dessas palavras, quando os reis ao meu redor me escolheram como seu líder na guerra — como se eu tivesse capacidade de me tornar o mais poderoso dos homens, desconhecendo a mim mesmo.

24. "Digo isso porque pensei que fosse capaz de fazer frente a você na guerra, a você que, em primeiro lugar, descende dos deuses e, em segundo lugar, de reis e que, além disso, pratica a virtude desde criança. O que ouço dos meus ancestrais é que o primeiro deles que se tornou rei se tornou, ao mesmo tempo, um homem livre. Sem tomar ciência desses fatos, estou sendo punido com justiça", ele concluiu.

25. "Mas agora, Ciro, conheço a mim mesmo. Você acha que Apolo ainda diz a verdade, que serei feliz ao conhecer a mim mesmo? Pergunto-lhe porque me parece que você é a melhor pessoa para fazer esse julgamento na situação presente, pois é você quem tem o poder para isso."

26. Ciro respondeu: "Deixe-me refletir sobre essa questão, Creso; pois ao pensar sobre a felicidade que você antes tinha,

apiedo-me de você e lhe restituo tanto sua esposa quanto suas filhas, pois ouvi dizer que você tem algumas, bem como amigos e servos e a mesa que vocês usavam. Guerras e batalhas, por sua vez, eu proíbo a você".

27. "Mas por Zeus!", exclamou Creso, "Você não tem mais o que refletir sobre a minha felicidade! Se você fizer essas coisas que está me dizendo que fará, posso eu mesmo agora lhe afirmar que também eu levarei a vida que outros homens julgaram ser a mais feliz das existências, homens com os quais eu próprio estou de acordo".

28. "Quem é que possui essa existência abençoada?", indagou Ciro.

"A minha mulher, Ciro!", ele respondeu, "Pois ela compartilha comigo de todos os bens, de todas as mordomias e alegrias, mas nunca tomou parte das preocupações sobre como conseguir essas coisas, fosse em guerra ou em batalha. Assim, creio realmente que você me coloca na mesma posição em que pus a pessoa que eu mais amava e que, por isso, devo a Apolo novas oferendas de agradecimento".

29. Ao ouvir essas palavras, Ciro admirou-se com seu bom ânimo e, dali por diante, levou-o sempre para onde ele próprio estivesse indo, fosse porque julgava que ele pudesse ser útil de alguma forma, fosse porque considerava ser mais seguro agir assim.

3

1. Então eles foram descansar. No dia seguinte, chamando seus amigos e os generais do exército, Ciro designou alguns deles para receber os tesouros e ordenou que outros primeiro separassem, dentre aquilo que Creso lhes entregasse, a parte que os magos indicassem para os deuses. Em seguida, recebendo o

restante dos bens, que os colocassem em caixas, que deveriam ser acondicionadas nos carros. Depois de dividir os carros por sorteio, deveriam conduzi-los para onde quer que eles fossem, a fim de distribuir para cada um dos homens o prêmio merecido na ocasião oportuna.

2. Eles passaram a fazer o que havia sido ordenado, enquanto Ciro, chamando alguns dos ajudantes presentes, perguntou: "Digam-me, algum de vocês viu Abradatas? Estou surpreso, porque antes ele vinha até nós com frequência e agora não o vemos em lugar nenhum".

3. Um dos ajudantes respondeu: "Senhor, ele não está mais vivo, pois morreu na batalha ao se lançar com seu carro contra os egípcios. Dizem que todos os outros, com exceção dos seus companheiros, recuaram quando viram a massa de soldados.

4. "E agora mesmo estão dizendo", ele continuou, "que sua esposa, depois de recolher o corpo e de colocá-lo na carruagem em que ela própria se deslocava, trouxe-o aqui para algum lugar perto do rio Pactolo.

5. "Também dizem que os seus eunucos e servos estão cavando uma sepultura em alguma das colinas para o falecido. Contam que sua esposa, que tinha ornado o marido com tudo o que ela possuía, agora está sentada no chão, com a cabeça dele apoiada nos joelhos."

6. Ao ouvir isso, Ciro esmurrou a própria coxa* e imediatamente montou no seu cavalo e foi até o local onde se passava a cena desoladora, levando mil cavaleiros.

7. Ele ordenou que Gadatas e Gobrias o seguissem de perto, levando belos ornamentos que pudessem encontrar para o va-

---

* Esse gesto, aparentemente curioso, é o mesmo de deuses e heróis homéricos em momentos de angústia na *Ilíada*. No canto xv, por exemplo, o deus Ares golpeia suas coxas antes de declarar seu desejo de ir até Troia para vingar a morte do seu filho Ascálafo na guerra.

rão querido e valoroso que havia falecido. Também deu ordens para o homem que cuidava do gado que seguia com o exército de levar bois e cavalos, além de muitas ovelhas, para o local onde informassem estar Ciro, a fim de que sacrifícios fossem realizados em honra de Abradatas.

8. Depois de ver a mulher sentada no chão e o cadáver que ali jazia, começou a chorar pelo triste acontecimento e disse: "Ai, bela e fiel alma, então você se foi e nos deixou?". Ao mesmo tempo, ele segurou a mão direita de Abradatas e ela se soltou do corpo, pois havia sido decepada por um golpe de espada dos egípcios.

9. Quando Ciro viu isso, sofreu muito mais; a mulher começou a gemer e, tomando de volta a mão de junto de Ciro, beijou-a, novamente colocou-a no lugar da melhor maneira que podia e então falou:

10. "Todo o resto está nessas mesmas condições, Ciro. Mas que necessidade você tem de vê-lo? Sei que não sou a pessoa menos responsável pelo que ele sofreu e talvez você também não o seja menos do que eu, Ciro, pois fui eu, a tola, que muitas vezes o encorajei a agir de forma a se tornar um amigo digno para você. Quanto a ele, sei que nunca pensava no que poderia sofrer, mas apenas no que poderia fazer para lhe agradar. Assim", ela disse, "ele teve uma morte irrepreensível, enquanto eu, que o estimulei, sento-me viva ao seu lado".

11. Ciro chorou por algum tempo em silêncio e, em seguida, declarou: "Mas ele, senhora, teve certamente o mais nobre dos fins, pois morreu vitorioso. E você, receba de mim esses presentes para paramentá-lo" — Gobrias e Gadatas haviam se apresentado trazendo muitos e belos adornos — "e depois, saiba que ele não ficará sem honras em outros aspectos, pois um monumento digno de nós será erguido por muitas mãos e para ele faremos um sacrifício à altura de um homem tão valoroso.

12. "Quanto a você, não ficará desamparada, mas pela sua moderação e por toda a sua virtude, eu a honrarei de todas as formas e encarregarei alguém para acompanhá-la aonde você desejar ir. Apenas me indique até quem você pretende ser escoltada".

13. Panteia respondeu: "Tenha certeza, Ciro, de que não esconderei de você com quem desejo me encontrar".

14. Depois de dizer essas palavras, Ciro se afastou, apiedando-se da mulher pelo homem que ela havia perdido e do homem pela mulher que ele havia deixado e não mais veria. A mulher, por sua vez, deu ordens para os eunucos se retirarem: "Até que eu tenha lamentado o meu marido da forma que desejo", ela disse. Ela pediu para sua ama permanecer e deu ordens para que ela e seu marido fossem cobertos com um único manto, uma vez que estivesse morta. A ama suplicou repetidas vezes que ela não se matasse, mas, quando viu que isso não surtia nenhum efeito e que Panteia começava a se irritar, sentou-se e chorou. Panteia desembainhou uma adaga que estava havia muito tempo preparada e, apunhalando a si própria, deitou a cabeça sobre o peito do marido e morreu. A ama então começou a gemer e cobriu os dois corpos, como Panteia havia ordenado.

15. Quando Ciro soube do ato da mulher, apressou-se atordoado para ver se poderia ajudar em alguma coisa. Os eunucos, que eram três, ao verem o que havia se passado, também eles sacaram suas adagas e se apunhalaram, no local onde Panteia os havia mandado ficar. Dizem que até hoje o monumento dos eunucos resiste e contam que numa estela acima dele estão escritos os nomes do homem e da mulher em letras sírias e que embaixo há três estelas com a inscrição "Dos maceiros".

16. Ciro se aproximou da cena desoladora admirado com a mulher e partiu comovido. Ele cuidou para que recebessem to-

das as honras que eram apropriadas e para que o monumento erguido tivesse proporções enormes, segundo se relata.

4

1. Na sequência, os cários entraram em conflitos internos e passaram a guerrear uns com os outros e, como ambos os lados habitavam regiões fortificadas, os dois chamaram pela ajuda de Ciro. Enquanto o próprio Ciro permanecia em Sárdis, construindo máquinas e aríetes para romper as muralhas dos que não o obedecessem, confiou tropas e enviou para a Cária um persa de nome Adúsio, que não era pouco afeito à guerra, mas que também não era imprudente nos demais aspectos, além de ser um homem muito agradável. Tanto os cilícios quanto os cíprios se juntaram a ele na expedição com entusiasmo.

2. É por esse motivo que Ciro nunca enviou um persa como sátrapa nem para a Cilícia, nem para a Cípria, mas sempre lhe bastaram seus reis nativos. Ele, porém, recebia tributos deles e convocava suas tropas quando necessário.

3. Adúsio foi até a Cária, conduzindo seu exército, e representantes de ambas as facções cárias se apresentaram, prontos a recebê-lo nas suas fortificações para o prejuízo dos seus adversários, mas Adúsio agiu da mesma maneira com as duas partes. Fosse lá com quem estive conversando, dizia que seus argumentos eram mais justos, mas também que era preciso ocultar dos seus oponentes o fato de que haviam se tornado aliados, a fim de que pudesse ter mais chances de atacar os inimigos de surpresa. Ele exigiu demonstrações de boa-fé e fez com que os cários jurassem recebê-los sem dolo no interior de suas muralhas, pelo bem de Ciro e dos persas. Ele próprio prometeu que adentraria as muralhas sem dolo e para o bem dos que o recebiam.

4. Ao agir dessa forma, fez alianças com ambos os lados na mesma noite, sem que um soubesse do outro, e, quando anoiteceu, marchou até o interior das muralhas e tomou os pontos fortificados das duas facções. No dia seguinte, ele se instalou com seu exército no meio do caminho entre os oponentes e convocou os seus líderes. Quando eles viram uns aos outros, irritaram-se, ambos os lados julgando ter sido enganados.

5. Adúsio, por sua vez, declarou o seguinte: "A vocês eu jurei, homens, que adentraria sem dolo as suas muralhas e pelo bem de quem estivesse me recebendo. Se, portanto, eu acabar com uma das suas facções, julgo que as terei adentrado para prejuízo dos cários. Por outro lado, se eu trouxer a vocês paz e segurança, a fim de que todos possam cultivar suas terras, julgo que minha presença aqui terá sido para o bem de vocês. Então, agora, a partir do dia de hoje, vocês devem manter relações amigáveis entre si, devem cultivar suas terras sem sentir medo uns dos outros e realizar casamentos entre os seus filhos. Caso se tente agir de forma injusta, contrariamente a tais decisões, essas pessoas terão tanto Ciro quanto nós como inimigos".

6. Dali em diante, os portões da cidade passaram a ficar abertos, as ruas estavam cheias de pessoas viajando de um lado para o outro e os campos, cheios de camponeses trabalhando. Celebravam seus festivais juntos e tudo ficou pleno de paz e alegria.

7. Nesse momento, chegaram mensageiros enviados por Ciro para perguntar se ele tinha necessidade de mais tropas ou de máquinas de guerra, mas Adúsio respondeu que até o exército que ali estava já podia ser utilizado alhures. Com essas palavras, partiu conduzindo as tropas, deixando guarnições nas cidadelas. Os cários, porém, imploraram para que permanecesse. Como ele não quis, enviaram uma embaixada a Ciro solicitando que enviasse Adúsio como seu sátrapa.

8. Ciro, por sua vez, nesse meio-tempo havia enviado Histaspas com um exército para a Frígia no Helesponto. Quando Adúsio chegou, ordenou que ele tomasse a mesma direção de Histaspas, a fim de que mais prontamente os frígios se submetessem a Histaspas, ao ouvir que outro exército se aproximava.

9. Os gregos que viviam na costa obtiveram, com a oferta de muitos presentes, um acordo segundo o qual não teriam que receber bárbaros no interior de suas muralhas e, por outro lado, pagariam tributos a Ciro e entrariam em campanha ao lado dele sempre que solicitasse.

10. O rei frígio, por sua vez, estava fazendo preparativos para manter a posse das fortificações, em vez de se submeter, e já tinha anunciado ordens de acordo com essas intenções. Uma vez, no entanto, que seus subordinados se revoltaram e ele ficou isolado, ele se entregou a Histaspas, sob a condição de vir a estar sob o julgamento de Ciro. Histaspas deixou guarnições reforçadas nas cidadelas e partiu, levando junto com suas tropas também muitos cavaleiros e peltastas frígios.

11. Ciro mandou que Adúsio se juntasse a Histaspas, trazendo armados os frígios que haviam escolhido o seu lado, mas que privasse de cavalos e armas os que quiseram entrar em guerra, dando a todos eles ordens para seguir carregando apenas as suas fundas.

12. Enquanto eles cumpriam essas ordens, Ciro partia de Sárdis, onde deixou uma vasta guarnição de infantes, levando consigo Creso e conduzindo um grande número de carros, com todo tipo de bens em abundância. Creso veio até ele com uma lista precisa de tudo o que havia em cada um dos carros e, entregando-a para Ciro, disse: "Em posse dela, Ciro, você saberá quem agirá honestamente ao lhe entregar tudo o que está levando daqui e quem não agirá".

13. Então, Ciro respondeu: "Você, de fato, faz muito bem,

Creso, ao tomar precauções. Quanto a mim, porém, sei que os homens que estão levando esses bens são exatamente aqueles que também merecem possuí-los, de forma que, se roubarem alguma coisa, estarão roubando de si mesmos". Ele deu essa declaração e, ao mesmo tempo, entregou a lista para seus amigos e oficiais, para que soubessem quais dos encarregados lhes devolveram os bens em segurança e quais não.

14. Levou também soldados lídios, alguns dos quais ele havia visto envaidecidos ao exibir suas armas, cavalos e carros, tentando fazer tudo o que pensavam ser do seu agrado. A esses foi permitido manter suas armas. Outros, porém, ele havia visto seguindo-os de forma ingrata; os cavalos desses homens ele entregou aos persas que haviam sido os primeiros a entrar com ele em expedição, mandando, além disso, queimar as suas armas. Também esses foram por ele obrigados a acompanhá-lo carregando apenas fundas.

15. Ele fez todos os que haviam se tornado seus súditos praticarem o arremesso com a funda, julgando que essa arma fosse a mais apropriada a um servo porque, em conjunto com outras forças, a presença dos fundeiros é de grande auxílio em algumas situações, ao passo que, sozinhos, nem todos os fundeiros do mundo resistiriam a um grupo bem pequeno de soldados que avançassem com armas próprias para o combate corpo a corpo.

16. No caminho para a Babilônia, Ciro subjugou os frígios da Grande Frígia, subjugou também os capadócios, fez dos árabes seus súditos, armou não menos do que quarenta mil dos seus homens persas como cavaleiros e distribuiu entre todas as divisões dos aliados um grande número de cavalos dos seus prisioneiros. À Babilônia ele chegou acompanhado de numerosos cavaleiros, numerosos arqueiros e lanceiros e incontáveis fundeiros.

5

1. Quando Ciro estava diante da Babilônia, dispôs todo o seu exército ao redor da cidade e, em seguida, ele próprio cavalgou no seu entorno com amigos e com os líderes dos seus aliados.
2. Depois de contemplar as muralhas, começou a se preparar para retirar o exército da cidade, quando surgiu um desertor que lhe contou que sofreria um ataque logo que começasse a retirada do exército, pois, ele disse: "Suas linhas de combate lhes pareceram frágeis, quando observadas das muralhas". Não era de admirar que eles pensassem assim, pois, para circundar uma muralha tão longa, era inevitável que a falange passasse a ter pouca profundidade.
3. Ao ouvir isso, Ciro, posicionado com sua guarda no centro do exército, deu ordens para que os hoplitas, dobrando a falange a partir de ambas as extremidades, se posicionassem atrás do corpo central do exército, que se manteria fixo, até que as duas extremidades estivessem alinhadas com ele e se encontrassem no centro.
4. Dessa forma, não só os homens que ficaram parados logo se tornaram mais confiantes pelo fato de a sua profundidade ter dobrado, mas os homens que se moveram se sentiram do mesmo modo mais seguros, pois os soldados parados estariam imediatamente diante dos inimigos, não eles. Uma vez que as extremidades tinham se movimentado para se unir, o seu posicionamento se fortaleceu, tanto o dos homens que haviam se deslocado, por causa dos que ficaram na sua frente, quanto o daqueles que permaneceram na linha de frente, graças aos que haviam sido colocados atrás deles.
5. Com a linha de batalha assim duplicada, os homens da vanguarda e da retaguarda eram necessariamente os melhores do exército e entre eles estavam posicionados os mais fracos. Um posicionamento como esse parecia bem arranjado tanto

para a batalha quanto para evitar uma debandada. Os cavaleiros, bem como as tropas ligeiras, que estavam nas alas, ficaram mais próximos do comandante na medida em que a linha havia se estreitado quando duplicada.

6. Depois de assim condensados, deram início à retirada, voltados para os inimigos enquanto os projéteis lançados das muralhas podiam atingi-los, mas, uma vez fora do seu alcance, viraram-se. Inicialmente avançavam poucos passos, giravam novamente pela esquerda e paravam de frente para a muralha. Quanto mais distantes ficavam, com menor frequência se viravam e, quando pensaram estar em segurança, marcharam continuamente, até chegarem às suas tendas.

7. Após se estabelecerem no acampamento, Ciro convocou os chefes mais importantes e disse: "Senhores aliados, agora que observamos todo o entorno da cidade, eu próprio não me considero capaz de encontrar uma forma de tomar muralhas assim tão fortes e altas. Porém, quanto mais homens há numa cidade — homens que não sairão para o combate —, creio que mais rapidamente podem ser capturados pela fome. Então, a não ser que vocês possam sugerir outra estratégia, digo que é com esse objetivo que devemos cercá-los".

8. "Mas esse rio não flui através da cidade, tendo mais de dois estádios de largura?",* perguntou Crisantas.

"Sim, por Zeus", respondeu Gobrias, "e sua profundidade é tamanha que nem dois homens, um em cima do outro, poderiam ficar acima da superfície da água, de modo que a cidade está ainda mais bem protegida por causa do rio do que pelas muralhas".

9. Ciro disse em seguida: "Crisantas, aceitemos tudo o que está além das nossas forças, mas devemos agora distribuir o mais rápido possível o trabalho, a cada um de nós a sua parte, para ca-

---

* Cerca de 350 metros.

varmos a trincheira mais larga e profunda que pudermos, a fim de precisarmos do menor número possível de homens na guarda".

10. Assim, ele tirou medidas do entorno da muralha, deixando espaço suficiente para grandes torres junto ao rio, e deu ordens de que começassem a cavar em diferentes lugares perto dela uma enorme trincheira e de que depositassem ao lado toda terra que retirassem ao cavar.

11. Ele começou a construir torres no rio, usando como bases palmeiras não menores do que um pletro,* pois há algumas que crescem até mais do que essa altura, uma vez que as palmeiras se tornam convexas quando pressionadas por um grande peso, como as costas dos burros de carga.

12. Ciro as estava usando como base a fim de deixar os inimigos com a clara impressão de que se preparava para um cerco; desse modo, mesmo que o rio invadisse a trincheira, não levaria as torres. Ele mandou subir ainda muitas outras torres sobre os bancos de terra, de modo que houvesse o maior número possível de postos de guarda.

13. Enquanto trabalhavam, os homens na muralha riam do cerco, porque pensavam ter provisões suficientes para mais de vinte anos. Ao ouvir isso, Ciro dividiu o exército em doze partes, como se fosse sua intenção deixar cada uma das partes responsável pela guarda durante um mês do ano.

14. Os babilônios, por sua vez, quando escutaram essa notícia, riram ainda muito mais ao imaginar que frígios, lídios, árabes e capadócios montariam guarda contra eles, julgando que todos esses povos tinham relações melhores com eles próprios do que com os persas.

15. As trincheiras já estavam cavadas quando Ciro ouviu que certo festival seria celebrado na Babilônia, durante o qual

---

* Cerca de 30 metros.

todos os babilônios costumavam beber e festejar a noite toda; nessa noite, logo que escureceu, ele ordenou que um grupo grande de homens fosse abrir as trincheiras junto do rio.

16. Assim que fizeram isso, a água começou a fluir pelas trincheiras durante a noite, e o trecho do rio que passava pela cidade se tornou transponível para homens.

17. Uma vez que o problema com o rio foi resolvido, Ciro deu ordens para que os coronéis persas, tanto da infantaria quanto da cavalaria, se apresentassem conduzindo seus regimentos divididos em duas colunas e que os demais aliados os seguissem na retaguarda, posicionados exatamente como antes.

18. Em seguida, eles se apresentaram como ordenado e ele mandou que ajudantes tanto dos infantes quanto dos cavaleiros fossem até a parte seca do rio para observar se o leito estava transponível.

19. Quando eles reportaram que estava, sim, transponível, Ciro convocou os generais da infantaria e da cavalaria e lhes disse o seguinte:

20. "Homens, amigos, se o rio nos cede um caminho até o interior da cidade, que a adentremos cheios de coragem, sem nenhum temor, tendo em mente que esses homens contra os quais agora marchamos são aqueles que vencemos no momento em que tinham junto deles aliados e estavam todos despertos, sóbrios, armados e bem posicionados.

21. "Agora vamos atacá-los num momento em que muitos deles estão dormindo, vários estão bêbados e todos estão fora da ordem de batalha. Quando perceberem que estamos lá dentro, se encontrarão ainda muito mais perdidos do que estão agora porque ficarão perplexos.

22. "Se algum de vocês estiver preocupado com o que dizem ser perigoso para aqueles que invadem uma cidade, que as pessoas sobem nos telhados e atiram de lá para todos os lados, isso

não lhes deve subtrair nem um pouco da confiança, pois se alguns subirem nas suas casas, nós temos um deus como aliado, Hefesto.* Os pórticos deles são facilmente inflamáveis, pois as portas são feitas de madeira de palmeira e recobertas com betume, que pega fogo.

23. "Nós, por outro lado, temos vasta quantidade de lenha, que poderá produzir de imediato um grande incêndio, e também temos pez e estopa, para provocar chamas altas com rapidez, de modo que eles vão ser todos obrigados a fugir de suas casas ou serão logo consumidos pelo fogo.

24. "Agora vão! Peguem as armas! Eu os conduzirei com ajuda dos deuses e vocês, Gadatas e Gobrias, apontem-nos o caminho, pois vocês o conhecem bem. Quando estivermos lá dentro, levem-nos pela rota mais rápida até o palácio."

25. "De fato", disseram Gobrias e seus homens, "não será surpresa se até as portas do palácio estiverem abertas, pois toda a cidade está festejando esta noite. Encontraremos, porém, uma guarda diante das portas, já que ela está sempre ali posicionada".

"Então não devemos demorar a partir", respondeu Ciro, "para que apanhemos esses homens tão despreparados quanto pudermos".

26. Uma vez isso decidido, deram início à marcha; dos homens que encontraram pelo caminho, alguns morreram golpeados, outros começaram a correr na direção contrária e outros gritavam. Os homens de Gobrias, porém, gritaram junto com eles, como se eles próprios também estivessem festejando, e, avançando por onde pudessem o mais rápido possível, chegaram ao palácio.

---

* Deus do fogo, dos metais e dos vulcões, fabricava as armas dos deuses do Olimpo e de alguns heróis notáveis, como Aquiles.

27. Os soldados que estavam com Gobrias e Gadatas encontraram as portas do palácio trancadas, enquanto os homens designados para dar cabo dos guardas, que estavam bebendo diante de uma grande fogueira, os atacaram e prontamente lhes concederam o tratamento que se reserva aos inimigos.

28. Como houve gritaria e barulho, as pessoas que estavam no interior do palácio perceberam o tumulto e, quando o rei mandou investigar qual era o problema, alguns homens abriram as portas e saíram correndo para o lado de fora.

29. Uma vez que os homens de Gadatas viram as portas destravadas, precipitaram-se em direção a elas, indo atrás daqueles que fugiam de volta para o interior do palácio e, em meio aos golpes, chegaram diante do rei. Nesse momento, eles já o encontraram de pé, segurando um punhal desembainhado.

30. Ele foi então dominado pelos homens de Gadatas e Gobrias, enquanto os seus homens também eram mortos, um procurando onde se abrigar, outro durante a fuga e ainda outro que tentava se defender como podia.

31. Ciro mandou as tropas da cavalaria saírem pelas ruas e ordenou que matassem quem apanhassem fora de casa, ao mesmo tempo que instruiu aqueles que entendiam a língua assíria que declarassem às pessoas que estavam em suas casas para permanecer dentro delas; se alguém fosse apanhado do lado de fora, seria morto.

32. Enquanto esses homens se ocupavam com tal tarefa, Gadatas e Gobrias voltaram. Primeiro se prostraram diante dos deuses, porque estavam vingados daquele rei ímpio, e, em seguida, beijaram as mãos e os pés de Ciro, derramando muitas lágrimas de alegria.

33. Quando amanheceu e os homens que guardavam as cidadelas perceberam que a cidade havia sido tomada e que o rei estava morto, entregaram também as cidadelas.

34. Ciro, por sua vez, tomou posse delas, despachou guarnições e seus comandantes para lá e permitiu às famílias que enterrassem seus mortos. Ele ordenou aos arautos declarar que os babilônios deveriam entregar as suas armas e anunciar que seriam mortas todas as pessoas em cuja casa fossem descobertas armas. Então eles as entregaram e Ciro as depositou nas cidadelas, para que estivessem à disposição, caso algum dia viessem a ser necessárias.

35. Uma vez isso feito, ele chamou primeiro pelos magos e ordenou que reservassem santuários e primícias para os deuses, já que a cidade havia sido conquistada pela espada. Depois, distribuiu residências e edifícios públicos para aqueles que julgava terem feito sua parte na conquista. Ele fez a divisão conforme a decisão anterior de que a maior parte ficaria para os melhores homens. Se alguém achasse que merecia receber mais, Ciro mandava que se apresentasse para explicar por quê.

36. Ele declarou que os babilônios deveriam cultivar a terra, pagar tributos e servir aos homens a quem cada um deles havia sido designado, e pediu ainda que os persas associados a ele e todos os aliados que haviam escolhido permanecer ao seu lado se dirigissem aos homens que haviam recebido como senhores aos seus servos.

37. Depois disso, Ciro, começando a sentir ele próprio vontade de se estabelecer da forma que julgava digna para um rei, decidiu fazê-lo levando em consideração a opinião dos seus amigos, de modo que pudesse aparecer em público em ocasiões raras e solenes, que provocassem menos inveja possível. Ele pensou, então, na seguinte estratégia: ao amanhecer, tomou seu posto num local que lhe parecia adequado para a situação e começou a receber quem quer que desejasse lhe falar qualquer coisa, dispensando a pessoa depois de lhe ter dado uma resposta.

38. Quando os homens souberam que ele estava atendendo quem o procurasse, a multidão passou a chegar num número que não se podia manejar e muitas eram as trapaças e as brigas entre os homens que se acotovelavam para entrar.

39. Seus ajudantes os estavam admitindo, fazendo a triagem da melhor forma que pudessem. Quando alguns dos amigos de Ciro apareciam, forçando o caminho pela turba, ele estendia a mão para trazê-los junto de si e lhes dizia: "Meus amigos, fiquem por aqui, até que tenhamos dispersado a multidão; então poderemos ficar juntos com mais tranquilidade". Seus amigos então esperaram, mas a multidão foi afluindo mais e mais, de modo que a noite chegou antes que ele tivesse tido tempo para estar na companhia dos amigos.

40. Então, Ciro disse: "Homens, já é hora de nos separarmos agora, mas venham amanhã de manhã, pois quero conversar uma coisa com vocês". Ao ouvir isso, seus amigos saíram correndo dali, partindo aliviados, pois foram penalizados ao ter que ignorar todas as suas necessidades. Depois, foram descansar.

41. No dia seguinte, Ciro estava presente no mesmo local, mas uma multidão muito maior de homens que desejavam uma audiência o cercou e eles haviam chegado bem antes dos seus amigos. Então, Ciro decidiu posicionar um grande círculo de arqueiros persas ao seu redor e declarou que ninguém além dos seus amigos e dos comandantes persas e aliados seria admitido.

42. Uma vez reunidos, Ciro lhes falou da seguinte forma: "Meus amigos e aliados, não há motivos para nos queixarmos dos deuses por não termos realizado até o presente momento tudo aquilo pelo qual rezamos; se, porém, realizar feitos dessa magnitude leva a uma situação como esta, em que um homem não é capaz nem de ter tempo para si mesmo nem de se divertir com seus amigos, eu, da minha parte, digo que devemos dar adeus a esse tipo de felicidade.

43. "Vocês perceberam, certamente, que ontem mesmo passamos a atender logo que amanheceu os homens que se apresentavam e não terminamos antes do anoitecer; agora vocês estão vendo que outros, em número maior do que os de ontem, estão aqui presentes para nos trazer problemas.

44. "Se, de fato, um homem deve passar por tal provação por causa deles, calculo que vocês terão uma pequena parte da minha companhia e eu, uma pequena parte da de vocês. De mim mesmo, porém, sei com toda clareza que não terei parte alguma.

45. "E estou vendo ainda outro fato ridículo na situação, pois eu, com certeza, estou sempre disposto a receber vocês, como é natural, mas conheço apenas algumas ou talvez nenhuma dessas pessoas que estão paradas lá fora, e todas elas estão preparadas para obter de mim o que desejam antes de vocês, caso consigam vencê-los com empurrões. Eu, por minha vez, penso que seria digno que aqueles que precisam de alguma coisa de mim primeiro cortejassem vocês, que são meus amigos, e então solicitassem ser apresentados.

46. "Talvez alguém possa agora perguntar por que não organizei as coisas dessa forma desde o início, mas me coloquei à disposição de todos. Fiz isso porque achei que, nos assuntos da guerra, um comandante não deve ser o último a entender o que ele tem obrigação de saber, nem o último a realizar o que é ocasião de fazer. Julguei que os generais que raramente se mostravam em público negligenciaram muito do que precisava ser feito.

47. "Agora que a penosa guerra está em repouso, parece-me que também meu espírito poderia ser merecedor de algum descanso. Portanto, como estou sem saber o que fazer para que tanto os nossos interesses quanto os daqueles homens de quem nos cabe cuidar estejam bem assegurados, peço que me dê conselhos quem puder discernir qual seria a conduta mais apropriada agora."

48. Esse foi o discurso de Ciro; Artabazo, aquele que certa vez tinha alegado ser seu parente, levantou-se e disse: "Você fez muito bem, Ciro, em começar essa discussão, pois, quando você ainda era um rapaz, eu desde o princípio senti grande desejo de tornar-me seu amigo. Vendo que você não tinha necessidade nenhuma de mim, eu hesitava em me aproximar.

49. "Quando, em determinado momento, aconteceu de você precisar que eu reportasse com prontidão aos medos a mensagem de Ciaxares, calculei que, se o assistisse com dedicação, eu poderia vir a me tornar um íntimo seu e teria permissão para conversar com você o tempo que eu quisesse. A tarefa foi cumprida de forma a receber o seu louvor.

50. "Depois disso, os hircanos foram os primeiros a se tornar nossos amigos, e isso quando estávamos muito famintos por aliados, tanto que, em nossa afeição, tudo que fazíamos era carregá-los em nossos braços. Na sequência, quando o acampamento dos inimigos foi capturado, você não tinha tempo para lidar comigo, eu pensei, e entendi a sua situação.

51. "Depois, Gobrias se tornou nosso amigo e fiquei feliz; em seguida, Gadatas, e então já começava a ser tarefa difícil usufruir da sua companhia. Quando, por sua vez, os sacas e os cadúsios se tornaram nossos aliados, foi necessário lhes dar a atenção apropriada, pois eles estavam sendo zelosos com você.

52. "Quando voltamos ao lugar de onde havíamos partido, vendo você ocupado com cavalos, carros e máquinas de guerra, pensei 'quando você estiver livre de todas essas tarefas, então terá tempo também para mim'. Porém, quando chegou a terrível mensagem de que todos os homens do mundo se reuniam para nos atacar, percebi que não havia outra questão de maior importância. Pensei ainda ter certeza de que logo haveria oportunidades em abundância para ficarmos juntos, se tudo corresse bem.

53. "Agora somos os vencedores da grande batalha, temos Sárdis e Creso em nosso poder, tomamos a Babilônia e subjugamos todos os seus homens; mesmo assim, por Mitra,* ontem se eu não tivesse lutado com a multidão, não teria conseguido me aproximar de você! Quando, no entanto, você apertou a minha mão e pediu que eu ficasse junto de você, logo passei a ser admirado por todos em minha volta, porque me foi permitido passar o dia todo na sua companhia — sem poder comer nem beber.

54. "Então, agora, se houver uma forma para que nós, que viemos a nos tornar os maiores merecedores da sua companhia, possamos usufruir dela a maior parte do tempo, ótimo; senão, eu, por minha vez, estou disposto novamente a fazer uma declaração em seu nome, a de que todos devem ficar longe de você, com exceção daqueles que eram seus amigos desde o princípio."

55. Nisso, Ciro e vários outros começaram a rir; então se levantou Crisantas, o persa, e disse o seguinte: "Bem, Ciro, antes era apropriado que você se fizesse disponível em público, pelos motivos que você mesmo já expôs e também porque não era para nós que deveria dar especial atenção, pois estávamos ao seu lado também pelos nossos próprios interesses. Por outro lado, era necessário ganhar o favor dessa multidão de qualquer forma, a fim de que ela venha a estar disposta a se juntar a nós nos esforços e nos perigos com a maior satisfação possível.

56. "Agora, uma vez que você não tem o temperamento de um homem só, mas é igualmente capaz de outros tipos de conquistas que podem ser oportunas, também merece ter uma casa. Ou que vantagens seu poder lhe trará, se apenas você estiver privado de um lar? Não há lugar mais sagrado entre os homens,

---

* Este é o único momento em que um deus persa é citado. Mitra é a personificação divina do "acordo" e está associado também à proteção dos gados e à aurora. Além da Pérsia, foi cultuado na Índia e pelos romanos, ainda que o deus tenha características diferentes no culto desses povos.

nem mais agradável nem mais dileto do que uma casa. Além do mais", ele perguntou, "você não acha que nós também nos envergonharíamos, ao ver você padecendo ao ar livre, enquanto ficamos em nossos lares e damos a impressão de estarmos em situação melhor do que a sua?".

57. Uma vez que Crisantas se pronunciou dessa forma, outros concordaram com ele nos mesmos pontos. Depois disso, Ciro se mudou para o palácio real e os homens encarregados dos bens trazidos de Sárdis os devolveram ali. Após a mudança, Ciro primeiro realizou um sacrifício para a deusa Héstia, depois a Zeus Soberano e, em seguida, a qualquer outro deus que os magos sugerissem.

58. Isso feito, ele imediatamente passou a administrar outras questões. Considerando sua própria situação, que era a de tentar governar um grande número de homens e de se preparar para viver na mais importante de todas as cidades ilustres, que lhe era tão hostil quanto uma cidade pode ser para um homem, julgou que teria necessidade de uma guarda pessoal, depois de ponderar a respeito.

59. Ao perceber que não há ocasião em que os homens estejam mais vulneráveis do que quando bebem, fazem suas refeições ou estão no banho, deitados na cama ou dormindo, passou a examinar quais homens dentre os que tinha em volta de si eram os mais confiáveis. Ele julgava que não poderia jamais existir um homem confiável que tivesse mais amor por outra pessoa do que por aquela sob sua proteção.

60. Reconheceu, por um lado, que os que tinham filhos ou esposas com quem se entendessem bem, ou protegidos, estavam obrigados pela natureza a ter mais amor por eles. Por outro lado, observando que os eunucos não tinham nenhum desses laços, pensou que teriam mais estima por quem fosse especialmente capaz de torná-los ricos e de socorrê-los, caso

sofressem alguma injustiça, além de lhes conferir honras. Considerava também que não havia ninguém capaz de superar ele próprio na prestação de favores desse tipo.

61. Além disso, os eunucos eram considerados indignos pelos outros e, por essa razão, tinham necessidade de um senhor que fosse seu protetor, pois não há homem que não se considere merecedor de possuir mais do que um eunuco em qualquer situação, a não ser que um motivo mais forte o impeça; porém, se for fiel a um mestre, nada impossibilita que mesmo um eunuco venha a ser um homem preeminente.

62. Aquilo que a maioria das pessoas pensa, que os eunucos não têm força, nada lhe parecia confirmar. Ciro já havia concluído, ao observar animais diversos, que os cavalos insolentes, quando castrados, param com as mordidas e com a insolência, mas não se tornam em nada menos úteis na guerra; que os touros castrados relaxam na sua presunção e desobediência, mas não perdem a força nem a capacidade para o trabalho; os cães, do mesmo modo, deixam de abandonar os seus donos depois de castrados, mas não se tornam cães de guarda ou de caça piores.

63. Quanto aos homens, tornam-se da mesma forma mais gentis quando privados desse tipo de desejo, mas não menos cuidadosos com as ordens que recebem, nem em nenhum aspecto menos aptos à cavalaria, ao manejo das lanças ou no seu amor pela glória.

64. Eles demonstravam tanto na guerra quanto na caça que o desejo de vencer estava preservado em seus espíritos e, quanto a sua fidelidade, era na ruína dos seus senhores que mais davam prova dela, pois feitos de homem algum são mostras de maior fidelidade do que os dos eunucos nos momentos de desgraça dos seus senhores.

65. Por fim, se de alguma forma parecem inferiores em força física, o ferro é capaz de igualar homens fracos aos fortes na

guerra. Reconhecendo esses fatos, todos aqueles que escolheu para sua guarda pessoal eram eunucos, começando pelos guardiães das portas.

66. Ele achou, porém, que essa guarda não era suficiente, considerando-se a multidão de homens que lhe seriam hostis, e começou a procurar os mais confiáveis entre os demais para servir como guardas no entorno do palácio.

67. Ele sabia que os persas, por causa da sua pobreza, tinham vidas duras em casa e sobreviviam nas mais penosas condições em razão da aspereza do solo e também porque cultivavam eles próprios suas terras; por isso, julgou que poderiam apreciar o cotidiano ao lado dele mais do que os outros.

68. Ele escolheu, portanto, dez mil lanceiros, que noite e dia guardavam em círculo o palácio real sempre que ele estava na residência e, quando partia para algum lugar, marchavam ao lado dele posicionados à sua direita e esquerda.

69. Julgando que toda a Babilônia também tinha necessidade de guardas em número suficiente, fosse quando ele estivesse na cidade, fosse quando estivesse ausente, Ciro estabeleceu guarnições em número adequado na cidade e arranjou para que os próprios babilônios providenciassem o salário desses homens, pois queria que eles tivessem a menor quantidade de recursos possível, tornando-se dessa forma homens mais submissos e mais fáceis de controlar.

70. Essa guarda estabelecida para ele e para a Babilônia é mantida até hoje da mesma forma. Examinando um meio de manter seu governo íntegro e expandi-lo ainda mais, refletiu que esses mercenários podiam ser melhores do que os seus súditos, mas eram também em menor número. Percebeu, além disso, que os homens valorosos que com ajuda dos deuses haviam lhe garantido a vitória deveriam permanecer unidos e que era preciso cuidar para que eles não relaxassem no exercício da virtude.

71. A fim de não dar a impressão de estar lhes impondo ordens, mas para que também eles reconhecessem que essas eram as melhores decisões tendo em vista a estabilidade e o cultivo da virtude, reuniu os pares e homens influentes, bem como os homens que pensava serem os companheiros mais dignos ao compartilhar tanto das suas penas quanto das suas alegrias.

72. Uma vez reunidos, disse-lhes o seguinte: "Amigos e aliados, cultivemos a maior das gratidões pelos deuses, porque nos concederam obter aquilo de que nos julgávamos merecedores; agora controlamos não só um território vasto e fértil como também homens que nele trabalham para nos alimentar, e possuímos, além disso, casas cujos interiores estão mobiliados.

73. "E que nenhum de vocês julgue, por possuir esses bens, que está em posse do que é de outrem, pois isto é lei desde sempre entre todos os homens: quando uma cidade é tomada em guerra, pertencem aos que a capturaram tanto os corpos dos seus habitantes quanto suas riquezas. Não é, portanto, de modo algum injusto que vocês mantenham aquilo que possuem, mas, caso permitam que eles fiquem com alguma coisa, será apenas por generosidade que vocês não a tomarão para si.

74. "Quanto ao porvir, penso que, caso nos entreguemos à preguiça e à luxúria típica dos homens vis, que julgam que o trabalho é o maior dos sofrimentos e que a felicidade é viver sem nunca se esforçar, devo afirmar que logo nos tornaremos pouco dignos aos nossos próprios olhos e seremos privados de todas as benesses que agora possuímos.

75. "Certamente não basta termos sido certa vez homens de coragem para continuarmos sendo, a não ser que se cultive a coragem até o fim; assim como as outras artes, se negligenciadas, passam a ter menos valor, e os corpos que estão em boas condições recobram sua má forma quando um homem cede à preguiça,

assim também a moderação, o autocontrole e a força se voltam para o vício quando um homem deixa de cultivá-los.

76. "Não devemos, portanto, ser negligentes e tampouco nos entregarmos ao prazer do momento. Chegar ao poder, creio eu, é um grande feito, mas um feito muito maior é preservar o que se obteve, pois com frequência obter é algo que sucede a quem mostra apenas audácia, mas garantir o que se tomou não é depois possível sem moderação, sem autocontrole e sem muita diligência.

77. "Porque sabemos disso, precisamos cultivar a virtude muito mais agora do que antes de conquistarmos esses bens, com a certeza de que quanto mais um homem tem, mais numerosos são aqueles que o invejam, tramam contra ele e se tornam seus inimigos, especialmente se obtém sua riqueza e os serviços a ele prestados de homens que não os cedem de vontade própria, como é o nosso caso. Precisamos, assim, acreditar que os deuses estarão conosco, pois não chegamos aqui injustamente, tendo conspirado contra esses homens, mas porque nos vingamos depois que conspiraram contra nós.

78. "Devemos agora, porém, dispor daquilo que vem em segundo lugar em importância após o favor dos deuses, ou seja, merecer estar no comando dos homens que governamos por sermos melhores do que eles. Temos que compartilhar o calor, o frio, a comida, a bebida, o esforço e o sono até mesmo com os escravos, mas devemos acima de tudo tentar, nessas situações, nos mostrar superiores.

79. "Já quanto à ciência e à prática da guerra, elas não devem ser de forma alguma compartilhadas com os homens que desejamos submeter como nossos agricultores e tributários, pois precisamos estar em vantagem nessas realizações, sabendo que são instrumentos da liberdade e da felicidade apontados aos homens pelos deuses. Da mesma forma que tomamos as suas

armas, não devemos estar jamais desarmados, por sabermos que, quanto mais próximos os homens estão constantemente de suas armas, mais donos são daquilo que desejem.

80. "Se alguém agora estiver pensando 'mas que serventia tem para nós o fato de termos realizado tudo o que desejávamos, se ainda devemos perseverar diante da fome e da sede, do esforço e das responsabilidades?', é preciso que esse homem aprenda uma lição, que coisas boas trazem mais prazer na medida em que se deve trabalhar para obtê-las, pois os esforços são como um tempero para essas benesses. Coisa alguma, mesmo que ricamente preparada, pode ser prazerosa a um homem a não ser que ele esteja precisando dela.

81. "Se tudo aquilo que os humanos mais desejam foi por nós obtido com ajuda divina, ao dispor desses bens da forma considerada a mais prazerosa um homem terá vantagem sobre outros, mais necessitados, apenas pelo fato de que se servirá das comidas mais saborosas quando tiver forme, desfrutará das bebidas mais deliciosas quando tiver sede e terá como descansar da forma mais agradável quando precisar de repouso.

82. "Essas são as razões que fazem com que eu diga ser necessário elevar nosso valor como homens, a fim de que possamos usufruir do nosso sucesso da melhor e mais prazerosa maneira. Devemos agir assim também para nos manter ignorantes da pior situação que existe, pois não ser capaz de conquistar bens não é tão difícil quanto é doloroso perder aquilo que já se conquistou.

83. "Tenham também isso em mente: com que desculpa aceitaríamos nos tornar homens piores do que éramos antes? Porque agora estamos no poder? Mas não é apropriado, creio eu, que um governante venha a ser mais vil do que seus súditos. Porque damos a impressão de sermos mais felizes agora do que éramos antes? Então alguém dirá que o vício convém à felici-

dade? Vamos dizer que, uma vez que temos escravos, vamos castigá-los quando agirem de modo vil?

84. "E como um homem que é ele próprio vil pode punir outros em razão de vício ou indolência? Lembrem-se de outra coisa, que temos tudo arranjado para sustentar muitos homens que serão os guardiães das nossas casas e dos nossos corpos; e como não seria ignóbil pensar que, enquanto nós não pegamos em lanças em nossa própria defesa, estamos em situação de garantir nossa segurança graças ao fato de que outros homens empunham as deles? E mais, devemos ter a certeza de que não há para um homem proteção melhor do que ser ele próprio belo e nobre, pois essa é uma guarda que estará sempre ao seu lado. Mas é próprio que a um homem desprovido de virtude nada mais esteja bem.

85. "O que então estou propondo como nossa obrigação, onde devemos praticar a virtude e onde devemos exercê-la? Nenhuma novidade aqui, homens, eu direi: assim como na Pérsia os pares passam seu tempo nos edifícios públicos, também aqui proponho que nós que somos pares adotemos todas as mesmas atividades que tínhamos lá. Não só vocês, estando presentes para me observar, verificarão se ocupo meu tempo tratando dos meus deveres, mas também eu os observarei com o mesmo objetivo, e aqueles que eu vir praticando belas e nobres ações serão honrados.

86. "Quanto aos filhos que viermos a ter, os educaremos aqui, pois seremos homens melhores se desejarmos ser os melhores exemplos para os nossos filhos; e eles não poderão facilmente se tornar vis, ainda que o queiram, pois aqui não verão nem ouvirão qualquer torpeza, mas passarão os seus dias praticando o que é belo e nobre."

Livro VIII

1

1. Essas foram então as palavras de Ciro. Depois dele, Crisantas se levantou e disse: "Homens, foi com frequência que observei em circunstâncias passadas que um bom governante não se diferencia em nada de um bom pai, pois os pais cuidam de seus filhos para que eles nunca venham a carecer de bem algum, assim como Ciro me parece agora nos aconselhar sobre a melhor forma de continuarmos a desfrutar da felicidade. Creio, porém, que há um ponto no qual ele não foi tão claro como deveria ter sido, e é esse que tentarei explicar agora àqueles que ainda não o conhecem.

2. "Reflitam sobre isto, então: que cidade inimiga pode ser capturada por homens que não sejam disciplinados? Que cidade aliada pode ser protegida por homens indisciplinados? Que exército de soldados indisciplinados pode chegar à vitória? De que outra forma os homens podem ser mais facilmente superados em batalha do que quando cada um deles começa a pensar a respeito apenas de sua própria segurança? Que tipo de sucesso homens que não obedecem aos seus superiores podem obter?

Que cidades poderiam ser administradas de acordo com a lei e que famílias salvas? Como os navios chegariam aonde devem chegar?

3. "De que outra forma conquistamos os bens que agora temos senão por obediência ao nosso comandante? Foi graças a ela que, fosse de noite, fosse de dia, chegamos rapidamente aos nossos destinos e, seguindo em formação compacta junto ao nosso comandante, fomos invencíveis e não deixamos nenhuma das nossas tarefas pela metade. Se, portanto, a obediência ao líder parece ser a circunstância primordial para a obtenção de sucesso, tenham certeza de que essa mesma conduta também deve ser a primordial na sua manutenção.

4. "Até o presente momento, a maioria de nós não comandava ninguém, mas recebia comandos; agora, todos os aqui presentes estão em situação de comandar, alguns, um número maior de homens, outros, um número menor. Assim como vocês próprios são dignos de estar à frente dos seus subalternos, da mesma forma devemos obedecer àqueles a quem o dever nos obriga. É nesse aspecto que precisamos nos diferenciar dos nossos escravos, no sentido de que os escravos servem aos seus senhores de forma involuntária. Nós, por outro lado, se de fato nos julgamos merecedores da liberdade, devemos fazer voluntariamente o que consideramos de primeira importância. Vocês descobrirão", ele concluiu, "que mesmo nos países governados por outro regime que não a monarquia, aquele que com mais disposição obedece aos seus governantes é o que menos chance tem de ser subjugado à força pelos inimigos.

5. "Assim, que estejamos presentes diante dos edifícios públicos, como Ciro ordena, que nos dediquemos às atividades que mais nos tornarão capazes de manter o que devemos manter e que nós próprios nos ofereçamos a Ciro para qualquer serviço de que ele tenha necessidade, pois vocês precisam ter

certeza de uma coisa: Ciro nunca será capaz de encontrar algo de que disponha apenas para o seu próprio bem, e não para o nosso, porque o que é vantajoso para nós é igualmente vantajoso para ele e porque nossos inimigos são os mesmos."

6. Depois que Crisantas disse isso, muitos outros homens se levantaram, tanto dos persas quanto dos aliados, para concordar com ele. Decidiu-se que os honoráveis sempre estariam presentes na corte e à disposição para qualquer serviço que Ciro quisesse lhes designar até que os dispensasse. De acordo com o que foi decidido nessa época, os súditos do rei da Ásia ainda hoje ficam às ordens na corte dos seus governantes.

7. As medidas que Ciro instituiu para salvaguardar o poder para si e para os persas, da forma como estão relatadas a seguir, os reis que lhe sucederam preservam como leis até os dias de hoje sem qualquer alteração.

8. Nisso, a situação é igual ao que se observa em todo o resto: quando aquele que está no comando é um homem bom, ele pratica as leis de forma mais íntegra; quando é mau, de forma inferior.

Os honoráveis, então, passaram a frequentar a corte de Ciro com seus cavalos e lanças, pois essa decisão havia sido tomada em conjunto por todos os melhores homens que lhe haviam ajudado a conquistar o poder.

9. Ciro designou outros encarregados para cuidar dos demais assuntos; ele tinha homens que coletavam impostos, os que faziam pagamentos, supervisores de obras, guardiães do tesouro e outros que administravam as questões do seu cotidiano. Ele também indicou para cuidar dos cavalos e dos cães os homens que julgava ser capazes de manter esses animais em melhores condições de utilização.

10. Quanto àqueles que julgava necessário manter como coguardiães de sua prosperidade, não deixou essa questão

sob os cuidados de outra pessoa, mas considerou que a tarefa era dele próprio, caso quisesse que se tornassem os melhores homens. Sabia que, se em algum momento a ocasião fosse de combate, era desse grupo que teria que selecionar soldados para marchar ao seu lado e na sua retaguarda e era, ainda, na companhia desses homens que enfrentaria os maiores riscos. Desse grupo também deveria indicar os capitães da infantaria e da cavalaria.

11. Se igualmente generais viessem a ser necessários onde ele não pudesse estar, sabia que teria de mandar homens desse grupo, e estava ciente de que teria de empregá-los como guardiães e sátrapas de cidades e de nações inteiras, bem como enviar outros deles como seus embaixadores, algo que considerava de primeira importância para conseguir o que precisasse sem ter que recorrer à guerra.

12. Considerou, portanto, que, se esses homens, que responderiam pelas mais importantes e numerosas atividades do país, não fossem o que deveriam ser, a situação ficaria difícil. Se eles o fossem, porém, julgava que tudo estaria em ordem. Sabendo disso, adotou a incumbência; acreditava que ele também deveria ter a mesma prática da virtude, pois não seria capaz de estimular outros homens a realizar feitos belos e nobres se ele próprio não fosse aquilo que deveria ser.

13. Tendo chegado a essa conclusão, pensou que deveria primeiro ter um pouco de lazer, se desejava estar apto a cuidar de questões de tamanha importância. Por um lado, considerou que não era possível negligenciar as receitas, percebendo que necessariamente muitas seriam as despesas de um império vasto. Por outro lado, sabia que estar constantemente às voltas com a grande quantidade de bens que possuía significaria que não teria tempo disponível para cuidar da preservação do império como um todo.

14. Assim, ao examinar como as questões administrativas poderiam estar bem-arranjadas para que ele tivesse tempo livre, refletiu como funcionava a organização militar. Em geral, os sargentos são responsáveis por dez homens; os tenentes, pelos sargentos; os capitães, pelos tenentes; os coronéis, pelos capitães; os generais de brigada, pelos coronéis, de forma que ninguém ficava sem supervisão, nem que houvesse muitos milhares de homens, e sempre que o general do exército desejasse utilizar o exército para algum fim, bastaria que ele desse comandos para os generais de brigada.

15. Ciro, então, centralizou também as atividades administrativas nesse mesmo modelo, de modo que, ainda que dialogasse apenas com alguns poucos homens, nenhuma parte de sua administração era por ele negligenciada. Assim, teria mais tempo livre do que tem um homem responsável por uma única casa ou um único navio. Depois de estabelecer essa administração dos seus bens, passou a instruir os homens de seu círculo a fazer uso do mesmo sistema.

16. Tendo assim arranjado tempo livre para si e para os da corte, começou a tomar medidas para que seus associados fossem os homens que deveriam ser. Em primeiro lugar, mandava procurar todos aqueles que tinham como viver à custa do trabalho de outros homens e que não se apresentavam à corte, uma vez que julgava que os que eram assíduos não desejariam cometer nenhum ato vil ou torpe, não só por estarem diante de seu governante, mas por saberem que qualquer coisa que fizessem seria observada pelos melhores homens. A ausência dos que não apareciam era por ele atribuída a alguma falta de autocontrole, injustiça ou negligência.

17. Portanto, relataremos de que forma ele obrigou todos a estarem presentes. Ordenava que um dos seus melhores amigos tomasse algum bem do homem que não havia aparecido e que

declarasse estar apenas tomando algo que lhe pertencia. Nessa situação, os que eram privados do bem se dirigiam até ele imediatamente, alegando terem sofrido uma injustiça.

18. Ciro, porém, por um longo período não arranjava tempo para atendê-los e, depois da audiência, ele ainda adiava sua decisão por bastante tempo. Ao agir assim, pensou que poderia acostumar esses homens a cortejá-lo e também que isso provocaria menos animosidade do que se os obrigasse a comparecer à corte por meio de punições.

19. Essa era uma de suas maneiras de lhes ensinar a estar presentes; outra era designar as tarefas mais fáceis e mais lucrativas aos que comparecessem à corte e outra, ainda, era não distribuir nenhum favor aos ausentes.

20. Certamente, porém, seu maior meio de coerção, se um homem não atendesse a nenhum dos outros, era tomar tudo o que ele tivesse e entregar a alguém que ele considerasse capaz de estar ao seu lado caso houvesse necessidade. Assim, ele ficava com um amigo útil no lugar de um inútil. Também o rei atual* manda hoje procurar aquele que tem o dever de estar ao seu lado, mas se ausenta.

21. Era dessa forma que lidava com os que não se apresentavam à corte. Quanto aos que compareciam, julgava que a melhor maneira para incitá-los à boa e nobre conduta era justamente se ele próprio, que era seu governante, tentasse se exibir para seus súditos como o homem mais adornado de virtude entre todos eles.

---

* Artaxerxes II (cerca de 453-359 a.C.). Coroado em 405 a.C., Artaxerxes derrotou seu irmão mais novo Ciro, o Jovem, que buscava destroná-lo, na Batalha de Cunaxa, quatro anos depois. No exército de Ciro, encontrava-se um grupo de soldados mercenários gregos, do qual fez parte Xenofonte. O autor relatou sua participação no confronto e a difícil retirada dos soldados gregos após a morte de Ciro na obra *Anábase*.

22. Julgava, por um lado, ter percebido que os homens até se tornavam melhores por meio de leis escritas e, por outro, pensava que o bom governante era, para os homens, uma lei com capacidade de visão, porque podia não só ordenar, como também ver quem agia de forma indisciplinada e aplicar uma punição.

23. Sabendo disso, ele primeiro se mostrou mais dedicado aos deuses nesse momento em que ele era também mais afortunado e então se estabeleceu pela primeira vez que os magos entoariam hinos aos deuses ao amanhecer e ele realizaria sacrifícios todos os dias às divindades indicadas por eles.

24. O que ele instituiu nessa época foi perdurando sucessivamente a cada rei até os dias de hoje. Nisso, então, os outros persas passaram a imitá-lo de imediato, julgando que também eles seriam mais felizes se servissem aos deuses da forma como fazia aquele que era seu governante e o mais feliz dos homens; achavam também que, ao agir assim, agradariam a Ciro.

25. Ciro, por sua vez, julgava que a piedade dos membros da sua corte era igualmente boa para ele, pois calculava que a situação era como a dos homens que preferem navegar ao lado de companheiros pios mais do que ao lado de pessoas reputadas como de alguma forma ímpias. Além disso, refletia que os seus associados seriam menos propensos a cometer impiedades uns contra os outros ou contra ele próprio, caso fossem todos tementes aos deuses, pois se considerava um benfeitor aos seus associados.

26. Ele pensou também que, se deixasse claro quão importante era para ele não agir de forma injusta com nenhum amigo ou aliado e que, ao contrário, observava estritamente o que era justo, os outros também ficaram mais propensos a renunciar a ganhos impróprios e desejariam seguir o caminho da justiça.

27. Pensava que poderia inspirar mais respeito em todos a sua volta se ele próprio fosse visto agindo de forma respei-

tosa com todos, não dizendo nem fazendo nada que fosse reprovável.

28. Ele havia chegado a essa conclusão baseado no fato de que, mesmo que não se trate de um governante, mas de pessoas que não lhe causam medo, os homens mostram mais respeito por aqueles que agem de forma respeitosa do que pelos desrespeitosos. Também são mais dispostos a considerar com respeito mulheres que percebam como respeitosas.

29. Quanto à questão da obediência, por sua vez, julgava que ela seria mais duradoura entre aqueles ao seu redor caso honrasse publicamente mais os que não vacilavam ao obedecê-lo do que aqueles que davam a impressão de exibir as maiores e mais penosas virtudes. Continuou a pensar assim e a agir de acordo.

30. Ao demostrar sua moderação, fazia com que todos estivessem mais dispostos a praticá-la, pois sempre que veem ser moderado o homem a quem é possível agir da forma mais desmedida, menos desejo têm os que são mais fracos de fazer algo desmedido em público.

31. Ele distinguia respeito de moderação pelo fato de que os que são respeitosos evitam agir de modo reprovável publicamente, enquanto os que são moderados o fazem também quando não estão sendo observados por ninguém.

32. Quanto ao autocontrole, pensava ser algo que poderia ser induzido sobretudo se demonstrasse que ele próprio não se deixava afastar da virtude pelos prazeres do momento, mas que estava disposto primeiro a se esforçar para depois, de forma nobre, desfrutar das diversões.

33. Agindo nesse sentido, ele criou na corte uma disciplina estrita entre os subordinados, que davam precedência aos seus superiores, e um grande sentimento de respeito e cortesia entre todos. Ali não se poderia encontrar ninguém gritando enraivecido, nem se divertindo com um riso insolente, mas, caso

os observasse, você julgaria que eles viviam, de fato, tendo a nobreza como objetivo.

34. Era isso que realizavam e observavam ao passar os dias na corte. Tendo em vista o exercício das atividades militares, Ciro saía para caçar com aqueles que achava que deveriam praticá-las, pois considerava esse o melhor dos exercícios em todos os aspectos e o mais fiel ao que faziam na cavalaria.

35. Não há atividade superior à caça para demonstrar como se manter bem montado em todos os tipos de terreno, já que os homens devem perseguir animais em fuga, e ela é a melhor atividade também para torná-los ativos e atuantes quando montados sobre os cavalos, porque há avidez e rivalidade na captura da presa.

36. Era principalmente com a caça que fazia os seus associados se acostumarem ao autocontrole e a suportar os esforços, o frio, o calor, a fome e a sede. Ainda hoje o rei e os homens de sua corte continuam a praticar essa atividade.

37. Que Ciro acreditava não ser correto um homem estar no comando a não ser que fosse melhor do que seus súditos, está claro por tudo o que foi dito anteriormente e está claro também que, ao exercitar os seus homens dessa forma, ele próprio se empenhava ao máximo na prática não só do autocontrole como das técnicas e trabalhos militares.

38. Ele saía para caçar acompanhado do resto dos homens sempre que não havia necessidade de permanecer em casa, mas, mesmo quando era necessário, caçava os animais que eram criados nos parques. Ele também nunca jantava antes de ter feito seu corpo transpirar, nem dava alimento aos cavalos que não houvessem se exercitado. Para essas caças, também eram convidados os maceiros da sua corte.

39. Consequentemente, ele se distinguia muito em todas as atividades nobres, bem como os homens da sua corte, graças

ao exercício contínuo. De fato, ele se mostrava um exemplo de conduta. Além disso, gratificava aqueles que visse mais empenhados nas atividades nobres com presentes, posições de comando, cargos e todo tipo de recompensa. Desse modo, inspirava forte ambição em todos, com o objetivo de que cada um se empenhasse em parecer o melhor de todos aos olhos de Ciro.

40. Acreditamos ter aprendido sobre Ciro que ele julgava ser necessário não apenas os governantes se distinguirem dos seus súditos unicamente por serem melhores do que eles, mas também achava que deveria enfeitiçá-los. Em todo caso, ele próprio escolheu trajar a túnica dos medos e persuadiu igualmente os seus associados a vesti-la, pois achava que ela escondia qualquer defeito físico que se pudesse ter e fazia com que os que a trajavam parecessem muitíssimo belos e altos.

41. Além disso, eles têm sapatos que permitem da melhor forma que algo seja colocado nas suas solas, sem que se note, de modo que os homens pareçam mais altos do que realmente são. Ciro permitia também que pintassem os olhos, para que parecessem ter olhos mais bonitos do que tinham, e que usassem cosméticos para que aparentassem ter peles mais bonitas do que elas eram naturalmente.

42. Ele fez com que treinassem para não cuspir nem assoar o nariz em público e para nunca se virarem para observar qualquer coisa, como se não se admirassem com nada. Ele pensava que tudo isso contribuía para que os seus súditos tivessem a impressão de que esses eram homens que não poderiam desprezar.

43. Aqueles que considerava dignos de estar em posições de comando, ele formava à sua maneira, não só ao cuidar do seu treinamento, mas também pelo respeito que inspirava como líder. Os outros, que ele preparava para serem servos, não estimulava a praticar nenhum dos trabalhos dos homens livres, nem permitia que possuíssem armas, mas cuidava para que não

ficassem em nenhum momento sem alimento nem bebida em razão de servirem os homens livres em treinamento.

44. Quando tinham que levar os animais para os cavaleiros até as planícies, Ciro autorizava que os servos levassem comida para a caça, o que não permitia a nenhum dos homens livres, e, quando havia uma expedição, deixava que fossem levados aos locais onde havia água, como faziam com os animais de carga. Quando chegava a hora do jantar, ele esperava até que tivessem comido alguma coisa, para que não ficassem famintos, de modo que também eles, como os nobres, chamavam Ciro de pai, porque cuidava deles, mas a fim de que permanecessem eternamente escravos sem protestar.

45. Foi dessa maneira que ele garantiu estabilidade para todo o império persa; quanto a ele próprio, tinha a forte certeza de que não corria perigo de vir a sofrer qualquer coisa nas mãos dos homens que havia subjugado, pois os considerava fracos. Tinha visto que eram desorganizados e, além disso, nenhum desses homens se aproximava dele, fosse de dia, fosse de noite.

46. Os que considerava mais fortes, ele já havia visto armados e unidos — sabia que alguns deles eram comandantes de cavalaria, outros, de infantaria. Percebia também que muitos deles tinham a presunção de ser competentes para governar; eram esses que mais abordavam a sua guarda e vários se encontravam frequentemente com o próprio Ciro, pois se tratava de uma necessidade, na medida em que ele pretendia se valer dos seus serviços em algum momento. Era na mão desses, portanto, que maior perigo havia de que viesse, de muitos modos, a sofrer alguma coisa.

47. Examinando, então, de que forma poderia ficar livre de qualquer perigo que pudesse partir desses homens, rejeitou a possibilidade de lhes tomar as armas e torná-los incapazes para a guerra, tanto por considerá-lo injusto quanto por julgar que

haveria uma dissolução do seu império. Por outro lado, achava que deixar de recebê-los e tornar visível sua desconfiança poderiam propiciar o começo de uma guerra.

48. Em vez de todas essas medidas, percebeu que a forma mais poderosa de garantir a sua segurança, bem como a mais nobre, era ser capaz de fazer esses homens fortes mais seus amigos do que amigos uns dos outros. Como, portanto, ele nos parece ter agido com intenção de se tornar amado é o que tentaremos relatar.

2

1. Em primeiro lugar, ele sempre procurava manifestar de todas as formas a generosidade da sua alma, refletindo que, assim como não é fácil amar aqueles que parecem nos odiar, nem ser gentil com os que nos são hostis, da mesma forma, os que reconhecidamente sentem amor e agem com gentileza não podem ser odiados pelos que acreditem ser objeto desse amor.

2. Enquanto esteve de alguma forma financeiramente impossibilitado de distribuir favores, tentava obter amizades tomando precauções por aqueles que estavam ao seu lado, trabalhando a seu favor, mostrando se alegrar por eles nos momentos bons e sofrer nos ruins. Uma vez que lhe foi possível prestar favores em dinheiro, parece-nos que ele foi capaz de reconhecer desde o início que não há, com o mesmo custo, favor mais agradável que os homens façam uns aos outros do que compartilhar de sua comida e bebida.

3. Com essa convicção, mandou dispor sobre sua mesa comidas semelhantes às que ele próprio comia, sempre em quantidade suficiente para um grande número de pessoas. Tudo o que era servido, com exceção do que ele mesmo e seus

convivas consumiam, era distribuído entre os amigos a quem desejava enviar lembranças ou afeto. Distribuía presentes também para homens cujo trabalho lhe satisfizesse nas guarnições, nos serviços ou em qualquer outra atividade, assinalando para eles que sua vontade de agradar não havia passado despercebida.

4. Ele honrava igualmente os servos com algum presente da sua mesa sempre que elogiava algum deles, e toda a comida dos servos era disposta sobre sua própria mesa, pois pensava que isso criaria neles um juízo favorável, como acontece com os cães. Quando ele queria que um dos seus amigos fosse cortejado, enviava-lhe do mesmo modo comida de sua mesa, pois até hoje todos são mais atenciosos com aqueles que são vistos recebendo presentes enviados da mesa do rei, por julgar que essas pessoas são estimadas e capazes de conseguir qualquer coisa de que precisem. Além disso, não é apenas por esses motivos já apresentados que a comida enviada pelo rei traz alegria, mas porque realmente o que vem da mesa real é também muito superior no prazer que produz.

5. Que a situação seja essa, porém, não é algo de admirar, pois, assim como as outras artes estão desenvolvidas de modo superior nas grandes cidades, do mesmo modo a comida servida ao rei tem um grau de elaboração muito distinto. Nas cidades pequenas, o mesmo artesão fabrica cama, porta, arado, mesa e frequentemente esse homem também constrói casas; mesmo assim, ele se alegra se tiver empregadores em número suficiente para se sustentar. É impossível, portanto, para um homem que executa tantos tipos de trabalho ser excelente em todos eles. Já nas cidades grandes, pelo fato de que muitas pessoas têm necessidade de cada uma dessas atividades, basta que cada um domine apenas uma arte para se sustentar. Com frequência, nem a dominam completamente, mas há quem faça sapatos masculinos e quem

faça femininos. Há ainda locais onde um homem se sustenta apenas costurando calçados, outro, cortando-os, um cuidando somente do corte das gáspeas, enquanto ainda outro homem não faz nada além de juntar as partes. É inevitável, portanto, que aquele que passa seu tempo numa atividade tão delimitada seja necessariamente o mais competente nela.

6. O mesmo acontece com relação à nossa dieta, pois aquele que tem um mesmo servo para arrumar a cama, organizar a mesa, sovar o pão e depois preparar diversos tipos de acompanhamentos deve necessariamente, acredito eu, aceitar cada uma das tarefas do jeito que for. Porém, onde é trabalho suficiente para um homem ferver as carnes, para outro, assá-las, para outro, ferver o peixe, para outro, assá-lo, e para outro, fazer pão — nem sequer de todos os tipos, mas bastaria que apresentasse um bastante apreciado —, penso que, quando as coisas são feitas assim, cada uma delas tem inevitavelmente uma execução bastante distinta.

7. Com essa conduta, Ciro superou em muito a todos os outros no cortejar por meio da comida. De que forma ele os derrotou em todas as demais formas de cortesia é o que explicarei agora: embora se distinguisse dos demais homens na quantidade de proventos que recebia, ele se distinguia muito mais pela quantidade de homens que presenteava. Foi Ciro, portanto, quem deu início à prática dos presentes caros, que permanece até hoje entre os reis.

8. Quem tem amigos mais ricos para mostrar do que o rei da Pérsia? Quem é visto ornando os homens do seu círculo com túnicas mais belas do que o rei? Presentes de que outra pessoa são reconhecidos imediatamente como reais, como braceletes, colares e cavalos com rédeas de ouro? Pois é certo que lá ninguém tem a permissão de possuir bens como esses, a não ser que o rei os tenha oferecido.

9. De que outro homem se diz que, com a magnificência de seus presentes, faz irmãos, pais e filhos serem preteridos por ele? Quem mais teve a capacidade de se vingar de inimigos que estavam a muitos meses de distância como fez o rei da Pérsia? Que outro homem, senão Ciro, depois de conquistar um império, morreu sendo chamado de "pai" pelos seus súditos? Está claro que essa palavra é usada mais para um benfeitor do que para um usurpador.

10. Soubemos também que ele conquistou os chamados "olhos do rei" e "ouvidos do rei" não de outra forma senão ao distribuir presentes e honras, pois, ao beneficiar de forma pródiga aqueles que vinham lhe contar coisas que era a ele oportuno saber, fez muitos homens manter ouvidos e olhos abertos para reportar qualquer fato que pudesse ajudar o rei.

11. Em razão disso, muitos passaram a ser reputados como olhos do rei e muitos eram seus ouvidos. Se alguém pensa, contudo, que um único homem é escolhido como olho do rei, não está pensando corretamente, pois uma pessoa veria e ouviria muito pouco — e seria como se os outros tivessem sido ordenados a não prestar atenção a nada, caso essa tarefa fosse dada apenas a um homem. Além disso, as pessoas saberiam que teriam de se precaver contra alguém reconhecido como olho; não é isso que ocorre, pois o rei ouve todo aquele que diz ter escutado ou visto algo digno de atenção.

12. Assim, existe a crença de que muitos são os ouvidos e os olhos do rei, e em toda parte as pessoas têm medo de falar o que não seja do interesse dele, como se ele próprio estivesse ouvindo, e de fazer o que não seja do seu interesse, como se ele próprio estivesse presente. Portanto, não apenas ninguém ousava falar a outra pessoa qualquer coisa ruim sobre Ciro, mas todo homem sempre se portava diante dos presentes como se eles fossem os olhos e ouvidos do rei. Eu, por certo, não sei se há

outra maneira de justificar o fato de que as pessoas se comportavam assim com relação a Ciro senão porque estava disposto a retribuir com grandes favores os pequenos.

13. Que ele se excedesse na magnificência dos seus presentes, sendo o mais rico de todos os homens, não é de admirar, mas que superasse os outros em cuidado e em atenção com os amigos, sendo rei, é algo mais digno de menção. Dizem, aliás, que era evidente que nada era capaz de deixá-lo mais envergonhado do que ser superado no zelo com os amigos.

14. Uma fala dele a respeito da semelhança dos trabalhos do bom pastor e do bom rei é até hoje lembrada: o bom pastor, tirando proveito do seu rebanho, deve fazê-lo feliz, na medida em que existe felicidade para as ovelhas, enquanto o bom rei deve igualmente fazer cidades e homens felizes, caso queira tirar proveito deles. Se ele mantinha tal convicção, não há, portanto, por que se admirar com seu desejo de superar todos os homens na atenção que dispensava às pessoas.

15. Contam também que Ciro deu uma bela demonstração disso para Creso, que o alertou de que ficaria pobre em razão dessa vasta distribuição de presentes, quando não havia um só homem que pudesse estocar em casa um número maior de tesouros em ouro do que ele.

16. Dizem que Ciro teria respondido: "E quanto dinheiro você acha que eu poderia ter agora, se estivesse recolhendo ouro, como você sugere, desde que estou no poder?". Creso teria dado como resposta um número bastante alto. Diante dessa resposta, Ciro falou: "Está certo, Creso, envie um homem junto com Histaspas aqui, um em quem você tenha bastante confiança. Quanto a você, Histaspas, circule por aí dizendo aos meus amigos que tenho necessidade de ouro para algum negócio, pois eu de fato tenho. Mande que escrevam quanto dinheiro cada um consegue providenciar e que

ponham seus selos na carta e a entreguem para o servo de Creso trazer até aqui".

17. Tudo o que ele estava dizendo foi escrito e, selando a carta, Ciro a entregou a Histaspas, para que ele a levasse aos seus amigos, e nela escreveu ainda que todos deveriam acolhê-lo também como amigo. Depois de completar as visitas, o servo de Creso trouxe as cartas e Histaspas disse: "Rei Ciro, você deve me tratar desde já como um homem rico! Pois me apresento trazendo presentes de todo tipo por causa do que você escreveu".

18. Ciro disse então: "Este único homem já é para nós um tesouro, Creso. Quanto aos outros, dê uma olhada nas cartas e calcule que montante de dinheiro está disponível, caso eu tenha necessidade de usar algum". Dizem que Creso, ao fazer o cálculo, descobriu que o valor era muitas vezes superior àquele que ele tinha dito que Ciro teria em seus cofres se estivesse guardando ouro.

19. Uma vez que isso ficou esclarecido, conta-se que Ciro teria dito: "Está vendo, Creso, que também tenho meus tesouros? Mas você está sugerindo que eu guarde tudo no meu palácio, para ser não só invejado por causa deles, mas também odiado, e que eu encarregue desse tesouro guardas contratados, em quem eu deva confiar? Quanto a mim, julgo que, fazendo ricos os meus amigos, serão eles os meus tesouros e, ao mesmo tempo, guardiães, tanto da minha pessoa, quanto dos nossos bens, e mais confiáveis do que homens contratados por mim como vigias.

20. "E vou lhe dizer outra coisa: nem eu mesmo, Creso, sou capaz de escapar do que os deuses colocaram nas almas dos homens, fazendo assim todos igualmente pobres, pois também sou, como os outros, insaciável por dinheiro.

21. "Nisso, porém, penso ser diferente da maioria que, ao obter em excesso aquilo de que necessitam, enterram uma parte,

outra parte deixam apodrecer, e o resto, de tanto que computam, medem, pesam, limpam e vigiam, só lhes causa problemas; embora tenham muita coisa em casa, nem por isso comem mais do que podem suportar, pois explodiriam, nem usam mais roupas do que podem vestir, porque sufocariam, mas têm no excesso de riqueza apenas um problema.

22. "Quanto a mim, sirvo aos deuses e busco ter sempre mais. Quando, porém, obtenho o que percebo ser excessivo com relação às minhas necessidades, supro a carência dos meus amigos e, ao enriquecer e prestar favores a outros homens, obtenho com isso a sua boa vontade e amizade e, delas, colho como frutos a segurança e a glória. Esses são bens que não apodrecem, nem sua superabundância nos causa mal, mas quanto mais vasta é a glória de um homem, mais ela se torna para ele grandiosa, bela e fácil de suportar, frequentemente até tornando aqueles que a possuem mais leves.

23. "Saiba de outra coisa, Creso: que eu não considero mais felizes os que possuem muitos bens e guardam muitos deles, pois, se fosse assim, os homens que vigiam as muralhas seriam os mais felizes do mundo, já que são guardiães de tudo que há nas cidades. Aquele, porém, que é capaz de obter o máximo de riquezas de forma justa e de fazer uso delas de forma nobre, esse é o homem que julgo ser o mais feliz." Era evidente que ele agia de acordo com suas palavras.

24. Além disso, Ciro observou que a maioria dos homens, caso esteja saudável, prepara-se para ter as provisões necessárias e faz uma reserva tendo em vista a vida de uma pessoa com saúde, mas percebeu que eles não tinham nenhum cuidado em se aprovisionar do que lhes seria útil caso ficassem doentes. Ele decidiu, então, resolver essa questão e reuniu os melhores médicos junto de si, graças à sua disposição em remunerá-los, e não havia nada que ele não arranjasse e estocasse no palácio

daquilo que um deles dissesse ser útil, fossem instrumentos, remédios, alimentos ou bebidas.

25. Quando um dos homens que eram do seu interesse adoecia, ele o visitava, providenciava tudo aquilo de que precisasse e agradecia também aos médicos, sempre que curavam alguém com itens que tinham recebido dele.

26. Essas eram as suas ações e também várias outras semelhantes que ele planejava com o fim de ser o preferido daqueles por quem desejava ser amado. Nas circunstâncias em que Ciro anunciava torneios e estabelecia prêmios, com objetivo de inspirar competitividade nas belas e nobres ações, também ele era louvado, porque sua intenção era garantir a prática da excelência. Essas competições, no entanto, causavam igualmente discórdias e rivalidades entre os nobres.

27. Ciro, além disso, estabeleceu como norma que, em toda situação em que um veredito se fizesse necessário, fosse judicialmente, fosse numa disputa, aqueles que solicitassem o veredito teriam que chegar a um acordo com relação aos juízes. Era claro que ambos os antagonistas teriam intenção de escolher os juízes mais poderosos e os que mais próximos fossem deles. Aquele que não saía vencedor guardava rancor dos vencedores e passava a odiar os juízes que não tivessem decidido em seu favor; o vencedor, por sua vez, alegava que havia vencido em nome da justiça, de modo que considerava não ter dívida de gratidão com ninguém.

28. Aqueles que desejavam ser os preferidos de Ciro também sentiam inveja uns dos outros, como ocorre em outras cidades, de modo que a maioria deles tinha mais vontade de ver o outro fora do caminho do que de cooperar uns com os outros para seu bem mútuo. Isso demonstra como Ciro tramou para que todos os homens influentes tivessem mais amor por ele do que entre si.

3

1. Agora relataremos como Ciro saiu pela primeira vez em procissão do palácio, pois a solenidade desse desfile nos parece ser uma das técnicas urdidas para que seu poder não fosse algo fácil de se desprezar. Antes da procissão, chamando até ele todos os persas que mantinham cargos oficiais, bem como seus outros aliados, distribuiu vestimentas medas; e essa foi a primeira vez que os persas vestiram o robe medo. Enquanto ele as distribuía, ia lhes dizendo que desejava sair em procissão até os santuários escolhidos para os deuses e ali realizar um sacrifício junto com eles.

2. "Apresentem-se na corte, então", ele disse, "vestidos com esses robes antes do nascer do sol e se posicionem da forma como Feraulas, o persa, indicar-lhes em meu nome. Quando eu estiver à frente, sigam-me até o local designado. Se algum de vocês achar que outro posicionamento poderia ser melhor do que aquele em que agora seguimos, mostre-me quando voltarmos, pois tudo deve estar organizado do jeito que vocês considerem melhor e mais bonito".

3. Uma vez que havia distribuído as túnicas mais belas para os homens mais influentes, trouxe outros robes medos, pois havia providenciado muitos, sem poupar em roupas de cor púrpura, marrom, vermelho e vinho. Depois de entregar a parte que cabia a cada um dos comandantes, mandou que adornassem os seus próprios amigos, "da mesma forma que estou fazendo com vocês", disse.

4. Então, um dos homens presentes perguntou-lhe: "E você, Ciro, quando você vai se adornar?". Ele respondeu: "Ora, vocês não acham que é o que estou fazendo agora, ao adorná-los? Se eu for capaz de tratar bem vocês, que são meus amigos, sem dúvida parecerei belo em qualquer robe que eu venha a vestir".

5. Assim, eles partiram, chamaram os amigos e os adornaram com os robes. Ciro, que do grupo de homens comuns julgava Feraulas um homem inteligente, inclinado à elegância, à organização e não desinteressado em lhe agradar — fora ele que anteriormente havia falado em favor de cada um ser recompensado de acordo com seu mérito —, convidou-o para aconselhá-lo sobre como organizar a procissão, de modo que ela parecesse belíssima aos olhos dos bem-intencionados e o mais aterrorizante possível para os mal-intencionados.

6. Depois de examinar a questão, quando os dois haviam chegado às mesmas conclusões, ele ordenou que Feraulas ficasse atento para que, no dia seguinte, a procissão acontecesse da forma como eles haviam decidido ser a melhor.

"Eu já disse que todos devem obedecê-lo acerca do posicionamento, mas para que eles fiquem mais contentes ao ouvir as suas ordens", ele disse, "pegue essas túnicas e leve para os comandantes dos lanceiros, entregue esses mantos de cavalaria para os comandantes dos cavaleiros e essas outras túnicas para os comandantes da seção dos carros".

7. Então ele pegou as roupas e foi entregá-las; e os comandantes, quando o viram, disseram: "Mas você é mesmo um homem importante, Feraulas, pois vai até designar quais são nossas tarefas". Ao que Feraulas respondeu: "Por Zeus, não só não sou importante, ao que parece, mas também sou um carregador de bagagem, pois agora ao menos estou trazendo esses dois mantos, um para você, um para outra pessoa; pode pegar qual deles você quiser".

8. Diante dessa resposta, o homem que estava recebendo o manto esqueceu a sua inveja e imediatamente passou a pedir conselhos sobre qual escolher. Feraulas deu sua opinião sobre o melhor manto e disse: "Se você me acusar de ter lhe permitido uma escolha, terá um servo totalmente diferente quando eu es-

tiver de novo a seu serviço". Tendo distribuído todos os trajes, Feraulas passou logo em seguida a cuidar da organização da procissão, para que cada detalhe estivesse primoroso.

9. No dia seguinte, antes do amanhecer, tudo estava perfeito; filas de soldados estavam dispostas dos dois lados do caminho, como ainda hoje ficam onde o rei irá passar, e entre elas ninguém pode entrar, a não ser que tenha posição de honra; havia guardas dispostos para golpear quem causasse confusão e, mais importante, cerca de quatrocentos lanceiros estavam posicionados diante dos portões do palácio, em profundidade de quatro homens, duzentos homens de cada um dos lados dos portões.

10. Todos os cavaleiros estavam presentes, desmontados de seus cavalos, com as mãos dentro das mangas, como ainda hoje fazem, toda vez que estão na presença do rei.* Os persas estavam do lado direito, e os aliados, do lado esquerdo do caminho, e os carros estavam igualmente posicionados cada metade de um lado.

11. Quando os portões do palácio foram abertos, à frente da procissão foram conduzidos touros excepcionalmente belos, distribuídos em quatro fileiras, destinados a Zeus e quaisquer dos demais deuses que os magos indicassem, pois os persas acreditam que devem confiar em especialistas no que diz respeito aos deuses muito mais do que em outras questões.

12. Depois dos bois, foram trazidos cavalos como sacrifício para o deus Sol e, em seguida, um carro atrelado a cavalos brancos com jugo de ouro, coroado e consagrado a Zeus. Na sequência, outro carro branco dedicado ao deus Sol, também coroado

---

* Possivelmente para impedir qualquer ato de violência contra o rei. O próprio Xenofonte relata, nas *Helênicas* (ii.1.8), que Ciro, o Jovem, embora não fosse rei, mas príncipe, matara dois de seus parentes por não terem ocultado as mãos nas mangas de suas túnicas na sua presença.

como o anterior e, depois, um terceiro carro foi conduzido — os cavalos estavam cobertos com vestes púrpuras e atrás deles seguiam homens levando fogo sobre um grande altar.

13. Na sequência, o próprio Ciro surgiu à vista, saindo dos portões sobre um carro, usando uma tiara vertical, uma túnica púrpura e branca — a nenhum outro homem se permite trajar uma túnica com a mesma combinação de cores —, uma calça tingida de escarlate nas pernas e um manto inteiramente púrpuro. Ele tinha também um diadema ao redor da tiara e os seus parentes usavam o mesmo emblema, que eles ainda hoje preservam.

14. Ele mantinha as mãos fora das mangas. Ao seu lado, um condutor alto dirigia o carro, mas ele era mais baixo do que Ciro, que parecia ser bem maior — fosse ele menor, de fato, fosse por algum outro motivo. Ao vê-lo, todos se prostraram, porque alguém havia ordenado que começassem a fazê-lo ou porque estavam estupefatos com a presença e com a aparência de Ciro, que parecia grandioso e belo. Antes desse momento, nenhum dos persas havia se prostrado diante dele.

15. Quando o carro de Ciro avançou, os quatro mil lanceiros tomaram a frente, com dois mil o acompanhando de cada um dos lados do carro. Eles eram seguidos pelos maceiros, que iam montados sobre cavalos, adornados e armados com espadas, em número aproximado de trezentos.

16. Depois foram conduzidos os cavalos criados para Ciro, com bridões de ouro, cobertos com vestes listradas, que eram cerca de duzentos em número. Atrás deles estavam dois mil lanceiros e, em seguida, os primeiros dez mil persas que se tornaram cavaleiros, posicionados num quadrado com cem homens de cada lado; quem os conduzia era Crisantas.

17. Na sequência, dez mil cavaleiros persas posicionados da mesma forma, com Histaspas no comando, e outros dez mil

logo depois na mesma posição, conduzidos por Datamas, e ainda outros dez mil que Gadatas liderava.

18. Atrás deles vinham, então, cavaleiros medos, armênios e, depois, hircanos, cadúsios e sacas; seguindo as cavalarias, havia carros posicionados em quatro fileiras, e quem os conduzia era o persa Artabatas.

19. Enquanto ele prosseguia, um vasto número de homens seguia ao seu lado, fora das linhas dos soldados, cada um deles com pedidos diferentes para Ciro. Nesse momento, ele enviou até esses homens alguns maceiros, que o seguiam em número de três em cada lado do seu carro para justamente fazer-lhe passar as mensagens, e lhes ordenou que respondessem, caso alguém pedisse qualquer coisa, que deveriam informar o que desejavam a um dos comandantes da cavalaria e que esses então reportariam a ele. Nisso, os homens imediatamente começaram a se afastar, descendo em direção aos cavaleiros e decidindo a qual deles deveriam se dirigir.

20. Ciro mandava chamar, um por um, aqueles dentre seus amigos que mais desejava ver cortejados e lhes dizia o seguinte: "Se algum desses homens que nos está acompanhando quiser informá-los de algo que vocês acham desimportante, não lhe deem atenção, mas se acharem que alguém pede algo justo, venham até mim para reportá-lo, de modo que possamos atendê-lo uma vez que tenhamos deliberado em conjunto".

21. Se ele os convocava, os homens saíam cavalgando a toda velocidade para se apresentar, assim ampliando a autoridade de Ciro e demonstrando que eram extremamente obedientes; mas havia certo Daifernes, homem de modos mais excêntricos, que pensou que pareceria mais independente se não o atendesse com presteza.

22. Tendo Ciro percebido isso, enviou um dos maceiros antes que Daifernes se dirigisse até ele para conversar, com ordens de

lhe dizer que ele não era mais necessário, e, a partir desse momento, nunca mais foi convocado.

23. Quando o homem que foi chamado depois de Daifernes se apresentou antes dele, Ciro lhe deu um cavalo dos que estavam seguindo no desfile e ordenou que um dos seus maceiros levasse o animal para onde ele mandasse. Àqueles que estavam observando, isso pareceu um sinal de honra, e muitos a partir daí passaram a cortejá-lo.

24. Quando chegaram aos santuários, ofereceram um sacrifício a Zeus e sacrificaram os touros em holocausto; em seguida, também os cavalos, em holocausto, ao deus Sol e, depois, realizaram um sacrifício à deusa Terra abatendo os animais, como haviam indicado os magos, e aos heróis que habitam a Síria.

25. Em seguida, como o local era propício, Ciro apontou uma marca distante cerca de quinze estádios* e mandou que cada tribo corresse até lá a toda velocidade com os cavalos. Ele próprio cavalgou entre os persas e venceu com larga vantagem, pois tinha dado especial atenção à prática da equitação. Dos medos, Artabazo foi o vencedor, pois Ciro lhe tinha dado o cavalo; dos sírios que haviam se revoltado, Gadatas; dos armênios, Tigranes; dos hircanos, o filho do comandante da cavalaria e, dos sacas, um dos homens comuns deixou para trás com o seu cavalo todos os demais cavaleiros por uma distância de quase metade do percurso.

26. Então dizem que Ciro teria perguntado ao jovem se ele aceitaria um reino em troca do cavalo e que ele teria respondido que "não aceitaria um reino, mas aceitaria a gratidão de um homem nobre".

27. Ciro disse: "Pois quero lhe mostrar que mesmo atirando de olhos fechados você não deixará de acertar um homem nobre".

---

* Cerca de 2,6 quilômetros.

"Com certeza, mostre-me agora! Vou atirar esse torrão de terra", ele disse, enquanto apanhava um.

28. Ciro lhe apontou onde estava a maioria dos seus amigos e ele, com os olhos fechados, lançou o torrão e acabou acertando Feraulas, que estava cavalgando, pois por acaso levava alguma mensagem sob ordem de Ciro. Ao ser atingido, ele nem se virou e continuou a se dirigir para onde havia sido ordenado.

29. O saca abriu os olhos e perguntou quem ele tinha acertado.

"Por Zeus, não foi nenhum dos presentes", disse Ciro.

"Mas também não foi nenhum dos que não estão aqui", retrucou o jovem.

"Sim, por Zeus", respondeu Ciro, "você acertou, sim; foi aquele homem que está cavalgando rapidamente ao lado dos carros".

"E por que ele não está olhando para trás?"

30. "Porque ele é louco, ao que parece!", disse Ciro.

Ao ouvir isso, o jovem saiu para descobrir quem era aquele homem e encontrou Feraulas com o queixo todo sujo de terra e sangue, pois o sangue havia escorrido do nariz, onde ele havia sido atingido. Depois de se aproximar, perguntou se ele havia recebido um golpe.

31. "Como você pode ver, sim", ele respondeu.

"Então eu lhe darei este cavalo", retrucou o jovem.

"Em troca do quê?", perguntou o outro.

Em resposta à pergunta, o saca explicou a situação e disse, por fim: "Na minha opinião, ao menos, não errei o alvo ao procurar um homem nobre".

32. Feraulas respondeu: "Se você fosse sábio, daria o cavalo a alguém mais rico do que eu; mas, mesmo assim, eu o aceitarei e peço aos deuses, que fizeram com que eu fosse atingido por você, que me permitam agir de forma a que você não se arrependa do presente que oferece a mim. E agora", ele concluiu, "parta

montado em meu cavalo e eu logo me juntarei a você". Então eles fizeram a troca. Dos cadúsios, o vencedor foi Ratines.

33. Ciro também permitiu que a competição de carros fosse entre povos e deu bois a todos os vencedores, para que preparassem um banquete depois de sacrificá-los, além de taças. Também nessa disputa ele recebeu seu boi como prêmio pela vitória, mas sua parte das taças ele deu a Feraulas, porque achou que ele havia organizado a procissão a partir do palácio com excelência.

34. O cortejo real como estabelecido nessa época por Ciro ainda hoje permanece da mesma forma, a não ser pelo fato de que as vítimas sacrificiais estão ausentes quando o rei não oferece sacrifícios. Com o fim da cerimônia, eles voltaram para a cidade e foram jantar — os que haviam ganhado residências, em suas casas, e os que não haviam, no alojamento de sua companhia.

35. Feraulas convidou o saca que havia lhe dado o cavalo para sua casa, oferecendo-lhe cortesias diversas, e, depois que haviam jantado, encheu as taças que recebera de Ciro, bebeu à sua saúde e as deu de presente ao saca.

36. Já ele, ao observar a quantidade de belos leitos e a quantidade de belos móveis, assim como os muitos servos, perguntou: "Diga-me, Feraulas, também na sua casa você já era um homem rico?".

37. "Rico de que jeito? Eu era evidentemente um dos que vivem do trabalho de suas próprias mãos, pois foi com dificuldade que meu pai, trabalhando ele mesmo para me criar, pôde me dar a educação dos meninos. Uma vez que me tornei um rapaz, sem poder me manter ocioso, ele me levou para o campo e me mandou trabalhar.

38. "E ali, enquanto ele esteve vivo, eu, por minha vez, o sustentei cavando e plantando um lote bem pequeno de ter-

ra que não era ruim, mas bastante honesto; toda semente que recebia, ele devolvia de forma boa e justa, sem grande lucro; houve uma ocasião em que, por bondade, ele me retornou em dobro o que havia recebido. Era esse o tipo de vida que eu tinha em casa. Tudo o que você está vendo agora foi Ciro quem me deu."

39. "Que afortunado você é", disse o saca, "por tudo, mas principalmente porque você se tornou rico tendo vindo da pobreza, pois, eu imagino, ser rico deve ser muito mais prazeroso agora por esse motivo, ter enriquecido depois de passar por necessidades".

40. "Mas você está supondo assim, Sacas, que agora quanto mais bens eu possuo, mais prazerosa é a vida que levo?", Feraulas retrucou. "Você então não sabe que bebo, como e durmo de forma nem um pouco mais prazerosa agora do que antes, quando eu era pobre? Esses muitos bens me dão apenas uma vantagem a mais, devo agora tomar conta de mais coisas, distribuir mais aos outros e me preocupar com mais problemas do que antes.

41. "Agora muitos são os servos que me pedem comida, muitos que pedem algo para beber, muitos que querem roupas; outros precisam de médicos; um chega aqui contando de uma ovelha destroçada por lobos ou de vacas que morreram ao rolarem um precipício abaixo ou então falando de uma doença que está abatendo os animais. Assim, acho que agora", concluiu Feraulas, "sofro mais por possuir muitos bens do que antes porque tinha poucos".

42. "Mas, sim, por Zeus", disse o saca, "quando tudo está a salvo, só de olhar para essas coisas você deve se divertir muitas vezes mais do que eu".

"Ter dinheiro, Sacas, não é realmente tão prazeroso quanto é doloroso perdê-lo. Você verá que digo a verdade: ninguém que seja rico é forçado a ficar acordado porque se sente alegre, mas entre aqueles que perdem alguma coisa você não verá ninguém capaz de dormir, em razão da dor que sentem."

43. "Não, por Zeus", retrucou Sacas, "mas em todo caso você também não veria o prazer dar sono em nenhum daqueles que ganham algum dinheiro".

44. "É verdade o que você diz", ele falou, "pois se ter posses fosse tão prazeroso quanto obtê-las, os ricos superariam em muito os pobres no que diz respeito à felicidade. Porém, Sacas, veja que necessariamente aquele que possui muito deve também gastar com os deuses, com os amigos e com seus hóspedes; e esteja certo de que aquele que se compraz intensamente com dinheiro também sofre intensamente ao ter que gastá-lo".

45. "Sim, por Zeus", disse o saca, "mas eu não sou um desses. Para mim, a felicidade é possuir muito e gastar muito!".

46. "Pelos deuses! Por que então você não fica feliz de uma vez e me faz feliz também?", perguntou Feraulas. "Pegue tudo o que tenho e use como bem entender! Quanto a mim, não é preciso que você faça nada além de me tratar como um hóspede; na verdade, gaste ainda menos dinheiro do que você gastaria com um hóspede, pois me basta compartilhar com você o que você tiver."

47. "Você está de brincadeira!", respondeu o saca, mas Feraulas jurou que estava falando a sério.

"E ainda outros favores vou obter junto a Ciro para você, que você não tenha que atender à corte nem sair em expedição com o exército, mas ficará apenas em casa com sua riqueza. Cumprirei com esses deveres por você e por mim e, caso eu receba algum bem a mais por ter prestado um serviço a Ciro ou em alguma campanha militar, trarei tudo até você, para que tenha ainda mais sob suas ordens. Apenas me deixe livre dessa responsabilidade. Se eu ganhar tempo ao me afastar disso tudo, creio que você será útil de muitas formas a Ciro e a mim mesmo."

48. Depois de terem essa conversa, chegaram a um acordo e passaram à execução. Um julgava ter se tornado um homem feliz, porque estava em posse de muito dinheiro; o outro, por sua vez, julgava-se o mais feliz dos homens, porque tinha um administrador que lhe possibilitava ter tempo ocioso para fazer aquilo que lhe dava prazer.

49. Feraulas tinha um temperamento amigável e pensava que nada era mais prazeroso ou mais útil do que servir outras pessoas, pois considerava o homem a melhor de todas as criaturas e também a mais capaz de demonstrar gratidão, depois que percebera que as pessoas quando elogiadas retornam de boa vontade os elogios e que buscam ser agradáveis ao retribuir algo que lhes agradou; ao verem que os outros são bem-dispostos, elas são igualmente bem-dispostas e, quando constatam que são amadas, não são capazes de odiar quem as ama; ele percebeu sobretudo que, de todas as criaturas, o homem é aquele que mais deseja retribuir o cuidado que seus pais lhe deram, tanto em vida quanto depois que eles morrem. No seu entendimento, todo o resto dos animais era mais ingrato e insensível.

50. Assim, Feraulas estava mais do que contente porque seria capaz de se livrar da responsabilidade de cuidar de todos os seus bens a fim de se dedicar aos seus amigos, e o saca, por sua vez, porque estava prestes a ter muito dinheiro para gastar. O saca amava Feraulas porque ele trazia sempre algo a mais, e este, por sua vez, amava o saca porque estava sempre disposto a receber tudo e, mesmo tendo cada vez mais responsabilidades, não lhe dava nenhuma preocupação a mais. Foi com esse arranjo, portanto, que eles passaram a viver.

4

1. Depois de realizar o sacrifício, Ciro, celebrando sua vitória com um banquete, convidou aqueles dentre os seus amigos que mais tinham demonstrado vontade de ampliar o seu poder e que o estimavam de maneira mais afetuosa. Ele chamou, entre outros, Artabazo, o medo, Tigranes, o armênio, Gobrias e o hircano comandante da cavalaria.

2. Gadatas era o chefe dos maceiros, e toda a residência era administrada da forma por ele indicada. Quando Ciro tinha convivas, Gadatas nem sequer se sentava, ficando responsável por todas as tarefas. Quando, porém, estavam só eles, jantava com Ciro, pois este achava sua companhia agradável. Em retribuição aos seus serviços, era honrado com diversos e esplêndidos presentes por Ciro e, por causa de Ciro, por muitos outros homens.

3. Quando os convidados chegavam para o jantar, ele não distribuía os assentos a esmo, mas colocava do lado esquerdo aquele por quem Ciro tivesse mais estima, uma vez que esse lado era mais vulnerável do que o direito, e colocava o segundo em estima do lado direito, o terceiro novamente do lado esquerdo, o quarto do lado direito e assim por diante, se eles fossem em maior número.

4. A Ciro parecia uma boa ideia deixar evidente quanta estima tinha por cada um dos que estivessem presentes, porque os homens não têm nenhum espírito de rivalidade entre si quando pensam que aquele que é superior aos demais não será reconhecido publicamente, nem receberá nenhuma recompensa. Caso, porém, o melhor homem aparente ter mais vantagens, então todos têm abertamente maior entusiasmo para competir.

5. Ciro, por isso, deixava claro por quais deles tinha mais estima, começando pela posição que ocupavam sentados ou

de pé. Ele não estabeleceu uma distribuição de assentos permanente, mas tornou costumeiro que um homem avançasse para o assento de maior honra em razão de seus feitos nobres e, caso alguém deixasse de se mostrar empenhado, que recebesse um assento afastado e de menor honra. Ciro, por sua vez, se sentia constrangido caso o homem que ocupava a primeira posição não parecesse receber dele também o maior número de favores. Percebemos que esse costume iniciado na época de Ciro permanece ainda hoje.

6. Durante o jantar, Gobrias não se admirou da fartura na casa do homem que governava um grande número de súditos. O que lhe causou surpresa foi o fato de Ciro, um homem de tão imensa fortuna, não consumir sozinho nada daquilo que achasse gostoso, mas que se dava ao trabalho de compartilhar com os presentes o que estava comendo, e muitas vezes até notou que estava enviando para amigos ausentes algo que lhe tinha agradado.

7. Assim, quando eles haviam acabado de jantar e Ciro havia mandado distribuir os muitos itens restantes da mesa, Gobrias logo falou: "Mas, Ciro! Antes eu pensava que você superava os outros homens por ser um grande general, mas, agora, juro pelos deuses, que acho que você os supera ainda mais em generosidade do que no comando do exército!".

8. "Sim, por Zeus", respondeu Ciro, "e eu certamente exibo esses feitos de generosidade com muito mais prazer do que os militares".

"Por quê?", quis saber Gobrias.

"Porque estes devo exibir ao fazer mal a outros homens, aqueles ao beneficiá-los."

9. Mais tarde, quando estavam bebendo, Histaspas perguntou: "Por acaso você ficaria bravo comigo se eu perguntasse algo que desejo saber de você, Ciro?".

"Pelos deuses", ele retrucou, "eu ficaria bravo se percebesse o contrário, que você se cala quando quer falar alguma coisa".

"Diga-me, alguma vez eu deixei de vir quando você me convidou?", ele perguntou.

"Não diga isso", Ciro respondeu.

"Mas, ao obedecer, eu o obedeci com relutância?"

"Não, isso também não."

"Uma vez dada uma ordem, eu deixei de realizá-la?"

"Não tenho nenhuma acusação a fazer", ele disse.

"E aquilo que eu faço, você alguma vez já me observou fazer sem disposição ou sem alegria?"

"Mas isso muito menos!", respondeu Ciro.

10. "Por que motivo, então, pelos deuses, Ciro, você determinou que Crisantas deveria se sentar num lugar de maior honra do que o meu?", ele perguntou.

"Devo mesmo responder?", falou Ciro.

"Certamente", retrucou Histaspas.

"E você não ficará bravo comigo ao ouvir a verdade?"

11. "Pelo contrário, ficarei contente se perceber que não estou sendo injustiçado", ele respondeu.

"Bem, em primeiro lugar, Crisantas aqui não esperou ser chamado, mas se apresentou para nosso serviço antes de ser convidado. Depois, ele não costuma fazer apenas aquilo que lhe é ordenado, mas também o que ele próprio considera ser melhor para nós. Quando precisei conversar com os aliados, ele me aconselhou sobre o que achava apropriado falar; ele declarava toda vez, como sua própria opinião, aquilo que percebia que eu desejava que os aliados soubessem, mas que me sentia constrangido de falar, por ser a respeito de mim mesmo. Desse modo, ao menos nessas questões, o que o impede de ser para mim melhor do que eu mesmo sou? E para ele próprio, ele sempre diz que tudo o que tem agora é o bastante, mas a mim é evidente que está sempre examinando que nova aquisição poderia me ser vantajosa e exulta e se alegra muito mais do que eu nos meus sucessos."

12. Ao ouvir essa resposta, Histaspas falou: "Por Hera, Ciro, estou contente de ter feito essa pergunta para você".

"Por que exatamente?", quis saber Ciro.

"Porque agora eu também tentarei fazer isso tudo. Só uma coisa eu não entendi: como devo demonstrar que me alegro com seus sucessos? Devo bater palma? Sorrir? O que devo fazer?"

E Artabazo respondeu: "Você tem que dançar a dança persa". Diante dessa resposta, começaram a rir.

13. O banquete continuava quando Ciro perguntou a Gobrias: "Diga-me, Gobrias, você acha que agora concederia a mão de sua filha a um dos presentes com mais satisfação do que no momento em que você se juntou a nós?".

"Bem, também eu posso falar a verdade?", respondeu ele.

"Sim, por Zeus", retrucou Ciro, "já que nenhuma questão requer mentiras".

"Bem, você bem sabe que agora eu o faria com muito mais satisfação."

"E você poderia nos contar o motivo?", perguntou Ciro.

"Claro que sim."

"Então conte."

14. "Porque antes eu observava esses homens suportando penas e perigos com vontade, mas agora vejo que eles suportam o sucesso com moderação. Parece-me, Ciro, mais difícil descobrir um homem que tolere com nobreza o sucesso do que os males, pois aquele gera a soberba em muitos, enquanto são estes que geram a moderação em todos."

15. Então, Ciro disse: "Você ouviu a fala de Gobrias, Histaspas?".

"Sim, por Zeus, e se ele falar muitas coisas desse tipo, me ganhará como pretendente de sua filha muito mais rápido do que se me mostrasse um grande número de taças."

16. "Asseguro-lhe de que tenho uma grande quantidade de pensamentos como esse escritos e que não o farei passar vontade, caso você receba minha filha como sua esposa. Quanto às taças, uma vez que você me parece incapaz de tolerá-las, talvez eu deva dá-las a Crisantas, já que até sua cadeira ele surrupiou."

17. "Quero dizer mais uma coisa, Histaspas e outros aqui presentes", falou Ciro, "se vocês me consultarem, quando um de vocês decidir se casar, verão que tipo de colaboração posso dar a vocês".

18. E Gobrias perguntou: "E se alguém quiser conceder uma filha em casamento, com quem deve falar?".

"Comigo", disse Ciro, "pois sou muito hábil nessa arte".

"Que arte?", quis saber Crisantas.

19. "Saber que tipo de casamento combinaria com cada um."

E Crisantas falou: "Diga, pelos deuses, que tipo de mulher você acha que combinaria melhor comigo?".

20. "Em primeiro lugar, uma mulher pequena, pois você mesmo é baixo. Se você se casar com uma mulher alta, terá que pular como um cachorrinho quando quiser beijá-la e ela estiver de pé."

"É isso mesmo, você está fazendo uma previsão acertada, pois não sou de jeito nenhum um bom pulador."

21. "Além disso, uma mulher de nariz achatado seria muitíssimo apropriada para você."

"Por que razão?"

"Porque você tem o nariz adunco; fique sabendo que o nariz adunco é o que melhor combina com o nariz achatado", ele respondeu.

"Então você está dizendo que também a um homem que jantou bem, como eu agora há pouco, convém uma mulher que não comeu nada?"

"Sim, por Zeus", retrucou Ciro, "pois o estômago dos que estão cheios faz uma curva para fora, e o dos que ficaram sem comer faz uma curva para dentro".

22. Então, Crisantas falou: "Pelos deuses, e para um rei frio, você pode dizer que tipo de esposa seria adequada?". Nisso, Ciro começou a rir e os outros fizeram o mesmo.

23. Enquanto eles riam, Histaspas disse: "Tenho muito mais inveja disso, Ciro, do que do seu reinado".

"Do quê?", perguntou Ciro.

"Do fato de que, mesmo sendo frio, você é capaz de provocar o riso."

Então Ciro falou: "E você não daria, então, uma grande quantia de dinheiro para ser o autor dessas brincadeiras e para que elas fossem relatadas à mulher a quem você deseja impressionar com a reputação de possuir um humor sofisticado?". Era assim que zombavam uns dos outros.

24. Depois disso, ele mandou trazer um adorno feminino para Tigranes e pediu que ele o desse a sua esposa, por ela ter acompanhado o marido de forma tão viril durante a expedição; para Artabazo, uma taça de ouro; para o hircano, ele deu um cavalo e muitos outros presentes. "Para você, Gobrias, darei um marido para sua filha", ele disse.

25. "Então sou eu que você entregará a ele, não?", disse Histaspas, "Para que eu possa receber também os seus escritos".

"E por acaso você tem fortuna o suficiente para ser digno daquela que a moça possui?", perguntou Ciro.

"Sim, por Zeus, tenho muitas vezes a quantia necessária", ele respondeu.

"E onde é que está essa fortuna?", Ciro falou.

"Bem aqui, onde você está sentado, pois você é meu amigo."

"Isso me basta", disse Gobrias, estendendo imediatamente a mão direita, "dê-o para mim, Ciro, pois eu o aceito".

26. Ciro segurou a mão direita de Histaspas e a colocou na mão de Gobrias, que a recebeu. Depois disso, deu muitos e belos presentes para Histaspas, para que ele enviasse à moça. Quanto a Crisantas, puxou-o para perto de si e lhe deu um beijo. Então Artabazo disse:

27. "Por Zeus, Ciro, a taça que você me deu não é feita do mesmo ouro do presente que você agora deu a Crisantas!"

"Mas eu lhe darei um igual", foi a resposta.

"Quando?", perguntou o outro.

"Daqui a trinta anos", ele disse.

"Então vá se preparando, porque eu vou esperar e não vou morrer até lá."

E assim, então, se encerrou a festa. Quando se levantaram para partir, também Ciro se levantou e os acompanhou até as portas.

28. No dia seguinte, ele enviou de volta para casa aqueles que haviam se tornado seus aliados voluntariamente, com exceção dos que desejavam morar perto dele. Para esses, ele concedeu terras e casas e ainda hoje os descendentes dos homens que nessa época decidiram permanecer ao lado de Ciro moram ali; a maioria deles era de origem meda e hircana. Depois de dar muitos presentes aos que partiam, enviou para casa tanto comandantes quanto soldados satisfeitos.

29. Depois disso, ele distribuiu aos soldados do seu círculo todo o dinheiro que havia obtido em Sárdis. Aos generais e aos seus próprios ajudantes ele deu a cada um, de acordo com seu mérito, prêmios selecionados e depois repartiu o resto. Entregando uma parte a cada um dos generais, encarregou-os de fazer a divisão da forma como ele próprio havia feito com eles.

30. Eles distribuíram o resto dos bens, cada comandante depois de inspecionar os seus subalternos. O que ficou por último foi repartido pelos sargentos, depois de terem inspecionado os soldados sob o seu comando, de acordo com o mérito de cada um. Assim, todos obtiveram uma parte justa.

31. Quando receberam o que lhes foi dado, alguns diziam sobre Ciro: "Ele certamente tem muito dinheiro, já que deu isso tudo para cada um de nós"; enquanto outros falavam: "Como assim muito? Ciro não é do tipo que acumula dinheiro. Ele fica mais feliz distribuindo do que guardando".

32. Ao perceber essas conversas e opiniões a respeito de si, Ciro reuniu os amigos e todos os homens importantes e disse o seguinte: "Amigos, já constatei que existem homens que desejam aparentar possuir mais do que têm, julgando que assim dão a impressão de serem superiores. A mim, porém, eles parecem atrair para si o oposto do que desejam, pois creio que o fato de aparentar ter muitas posses, sem mostrar que ajudam os amigos na mesma medida da sua fortuna, parece afixar neles a marca da pequenez.

33. "Há, por outro lado, aqueles que desejam ocultar o quanto possuem; já eu penso que também esses são nocivos com os amigos, pois com frequência os amigos passam por necessidades e, por desconhecerem os fatos, não relatam a esses companheiros o que estão sofrendo, mas aceitam todas as derrotas.

34. "Creio que é mais simples um homem deixar evidentes os seus meios e se empenhar para demonstrar nobreza com eles. Também eu, portanto, desejo mostrar a vocês tudo o que pertence a mim, considerando-se aquilo que é possível ver; quanto ao que não é possível, farei um relato."

35. Depois dessa declaração, ele passou a exibir seus muitos e belos pertences e relatou o que mais estava guardado com o propósito de não ser prontamente acessível.

36. Por fim, ele disse o seguinte: "Vocês devem considerar, homens, que todos esses bens pertencem a vocês tanto quanto a mim, pois os estou coletando não para o meu próprio consumo, nem para que eu os desperdice, já que não seria capaz disso, mas a fim de que eu tenha sempre a possibilidade de oferecê-los àquele que praticar alguma ação nobre e para que um de vocês possa vir até mim para receber o que quer que venha a necessitar". Essas foram, então, suas palavras.

5

1. No momento em que achou a situação na Babilônia já organizada o bastante para que também ele pudesse se ausentar, passou aos preparativos de uma viagem à Pérsia e deu as devidas ordens nesse sentido. Quando julgou já haver quantidade suficiente dos itens que considerava necessários, pôs-se em marcha.

2. Contaremos agora também como, apesar de a bagagem ser muita, ele a montava e desmontava de forma bem-ordenada e quão rapidamente ele se instalava onde fosse preciso. Onde quer que o rei monte acampamento, toda sua corte sai junto com ele na expedição, levando tendas, seja no verão, seja no inverno.

3. Ciro logo estabeleceu o costume de que sua tenda deveria ser montada voltada para o leste. Em seguida, primeiro determinou quão distante da tenda real os lanceiros deveriam montar a sua própria tenda e, depois, apontou um local do lado direito para aqueles que faziam pães, outro do lado esquerdo para os cozinheiros, um à direita para os cavalos e outro à esquerda para os animais de carga. O resto foi disposto de forma que cada um conhecesse seu espaço tanto em dimensão quanto em localização.

4. Sempre que eles acondicionavam de novo a bagagem, cada um dos homens agrupava o material que era seu dever utilizar, e outros, por sua vez, colocavam-no sobre os animais, de modo que todos os carregadores iam simultaneamente buscar a parte que lhes estava designada e todos simultaneamente a colocavam sobre os animais. Dessa forma, o mesmo tempo necessário para desmontar uma única tenda era também o suficiente para todas as outras.

5. O método na hora de desfazer a bagagem era semelhante e, para que todas as provisões estivessem prontas no momento certo, já estava igualmente decidido o que cada um deveria fazer. Em razão disso, o mesmo tempo necessário para deixar pronta uma única parte era também suficiente para todo o resto.

6. Assim como os responsáveis pelas provisões ocupavam cada um seu próprio espaço, da mesma forma também os homens armados tinham no acampamento um lugar designado para cada uma das divisões, que era de seu conhecimento; desse modo, todos assumiam suas posições sem nenhuma controvérsia.

7. Ciro considerava a organização um bom hábito no âmbito doméstico, pois, quando há necessidade de alguma coisa, está claro onde se deve ir buscá-la, mas julgava a organização das divisões militares muito melhor, na medida em que as ocasiões nas quais são empregadas em guerra são mais urgentes e maior é o erro caso haja atraso. Ele havia observado que, na guerra, as vantagens de maior importância eram resultado das ações realizadas no momento oportuno e, por isso, era especialmente cuidadoso com a organização.

8. Ele próprio era o primeiro a se posicionar no centro do acampamento, porque era o local mais seguro. Em seguida, vinham os seus homens de confiança, do jeito como eles costu-

meiramente se posicionavam ao seu redor e, depois deles, em círculo, ficavam os cavaleiros e os que lutavam sobre os carros.

9. Ele julgava que estes também precisavam estar em locais seguros, porque acampavam sem ter à mão nenhuma das armas que usam para lutar, mas precisavam de bastante tempo para se armar e se tornarem úteis.

10. À direita e à esquerda tanto dele quanto dos cavaleiros ficavam os peltastas; à frente e atrás tanto dele quanto dos cavaleiros ficavam os arqueiros.

11. Os hoplitas e os que portavam escudos grandes formavam todos um círculo como uma muralha, de modo que os homens de posição mais estável estivessem na frente, caso os cavaleiros precisassem se aprontar, para permitir que eles se armassem em segurança.

12. Assim como os hoplitas dormiam posicionados, também peltastas e arqueiros o faziam, para que, durante a noite, se fosse necessário, não só os hoplitas estivessem preparados para lutar caso alguém ali chegasse, mas igualmente arqueiros e lanceiros passassem a atirar imediatamente suas lanças e flechas por sobre eles, diante de qualquer aproximação dos inimigos.

13. Todos os oficiais tinham também insígnias sobre suas tendas e, assim como nas cidades os servos atentos sabem onde estão as residências da maioria das pessoas, em especial as dos homens preeminentes, também nos acampamentos a posição dos comandantes era conhecida dos servos de Ciro e eles reconheciam as insígnias de cada um deles, de modo que, quando Ciro precisava de algum comandante, não saíam procurando, mas podiam apenas correr pelo caminho mais curto ao encontro de qualquer um deles.

14. Uma vez que cada uma das divisões estava tão claramente identificada, era evidente quando alguém se comportava bem e quando alguém não estava fazendo o que lhe era desig-

nado. Com a situação assim arranjada, Ciro acreditava que invasores cairiam no acampamento como dentro de uma emboscada, em caso de ataque inimigo, fosse durante o dia, fosse durante a noite.

15. Ele também acreditava que as táticas militares não se constituíam apenas em ser capaz de estender uma falange com facilidade, aumentar a sua profundidade, fazer uma coluna se tornar uma falange ou, ainda, contramarchar corretamente caso o inimigo apareça vindo do lado direito ou esquerdo ou de trás, mas achava que fazia parte das táticas também se separar quando necessário, posicionar cada uma das partes onde poderiam ser de maior utilidade e aumentar a velocidade da marcha quando fosse preciso se antecipar aos inimigos — todas essas habilidades e outras afins julgava serem essenciais a um homem que dominasse as táticas de guerra e se dedicasse a todas de modo indistinto.

16. Durante a marcha, ele sempre prosseguia distribuindo ordens conforme as circunstâncias, mas no acampamento arranjava a maioria das coisas da forma já apresentada.

17. Quando prosseguiam com a viagem e se aproximaram da Média, Ciro alterou o caminho para visitar Ciaxares. Depois de cumprimentarem um ao outro, Ciro disse a Ciaxares que uma casa havia sido selecionada para ele na Babilônia, bem como um edifício oficial, de modo que ele poderia ocupar sua própria residência sempre que fosse até lá. Em seguida, também lhe deu muitos e belos presentes.

18. Ciaxares os aceitou e enviou até ele sua filha, que portava uma coroa de ouro, braceletes, um colar e o mais belo robe medo que poderia existir.

19. Enquanto a moça coroava Ciro, seu pai dizia: "Dou-lhe, Ciro, também a própria mulher, que é minha filha. Seu pai se casou com a filha de meu pai e dela você nasceu. Essa é a moça

de quem você muitas vezes cuidou quando era criança e vivia conosco. Se alguém lhe perguntava com quem iria se casar, ela dizia que era com Ciro. Com ela lhe dou também como dote toda a Média, pois não tenho filho homem legítimo". Essas foram suas palavras.

20. Ciro respondeu: "Ciaxares, aprecio a sua família, a sua filha e os seus presentes, mas desejo entrar em acordo com você também com o consentimento de meu pai e da minha mãe". Desse modo respondeu Ciro. Mesmo assim, ofereceu à jovem todos os presentes que achou que agradariam Ciaxares e, tendo feito isso, partiu para a Pérsia.

21. Prosseguindo com a viagem, chegou à fronteira da Pérsia, onde deixou a maior parte do seu exército, enquanto ele próprio se dirigiu à cidade acompanhado dos amigos, levando animais em quantidade suficiente para todos os persas oferecerem sacrifícios e depois festejarem. Trazia também os presentes que convinham ao seu pai, à sua mãe e ao resto de seus amigos, além de outros presentes adequados aos oficiais, aos anciãos e aos pares. Deu, além disso, presentes para todos os persas, homens e mulheres, como ainda hoje faz o rei sempre que chega à Pérsia.

22. Em seguida, Cambises convocou os anciãos e os oficiais que tinham autoridade sobre as questões mais importantes. Chamou também Ciro e disse: "Homens persas, Ciro, quero o bem de todos vocês. Dos persas, porque sou seu rei; e o seu, Ciro, porque você é meu filho. Estou sendo justo, portanto, ao dizer publicamente o que acho que será bom para ambas as partes.

23. "No passado, vocês elevaram a posição de Ciro, dando-lhe um exército e o estabelecendo como seu comandante. Ciro, por sua vez, liderando-o com ajuda dos deuses, tornou vocês, persas, gloriosos entre todos os homens e honrados em toda

a Ásia. Dos que se juntaram a ele na expedição, ele fez ricos os melhores e, aos outros, providenciou pagamento e sustento. Ao criar uma cavalaria persa, permitiu que os persas usufruíssem também das planícies.

24. "Assim, se no futuro vocês mantiverem tal entendimento, serão responsáveis por causar bem uns aos outros. Mas se você, Ciro, enfatuado pela sua presente fortuna, tentar governar também os persas tendo em vista sua própria vantagem, como faz com os outros, e se vocês, cidadãos persas, invejando o poder de Ciro, buscarem dissolver o seu império, tenham certeza de que vocês impedirão uns aos outros de obter muitas benesses.

25. "Portanto, para que isso não ocorra, mas apenas o bem sobrevenha, parece-me que vocês devem fazer um pacto, oferecendo sacrifícios em comum e invocando os deuses como testemunhas: você, Ciro, caso alguém entre com um exército em território persa ou tente subverter as leis persas, virá em nosso socorro com toda a sua força; quanto a vocês, persas, se alguém buscar interromper o governo de Ciro ou se algum de seus subordinados se revoltar, virão tanto em socorro próprio quanto no de Ciro, da maneira que ele lhes ordenar.

26. "Enquanto eu estiver vivo, o trono persa pertence a mim. Quando eu morrer, está claro que ele será de Ciro, caso esteja vivo. Sempre que vier até a Pérsia, vocês devem considerar costume sagrado que ele tenha a oportunidade de oferecer em nome dos persas os sacrifícios que eu mesmo estou agora oferecendo. Quando ele estiver ausente, julgo que vocês estariam de acordo que o membro da nossa família que vocês considerem o mais digno realize os ritos divinos."

27. Uma vez que Cambises terminou de falar, Ciro e as autoridades persas concordaram com ele e, tendo feito esse pacto naquela época, invocando os deuses como testemunhas, ainda

hoje os persas e o seu rei mantêm a mesma conduta uns para com os outros. Depois que tudo isso foi acordado, Ciro partiu.

28. No caminho de volta para casa, ele foi à Média e se casou com a filha de Ciaxares, já que seu pai e sua mãe tinham dado consentimento. Sobre ela, até hoje contam histórias de como tinha uma beleza perfeita. Alguns cronistas dizem que ele teria se casado com a irmã da sua mãe, mas essa mulher certamente seria já muito velha. Uma vez casado, partiu novamente.

6

1. Quando já estava na Babilônia, achou que era hora de enviar sátrapas para governar os povos que havia subjugado. Ele desejava, porém, que as guarnições nas cidadelas e os coronéis responsáveis pelas guardas espalhadas pelo país não atendessem a ninguém a não ser ele próprio. Tomou essa precaução ao pensar de que forma um sátrapa poderia encontrar resistência imediata na própria província, caso se tornasse insolente ou tentasse deixar de obedecê-lo por possuir muitos bens ou uma grande quantidade de homens sob o seu comando.

2. Desejando, pois, ter essa garantia, resolveu primeiro convocar os homens preeminentes e avisá-los disso com antecedência, a fim de que soubessem sob que condições estavam partindo, pois considerava que desse modo eles consentiriam com mais facilidade. Parecia-lhe, porém, que seria difícil aceitarem, caso um dos governantes percebesse a situação depois de instituído, pois então julgaria que as condições eram essas pelo fato de ele, pessoalmente, estar sob suspeita.

3. Tendo-os convocado, disse-lhes o seguinte: "Meus amigos, temos guarnições e seus comandantes nas cidades que subjugamos, lá deixados naquela época. Parti, dando-lhes ordens para

não se ocupar de mais nada além de salvaguardar as fortalezas; então, não porei fim ao poder dado a eles, já que observaram com atenção as ordens que lhes foram passadas. Agora, porém, decidi enviar outros homens como sátrapas, que governarão os habitantes das cidades, recolhendo tributos, pagando os homens das guarnições e executando o que mais for necessário.

4. "Também penso que aqueles dentre vocês que permanecerem aqui, mas a quem eu possa causar transtornos eventuais, enviando-os até esses povos com alguma missão, devem possuir terras e residências nas províncias, de forma que vocês não só recebam tributos mas possam permanecer em suas próprias casas quando forem até lá."

5. Essas foram suas palavras, e ele deu casas e servos para vários dos seus amigos em todas as cidades que haviam sido subjugadas. Até hoje essas terras permanecem, em países diversos, propriedades daqueles que descendem dos homens que naquela época as receberam, embora eles próprios vivam junto ao rei.

6. "Devemos também estar atentos para que os homens que se dirigirão até esses países como sátrapas se lembrem de enviar para cá o que houver de belo e de bom em cada um de seus territórios, de modo que os homens que vivem aqui possam ter seu quinhão do que existe de bom em todas as partes, pois, se algo terrível acontecer em algum lugar, é certo que também nós teremos que ir ao seu socorro."

7. Com essas palavras, encerrou o seu discurso e, em seguida, selecionou dentre os seus amigos que ele percebia desejar partir sob as condições apresentadas aqueles que pareciam mais qualificados para a função. Enviou como sátrapas Megabizo para a Arábia, Artabatas para a Capadócia, Artacamas para a Frígia Maior, Crisantas para a Lídia e para a Jônia, Adúsio para a Cária — como seus habitantes haviam pedido — e Farnuco para a Frígia do Helesponto e para a Eólia.

8. Ele não enviou sátrapas persas nem para a Cilícia, nem para a Cípria, nem para a Paflagônia, porque pareciam ter se juntado à expedição até a Babilônia voluntariamente. Determinou, porém, que também eles teriam que pagar tributos.

9. A organização estabelecida por Ciro naquela época se mantém ainda hoje da mesma forma, com as guarnições nas cidadelas sob comando do rei, os coronéis responsáveis pelas guardas sendo instituídos por ordem do rei e alistados junto a ele.

10. Ele proclamou que todos aqueles enviados por ele como sátrapas deveriam imitá-lo em cada coisa que tivessem observado. Em primeiro lugar, deveriam organizar uma divisão de cavalaria e de carros de guerra com os persas e aliados que tivessem partido com eles. Em seguida, todos os que haviam recebido terras e residências deveriam ser obrigados a atender à corte do sátrapa, praticando a moderação, e ficar à disposição para o que quer que fosse necessário; as crianças deveriam ser educadas na corte, como também se fazia na corte do rei; e, finalmente, o sátrapa tinha que sair com os homens da sua corte para caçar e exercitar a si e aos seus homens nas artes da guerra.

11. "Aquele que, na minha opinião", ele disse, "demonstrar ter o maior número e os melhores cavaleiros, bem como o maior número de carros, em proporção ao seu poder, honrarei como um nobre aliado e como nobre coguardião do poder que é tanto dos persas quanto meu. Que junto de vocês, como junto a mim, os melhores homens sejam honrados até mesmo pelos assentos que ocupam; e que as suas mesas, como a minha, alimentem em primeiro lugar o pessoal da residência e, em seguida, sejam arrumadas adequadamente para que os amigos possam dela compartilhar e para que, a cada dia, demonstrem reconhecimento por aquele que tiver realizado alguma ação nobre.

12. "Construam também parques e criem animais selvagens. Vocês próprios não devem se servir da comida sem que tenham antes realizado atividades físicas e não deixem que recebam forragem os cavalos que não tenham se exercitado. Eu, sendo um só, não serei capaz de manter a salvo, apenas com a virtude humana, as fortunas de todos vocês. Se devo, porém, ser para vocês um defensor, sendo eu próprio valoroso e tendo homens valorosos ao meu lado, vocês, por sua vez, sendo igualmente valorosos e tendo ao seu lado homens valorosos, devem ser meus aliados.

13. "Gostaria ainda que vocês observassem uma coisa, que de modo algum estou passando agora recomendações a vocês como se estivesse dando ordens a escravos, mas eu próprio tentarei realizar tudo aquilo que digo que vocês devem fazer. Assim como eu peço que vocês me imitem, também vocês ensinem a imitá-los aqueles que ocupem cargos abaixo dos seus."

14. A organização estabelecida por Ciro nessa época é mantida até hoje do mesmo modo em todas as guardas sob comando do rei. Todas as cortes dos homens em posição de liderança são frequentadas semelhantemente; todas as casas, grandes ou pequenas, são administradas de forma idêntica; os melhores homens dentre os presentes são honrados pelos assentos que ocupam por todos; todas as viagens são arranjadas do mesmo modo e todas as atividades políticas estão centralizadas em alguns poucos homens que estão no controle.

15. Depois de lhes dizer como cada um deveria proceder e de dar a cada um deles uma força armada, enviou-os para seus destinos e avisou a todos que se preparassem na expectativa de que, no ano seguinte, houvesse uma expedição e uma revista dos soldados, armas, cavalos e carros.

16. Observamos também que outra prática que Ciro teria iniciado, segundo dizem, existe até hoje: todo ano, um homem

no comando de tropas sai em inspeção, a fim, por um lado, de auxiliar qualquer um dos sátrapas que esteja precisando de ajuda e, por outro, de chamar de volta à razão algum que tenha se tornado insolente. Além disso, se algum deles estiver sendo negligente com o pagamento dos tributos ou com a segurança dos habitantes ou, ainda, se estiver deixando de manter as terras produtivas ou descuidando de qualquer dos comandos que tenha recebido, esse homem é responsável por colocar tudo em ordem. Se não for capaz de fazê-lo, deve reportar a situação ao rei, e este, depois de ouvi-lo, toma medidas a respeito do sátrapa indisciplinado. Quando falam que "o filho do rei está vindo" ou "o irmão do rei" ou "o olho do rei", frequentemente se referem aos homens que fazem parte da inspeção, e às vezes eles nem aparecem, pois todos voltam de onde estão assim que o rei lhes ordena.

17. Notamos ainda outra prática engenhosa de Ciro para lidar com a magnitude do seu império, com a qual ele rapidamente podia descobrir até mesmo a situação das províncias mais distantes: tendo examinado o intervalo que um cavalo poderia completar num dia se fosse montado até o ponto em que ainda tivesse forças, mandou construir estações que ficavam exatamente a essa distância uma da outra e as equipou com cavalos e homens para cuidar deles. Em cada um desses locais, tinha designado algum homem para receber as cartas que eram trazidas ou para entregá-las, para acolher os cavalos e os homens cansados e, em seguida, enviar outros, que estivessem descansados.

18. Dizem que há ocasiões em que a viagem não é interrompida sequer à noite, mas o mensageiro da noite é sucedido pelo do dia. Com essa organização, conta-se que completam a viagem mais rapidamente do que os grous. Se mentem a respeito dessa história, ela ao menos deixa evidente que essa é a viagem

mais rápida que os homens podem fazer em solo e que é bom estar ciente de cada acontecimento o quanto antes, para tratar dele também o mais rápido possível.

19. Quando o ano virou, ele reuniu seu exército na Babilônia, e contam que era composto de cerca de cento e vinte mil cavaleiros, dois mil carros falcados e seiscentos mil infantes.

20. Assim que tudo estava pronto, partiu naquela expedição em que dizem que ele subjugou todos os povos que habitam da Síria até o mar Eritreu.* Depois dessa expedição, contam que na seguinte se dirigiu ao Egito** e subjugou também esse país.

21. A partir desse momento, os limites do seu império eram o mar Eritreu ao leste, o Ponto Euxino*** ao norte, Chipre e Egito ao oeste e a Etiópia ao sul. Os extremos desses limites são inabitáveis; um, por causa do calor; outro, por causa do frio; o terceiro, pela água e, o último, pela escassez de água.

22. Ele próprio fixou sua residência no centro dos seus domínios e passava cerca de sete meses, durante o inverno, na Babilônia, pois essa é uma região quente; outros três meses ele passava em Susa, durante a primavera; e, no auge do verão, dois meses em Ecbátana. Ao fazer isso, dizem que ele vivia eternamente no clima fresco da primavera.

23. As pessoas tinham tal disposição com relação a Ciro que todos os povos acreditavam estar em falta caso não lhe enviassem o que de bom houvesse em seu país, fossem produtos cultivados, animais lá criados ou artefatos. Toda a cidade agia da mesma forma, e todo homem comum achava que se tornaria rico, caso fizesse algo do agrado de Ciro, pois este recebia de

---

* O mar Eritreu, ou mar Vermelho, englobava uma área mais extensa do que o atual mar Vermelho, correspondendo na Antiguidade ao oceano Índico.

** Segundo Heródoto, o Egito só seria conquistado pelos persas depois, com Cambises, filho de Ciro.

*** O mar Negro.

cada um deles o que lhe davam por terem em abundância e, em troca, oferecia-lhes aquilo que percebia ser escasso.

7

1. Tendo sua vida transcorrido dessa forma, Ciro, já um homem bastante idoso, foi à Pérsia pela sétima vez em seu reinado. Tanto seu pai quanto sua mãe já haviam falecido havia muito tempo, como era natural. Ciro realizou os sacrifícios costumeiros, conduziu a dança persa conforme os costumes ancestrais e distribuiu presentes a todos, como era seu hábito.

2. Ao dormir no palácio, teve uma visão durante um sonho: pareceu-lhe que uma figura que era mais do que um ser humano se aproximava e dizia: "Vá preparando a bagagem, Ciro, pois você em breve partirá para junto dos deuses". Depois de ter essa visão no sonho, despertou e, nesse momento, parecia quase saber que o fim da sua vida estava próximo.

3. Então, foi imediatamente realizar sacrifícios a Zeus Ancestral, ao Sol e aos demais deuses nos cumes das montanhas, como fazem os persas, entoando a seguinte prece: "Zeus Ancestral, Sol e todos os deuses, recebam essas oferendas pelas minhas muitas e nobres realizações e como sinais da minha gratidão, porque vocês assinalaram a mim o que eu deveria e o que eu não deveria fazer, nas vítimas sacrificiais, em sinais no céu, nos voos dos pássaros e em palavras. Grande é a minha gratidão a vocês também porque sempre reconheci o seu cuidado comigo e nunca, em razão da minha fortuna, tive presunções para além do que é da natureza humana. Peço-lhes que concedam agora felicidade aos meus filhos, à minha esposa, aos meus amigos e a meu país; e a mim, um fim tal qual a vida que vocês me concederam".

4. Depois de realizar os sacrifícios, voltou para casa e achou que descansar seria agradável, então se deitou. Quando chegou a hora do seu banho, os homens designados para a tarefa se aproximaram e lhe disseram para ir se banhar; mas ele respondeu que o descanso estava agradável. Por sua vez, na hora apropriada, os homens que tinham a tarefa de lhe servir puseram a mesa diante dele; sua alma já não tinha mais desejo de comida, mas ele parecia ter sede e bebeu com prazer.

5. Como isso também se passou no dia seguinte e no dia depois desse, Ciro chamou os seus filhos, pois por acaso eles o tinham acompanhado e estavam na Pérsia. Ele convocou também os amigos e os magistrados persas; quando estavam todos presentes, passou a lhes dizer o seguinte:

6. "Meus filhos e todos aqui presentes, o fim da minha vida já está próximo; posso reconhecer esse fato claramente por muitas razões. Quando eu estiver morto, vocês devem me tratar como um homem feliz, tanto em palavras quanto em ações. Acho que, quando era criança, desfrutei de tudo aquilo que julgamos ser bom para as crianças; uma vez que me tornei um jovem, do que é bom para os rapazes; quando adulto, do que é bom para os homens. Com o passar do tempo, creio ter observado meu poder aumentar continuamente, de modo que não percebi a minha velhice se tornar mais frágil do que fora a minha juventude, e não sei de nenhuma iniciativa minha, nem de nenhum desejo meu, que não tenham se cumprido.

7. "Vi ainda meus amigos se tornarem felizes por minha causa, enquanto meus inimigos foram por mim escravizados. Meu país, que antes era um país qualquer na Ásia, agora deixo como o mais glorioso dos países. De tudo que conquistei, não há nada que eu não tenha preservado. Nos tempos passados, agi em conformidade ao que eu professava, mas porque sempre me acompanhou um temor, o de que eu, em momento futuro,

pudesse ver, ouvir ou sofrer algo ruim; foi esse temor que não permitiu que eu me tornasse um grande presunçoso ou que fosse extravagante na minha alegria.

8. "Agora, se eu morrer, deixo vocês, filhos que os deuses me concederam, com vida; deixo meu país e meus amigos felizes.

9. "Como poderei não obter a fama imortal e justa de ter sido um homem feliz? Mas devo também deixar esclarecida a questão da sucessão, para que eu não lhes cause problemas com a disputa. Tenho amor por ambos vocês igualmente, meus filhos, mas para ter precedência nas decisões e para governar de acordo com o que a situação demandar, indico o meu primogênito que, como é natural, é também mais experiente.

10. "Eu próprio fui educado por este país, que é tanto meu quanto de vocês, a ceder a preferência não só aos meus irmãos, mas também aos cidadãos mais velhos, no passo, nos assentos e nos discursos. A vocês, meus filhos, eduquei desde o início para que vocês honrassem os mais velhos e para que recebessem honras dos mais jovens. Portanto, é como algo antigo, costumeiro e estabelecido pela lei que vocês devem aceitar o que estou dizendo.

11. "Então, você, Cambises, fique com o meu reinado, concedido tanto pelos deuses quanto por mim, na medida em que ele me pertence. Quanto a você, Tanaoxares, dou a satrapia da Média, da Armênia e uma terceira, da Cadúsia. Ao lhe conceder essas satrapias, julgo que deixo ao seu irmão mais velho maior poder e o título de rei, mas a você deixo uma felicidade mais livre de dores.

12. "Não consigo ver que prazer humano lhe será insuficiente, pois você terá à disposição tudo aquilo que acreditamos trazer alegria aos homens. Porém, desejar aquilo que é difícil de realizar, ter muitas preocupações, não poder se sentir tranquilo por se ver desafiado pelos meus feitos; conspirar e ser alvo de

conspiração; essas são as coisas que necessariamente acompanharão o rei mais do que a você — e tenha certeza de que elas causam muitas perturbações ao contentamento.

13. "Saiba também, Cambises, que não é este cetro de ouro que preserva o poder real, mas os amigos confiáveis são o cetro mais verdadeiro e mais seguro que um rei pode ter. Não julgue, contudo, que os homens já nascem naturalmente confiáveis, pois nesse caso todos considerariam os mesmos homens confiáveis, assim como outros aspectos naturais parecem ser os mesmos para todos. Cada um deve obter para si homens de confiança, e sua aquisição desses amigos não é feita de modo algum pela violência, mas pelo bem que se faz a eles.

14. "Se, portanto, você tentar fazer de outros homens coguardiães do seu poder, não comece senão por aquele que compartilha com você a mesma origem. Os cidadãos de uma mesma cidade são mais próximos entre si do que de homens de outros lugares, e aqueles que compartilham a mesa são mais próximos entre si do que de homens de tendas separadas; mas aqueles que nascem da mesma semente, são criados pela mesma mãe, crescem na mesma casa, são amados pelos mesmos pais e que se dirigem às mesmas pessoas como mãe e pai — como poderiam eles não ser mais próximos um do outro do que de todos os demais homens?

15. "Não tornem vãos, portanto, esses bens que os deuses apontam para criar intimidade entre irmãos, mas sobre eles edifiquem desde já ainda outras obras de amor e, assim, o amor de vocês será sempre insuperável por outros homens. Certamente que cuida de si próprio aquele que se preocupa com um irmão, pois a que outra pessoa um homem poderoso é motivo de honra tanto quanto o é para seu irmão? Que outro homem alguém pode ter mais medo de prejudicar do que aquele que tem um irmão poderoso?

16. "Que ninguém, portanto, seja mais prontamente obediente a ele do que você, e que ninguém se apresente com mais disposição, pois seja a situação dele boa, seja ela terrível, não há outra pessoa a quem ela esteja mais intimamente relacionada do que a você. Considere também estas outras questões: ao ter gratidão a que outro homem, que não a ele, você poderia esperar obter maiores vantagens? Socorrendo a que outro homem você receberia em troca um aliado mais forte? A quem é mais vergonhoso não amar do que a um irmão? Quem dentre todos os homens é mais belo honrar em primeiro lugar senão a um irmão? Somente quando um irmão põe seu próprio irmão à frente de todos os homens, Cambises, não pode a inveja deles atingi-lo.

17. "Pelos deuses ancestrais, meus filhos, honrem um ao outro, se vocês ainda consideram de alguma importância me agradar, pois com certeza há um ponto, creio eu, que vocês não sabem com clareza: se não existirei mais quando tiver completado minha vida humana, já que até hoje vocês nunca viram a minha alma, mas só constataram sua existência pelos feitos que realizei.

18. "Vocês alguma vez já observaram que terrores as almas dos que foram vítimas de injustiças lançam aos homens que derramaram seu sangue? Que divindades vingadoras elas enviam aos que cometem atos ímpios? Vocês acreditam que ainda prestaríamos honras aos mortos, caso suas almas não tivessem poder sobre nada?

19. "Quanto a mim, meus filhos, é certo que jamais fui persuadido de que a alma vive apenas enquanto num corpo mortal e que está morta quando livre dele, pois vejo que é a alma que permite aos corpos mortais ter vida durante o período em que está dentro deles.

20. "Que a alma possa se tornar inconsciente justamente quando separada do corpo inconsciente, isso é algo de que

também não estou convencido; mas quando a mente, absoluta e pura, é libertada, é provável que ela então esteja no seu estado de maior consciência. Está claro que, quando um homem morre, cada parte do corpo vai em direção ao que é de origem comum, com exceção da alma: apenas ela não pode ser vista nem quando está presente, nem quando ausente.

21. "Considerem que não há nada mais próximo da morte do que o sono entre as coisas humanas; mas a alma do homem pode ser então vista no seu aspecto mais divino, acredito eu, e tem também alguma antevisão do porvir, pois é nesse momento que ela parece estar no seu estado mais livre.

22. "Se as coisas, portanto, acontecem da forma como estou imaginando e a alma abandona o corpo, façam aquilo que peço por respeito à minha alma. Se não acontecem, mas a alma permanece no corpo e morre junto com ele, então, pelos deuses eternos, que tudo veem e tudo podem, que mantêm toda essa ordem do universo intacta, sem idade, infalível, indescritível em beleza e magnitude, por temor aos deuses, nunca façam nem planejem nada de ímpio nem de sacrílego.

23. "Depois dos deuses, tenham respeito também por toda a raça dos humanos que se sucedem continuamente, pois os deuses não escondem vocês nas sombras, mas os seus feitos serão sempre forçados a existir à vista de todos e, caso eles pareçam puros e isentos de injustiças, serão entre todos os homens uma exibição da força que vocês possuem. No entanto, caso vocês concebam alguma injustiça um contra o outro, estarão aos olhos de todos os homens desprezando o merecimento de sua confiança, pois ninguém será capaz de acreditar em vocês, nem que o deseje muito, ao ver qualquer um dos dois prejudicar o homem por quem mais deveria sentir afeição.

24. "Ora, se estou lhes ensinando suficientemente sobre como vocês devem se comportar com relação um ao outro, mui-

to bem; mas, se não estou, aprendam com os acontecimentos passados, pois são eles que constituem as melhores lições. A maior parte dos pais passou a vida como amigos dos filhos e a maioria dos irmãos, como amigos dos irmãos; mas alguns deles também agiram de forma oposta. Assim, entre essas possibilidades, escolham ações que vocês percebam como mais benéficas e vocês tomarão a decisão correta.

25. "E talvez agora já baste desse assunto. Quanto ao meu corpo, filhos, quando eu morrer, não o ponham dentro de ouro nem de prata nem de nada disso, mas me devolvam à terra o mais rápido possível. Que felicidade maior pode haver do que estar unido à terra, que faz nascer e nutre tudo o que é belo e tudo o que é bom? Eu também fui amigo dos homens à minha maneira e agora creio que com prazer me tornarei parte dessa benfeitora da humanidade.

26. "Digo isso", ele continuou, "pois minha alma parece estar se retirando agora, saindo daquele mesmo ponto de onde a alma de todos os homens, ao que parece, começa a partir. Se, então, algum de vocês quiser apertar a minha mão ou desejar olhar nos meus olhos enquanto estou vivo, que se aproxime; depois que eu tiver me coberto, peço a vocês, meus filhos, que nenhum homem veja o meu corpo, nem mesmo vocês.

27. "Convidem, no entanto, todos os persas e nossos aliados para comparecer diante da minha tumba, para que comigo se alegrem, uma vez que estarei então em segurança e não sofrerei mais nenhum mal, estando eu na companhia dos deuses ou já não existindo de todo. Enviem de volta cada um que comparecer apenas depois de ter feito todas as cortesias habituais em honra de um homem feliz.

28. "E se lembrem também de uma última palavra minha: que se vocês fizerem bem aos seus amigos também poderão

punir seus inimigos. Adeus, meus filhos amados, reportem o meu adeus à mãe de vocês. Adeus, todos os meus amigos, tanto os que estão agora ao meu lado quanto os ausentes." Depois dessas palavras, ele apertou a mão de todos, cobriu-se e assim faleceu.

8

1. Que o império de Ciro foi o mais belo e o maior de toda a Ásia é o próprio império que o prova, pois era limitado a leste pelo mar Eritreu, ao norte pelo Ponto Euxino, a oeste por Chipre e Egito e, ao sul, pela Etiópia. Embora tivesse essa magnitude, era comandado por um único juízo, o de Ciro, e ele honrava e cuidava dos seus súditos como se fossem seus próprios filhos, enquanto seus subordinados o reverenciavam como um pai.

2. Quando Ciro morreu, porém, imediatamente os seus filhos entraram em dissensão, imediatamente as cidades e os povos passaram a se revoltar e tudo mudou para pior. Para mostrar que digo a verdade, começarei apresentando sua atitude com relação aos deuses, pois sei que no passado o rei e os seus súditos, mesmo aqueles que tivessem realizado os piores atos, manteriam seus juramentos, caso os tivessem feito, ou assegurariam acordos que tivessem firmado.

3. Se tal não fosse seu caráter e se não mantivessem sua reputação, nenhum homem teria confiança neles, exatamente como agora ninguém mais tem, já que sua impiedade se tornou conhecida. Assim, os generais que se juntaram à expedição de Ciro, o Jovem, também naquele momento não teriam neles confiança, mas, acreditando na sua antiga reputação, entregaram-se ao rei, foram levados à sua presença e tiveram suas cabeças

cortadas.* Muitos outros dos bárbaros que haviam se juntado à expedição morreram, ludibriados com todo tipo de promessa. 4. Hoje eles são muito piores também no que direi a seguir: anteriormente, se alguém se colocasse em risco pelo rei, submetesse uma cidade ou um povo, ou realizasse algo de belo ou de bom para ele, esse homem era recompensado. Agora, por sua vez, se alguém como Mitridates, que traiu Ariobarzanes, seu próprio pai,** e se alguém como Reomitres,*** que abandonou sua esposa, filhos e os filhos dos seus amigos como prisioneiros no Egito, em violação aos maiores juramentos, aparenta fazer ao rei algo que é de seu interesse, são esses os homens recompensados com as maiores honras.

5. Todos os habitantes da Ásia, ao observar essa situação, voltaram-se para a impiedade e a injustiça, pois, seja qual for o caráter dos governantes, este passa a ser o da maioria dos homens sob seu comando. Certamente agora se tornaram mais indiferentes à lei do que antes.

6. Com relação ao dinheiro, também nessa questão se tornaram mais injustos, pois não apenas prendem os homens que cometeram muitos delitos, mas agora até os que não fizeram nada de errado e são obrigados a pagar multas sem qualquer razão justa. Dessa forma, os homens que têm a reputação de possuir muitos bens não sentem menos medo do que aqueles

---

* Trata-se do outro Ciro, o Jovem, morto em 401 a.C., em batalha contra seu irmão Artaxerxes II, que ocupava o trono.

** Ariobarzanes foi sátrapa da Frígia do Helesponto. Em 367 a.C., participou de uma revolta das províncias ocidentais persas contra o rei Artaxerxes II. Foi, no entanto, traído por seu filho e morto em 360 a.C.

*** Segundo Diodoro Sículo, Reomitres, general que também participou da revolta contra Artaxerxes II, foi encarregado de pedir auxílio ao rei egípcio Tacos, recebendo cinquenta navios de guerra e quinhentos talentos em prata. Ele então traiu os insurgentes e se aliou ao rei. Diodoro Sículo, porém, nada fala sobre a esposa e os filhos mencionados.

que agem contra a justiça e também não têm vontade de se relacionar com homens poderosos nem coragem de se alistar no exército do rei.

7. Assim, qualquer um que entre em guerra contra eles tem a possibilidade de vaguear pelo seu país sem sequer lutar, caso queira, graças a sua impiedade para com os deuses e ao modo injusto com que agem com os homens. Em todos os aspectos, seus princípios são agora, portanto, muito piores do que eram no passado.

8. Que também não cuidam dos seus corpos como faziam antes é o que vou contar agora. Por exemplo, era costume entre eles não cuspir nem assoar o nariz. Evidentemente que tinham esse costume não porque queriam acumular líquido no corpo, mas porque desejavam fortalecê-lo por meio do trabalho e do suor. Agora, embora continuem não cuspindo nem assoando o nariz, em lugar algum se mantém a prática de expelir os líquidos por meio do esforço.

9. Era, de fato, um costume seu anteriormente se alimentar uma vez ao dia, para que pudessem empregar o dia todo nas atividades e em exercícios físicos. Agora eles ainda mantêm a refeição única, mas porque começam a comer tão logo se pode almoçar e passam o dia bebendo e comendo até o momento em que os mais notívagos vão dormir.

10. Entre eles, outro costume era o de não levar penicos para um banquete, claramente porque julgavam que não beber em excesso resultaria em corpos e juízos menos cambaleantes. Agora, porém, continuam não levando os penicos, mas bebem tanto que, em vez de carregar alguma coisa, eles próprios precisam ser carregados para fora, quando não conseguem mais ficar de pé para ir embora.

11. Outro hábito seu era o de não comer nem beber no curso de uma marcha, nem se deixar ser visto ocupado com necessida-

des resultantes das duas ações. Agora, por sua vez, continuam se abstendo de comida e de bebida, só que a distância percorrida em marcha é tão curta que ninguém ainda se surpreenderia com o fato de se absterem de fazer suas necessidades.

12. Além disso, antigamente eles saíam para caçar com tanta frequência que as caças eram exercício suficiente tanto para eles quanto para os cavalos, mas, desde que o rei Artaxerxes e os do seu círculo não foram mais capazes de resistir ao vinho, eles próprios não saíram mais para caçar, nem levaram outros homens como faziam antes. E ainda, se alguém com gosto pelo esforço saísse para caçar em companhia dos cavaleiros da sua corte, eles ficavam visivelmente invejosos e passavam a odiá-lo por ser melhor do que eles.

13. Vejam que ainda permanece também o costume de educar as crianças na corte. O aprendizado e o exercício da arte da cavalaria, porém, se extinguiram, pelo fato de que não há mais situações em que possam ganhar distinção ao demonstrar sua habilidade. Se outrora os meninos ouviam os processos serem decididos em conformidade com a justiça e pareciam aprender o que é mais justo, também isso se alterou completamente, pois agora eles veem com clareza que vencem aqueles que podem pagar mais.

14. As crianças aprendiam, no passado, as propriedades das plantas que nascem naturalmente da terra, de modo que pudessem utilizar as úteis e evitar as nocivas, mas agora parece que, se aprendem essas lições, é para que possam fazer o máximo de mal possível. Ao menos, não há lugar nenhum em que um número maior de pessoas morre ou é arruinada como resultado da ação de venenos.

15. Além disso, são muito mais delicados hoje do que na época de Ciro, pois então se valiam da educação dos persas e do seu autocontrole, ainda que também do robe dos medos e de

sua luxúria. Agora, porém, estão deixando que a perseverança persa seja extinta, enquanto preservam a frouxidão dos medos.

16. Quero detalhar do que se trata a sua debilidade. Em primeiro lugar, não lhes basta que leitos macios sejam estendidos sob eles, mas agora colocam até os pés de suas camas sobre tapetes, de forma que o chão não ofereça resistência, mas os tapetes cedam sob a pressão. Além do mais, não se deixou de preparar nenhum dos pães e bolos servidos à mesa e que tenham inventado no passado, mas estão o tempo todo criando novidades. O mesmo acontece com os pratos principais, pois agora possuem inventores em ambas as categorias.

17. No inverno, não se contentam mais em proteger a cabeça, o corpo e os pés, mas também têm mangas grossas que vão até as pontas dos seus dedos e luvas. No verão, por sua vez, não lhes basta as sombras das árvores ou das rochas, mas mantêm paradas ao seu lado pessoas que arranjam uma forma de criar mais sombra para eles.

18. E quanto mais taças eles possuem, mais orgulhosos ficam. Se deram um jeito de consegui-las ao praticar algo claramente injusto, não sentem nenhuma vergonha do fato, pois a injustiça e a mesquinharia aumentaram muito entre eles.

19. Antigamente, também era uma tradição não serem vistos andando a pé por nenhum outro motivo a não ser o intento de se tornarem os melhores cavaleiros, mas agora têm mais cobertores sobre os cavalos do que sobre suas camas, já que não se importam com a arte da cavalaria tanto quanto se importam com um assento macio.

20. Não é então de se esperar que nas questões militares eles agora sejam piores do que antes em tudo? Em tempos passados, seu costume era que os donos de terras providenciassem os cavaleiros daquelas que lhes pertenciam, que saíam em campanha se houvesse necessidade de uma expedição, enquanto

os homens que mantinham a guarda do país eram assalariados. Hoje em dia, por sua vez, porteiros, padeiros, cozinheiros, escanções, servos que preparam os banhos, homens que põem a mesa, homens que tiram a mesa, assistentes que os põem para dormir, assistentes que os ajudam a se levantar e embelezadores que pintam suas faces, besuntam-nos com cosméticos e os arrumam de outras formas, todos esses foram feitos cavaleiros pelos homens que estão no comando, para que formem seu exército de mercenários.

21. Eles formam uma multidão, mas não têm nenhuma serventia na guerra. E disso os próprios acontecimentos são evidência: os inimigos podem percorrer o seu país com mais facilidade do que seus aliados.

22. Ciro, que havia abolido o lançamento de projéteis em guerra, vestido couraças nos soldados e nos cavalos e dado a cada um uma lança, fez com que lutassem com as mãos; agora, contudo, eles nem lançam os projéteis, nem se engajam na luta corpo a corpo.

23. A infantaria possui escudos, sabres e machados, como aqueles que mudaram a forma de lutar na época de Ciro, mas eles não estão dispostos a partir para a luta corpo a corpo.

24. Também não utilizam mais os carros falcados para o fim que Ciro os havia criado, pois, ao aumentar as honras dos condutores e fazê-los admirados, ele tinha quem estivesse disposto a se lançar contra as fileiras fortemente armadas, ao passo que agora os oficiais nem conhecem os homens que estão sobre os carros e julgam que condutores inexperientes têm o mesmo valor que os bem treinados.

25. Eles até se põem em movimento durante a batalha, mas alguns caem dos carros involuntariamente antes que tenham adentrado as linhas inimigas, enquanto outros se lançam para fora, de modo que os carros sem os condutores muitas vezes

fazem mais mal aos seus próprios companheiros do que aos inimigos.

26. Uma vez que até eles próprios entenderam que tipo de material para guerra possuem, desistiram de lutar e ninguém mais entra num conflito sem auxílio de mercenários gregos, nem quando guerreiam entre si, nem quando os gregos entram em expedição contra eles. Mesmo contra os gregos eles reconhecem que só podem lutar com ajuda de outros gregos.

27. Julgo, assim, ter completado a tarefa que me propus. Declaro ter demonstrado que os persas e os que vivem junto deles são hoje homens mais ímpios com relação aos deuses, mais desrespeitosos com seus parentes, mais injustos com todos os outros e menos corajosos no que concerne à guerra do que foram antes. Se alguém tiver um entendimento contrário ao meu, que essa pessoa, ao examinar suas ações, venha a descobrir que eles próprios são testemunhas daquilo que digo.

Notas da introdução

1. Em *Xenophon's Mirror of Princes: Reading the Reflections* (Oxford/Nova York: Oxford University Press, 2011), p. 372, diz que "teóricos modernos de gestão impõem restrições ao poder de líderes porque suspeitam do seu potencial para a autocracia. Essas restrições incluem assegurar o consentimento do grupo à liderança; garantir que se busca o sucesso que o grupo deseja; fomentar as habilidades do grupo; tornar os processos gerenciais visíveis a ele; evitar hierarquias permanentes; encorajar iniciativa e responsabilidade individuais; evitar o paternalismo e desenvolver uma visão comum dentro do grupo. A teoria de liderança de Xenofonte vai ao encontro dessas exigências modernas".

2. Como observa Steven Hirsch em "1001 Iranian Nights: History and Fiction in Xenophon's Cyropaedia", publicado na obra organizada por Michael H. Jameson, *The Greek Historians: Literature and History* (Saratoga: Anma Libri & Co, 1985), pp. 65-85.

3. Abraham Breebart, em artigo de 1983, é um bom exemplo: "'Xenofonte merece ser mais bem conhecido e apreciado pelos estudantes, estudiosos e o público em geral'. Essa era a opinião de Neal Wood; na verdade, a primeira frase do seu notável artigo de 1957 sobre a teoria de liderança de Xenofonte. Mais de vinte anos depois, isso ainda é verdade" ("From Victory to Peace: Some Aspects of Cyrus' State in Xenophon's Cyrupaedia". *Mnemosyne*, v. 36, 1983, pp. 117-34).

4. Há dois eventos históricos mencionados por Xenofonte no final da obra (VIII.8.4) que nos auxiliam a determinar sua datação: a revolta de Ariobarzanes contra o domínio persa e a associação de Reomitres com o rei egípcio Tacos.

5. Vivienne Gray, "Le Socrate de Xénophon et la Democratie" (*Les Études Philosophiques*, n. 2, 2004), pp. 141-76. Cf. também John Lee, "Xenophon and his Times", em Michael Flower (Org.), *The Cambridge Companion to Xenophon* (Cambridge/Nova York: Cambridge University Press, 2017), pp. 15-35.

6. Maquiavel, *O Príncipe* (tradução de Maria Júlia Goldwasser; São Paulo: Martins Fontes, 2008, p. 71).

7. Heródoto faz um relato relativamente extenso sobre a vida de Ciro, apresentando vários detalhes de sua vida e das campanhas militares (I.107-30; 177-91; 201-14).

8. A esse respeito, além do trabalho de Steven Hirsch referido na nota 3, há o de Heleen Sancisi-Weerdenburg, "The Death of Cyrus: Xenophon's *Cyropaedia* as a Source for Iranian History", em Vivienne Gray, *Oxford Readings in Xenophon* (Oxford/Nova York: Oxford University Press, 2010), pp. 440-53, e o de Christopher Tuplin, "Xenophon's *Cyropaedia*: Education and Fiction", em Alan H. Sommerstein e Catherine Atherton (Orgs.), *Education in Greek Fiction* (Bari: Levante, 1997), pp. 65-162. Um levantamento de fontes é feito também por Deborah L. Gera, *Xenophon's Cyropaedia. Style, Genre, and Literary Technique* (Nova York: Oxford University Press, 1993).

9. Conferir Melina Tamiolaki, "Xenophon's *Cyropaedia*: Tentative Answers to an Enigma", em Michael Flower (Org.), *The Cambridge Companion to Xenophon* (Cambridge/Nova York: Cambridge University Press, 2017), pp. 174-94. Ela aponta que há, na *Ciropédia*, imitação do método historiográfico e a presença de elementos característicos da historiografia, tais como a descrição de batalhas e o relato dos números dos dois exércitos, as medidas tomadas em busca de aliados, os discursos e exortações que antecedem as batalhas, a descrição da motivação dos personagens e a caracterização de indivíduos precedendo seus discursos.

10. Philip Stadter, "The Ficcional Narrative in the Cyropaedia", *American Journal of Philology*, 112, 1991, pp. 461-91, e Jean Luccioni, *Les idées politiques et sociales de Xénophon* (Paris: Ophrys, 1947).

11. Para a relação entre a *Ciropédia* e o romance grego, conferir Michael Reichel, "Xenophon's Cyropaedia and the Hellenistic Novel", em Heinz Hofmann (Org.), *Groningen Colloquia on the Novel*, v. VI, 1995, pp. 1-20.

12. Das obras de Leo Strauss sobre Xenofonte, destacam-se "The Spirit of Sparta or the Taste of Xenophon" (*Social Research* 6, 1939, pp. 502-36) e *Xenophon's Socrates* (Nova York: Cornell University Press, 1972). William E. Higgins também foi importante propagador da leitura irônica de Xenofonte. Conferir *Xenophon the Athenian: The Problem of the Individual and the Society of the Polis* (Albany: New York State University, 1977).

13. Ideia que divulgou em artigo de 1941 intitulado "Persecution and the Art of Writing", *Social Research* 8, 1941, pp. 488-504.

14. Christopher Nadon, *Xenophon's Prince: Republic and Empire in the Cyropaedia* (Berkeley: University of California Press, 2001), p. 2.

15. Conferir Pierre Carlier, "The Idea of Imperial Monarchy in Xenophon's Cyropaedia" em Vivienne Gray, *Oxford Readings in Xenophon* (Oxford/ Nova York: Oxford University Press, 2010), p. 332.

16. Conferir Christopher Nadon, op. cit., pp. 161-80.

17. Conferir David Johnson, "Strauss on Xenophon", em Fiona Hobden e Christopher Tuplin (Ed.), *Xenophon: Ethical Principles and History Enquiry* (Leiden/Boston: Brill, 2012), pp. 123-60.

18. Conferir *Xenophon's Mirror of Princes* (Oxford/Nova York: Oxford University Press, 2010), pp. 1-2.

19. Op. cit., p. 296.

20. Conferir *Xenophon's Imperial Fiction*. Nova Jersey: Princeton, 1989, p. 68.

21. Gray (2010) baseia-se em duas passagens da *Anábase* (I.9.13 e V.8.18-26) para defender esse ponto de vista.

22. Norman Sandridge, *Loving Humanity, Learning, and Being Honored: The Foundations of Leadership in Xenophon's The Education of Cyrus* (Washington, DC: Center for Hellenic Studies, 2012) e Gabriel Danzig, "The Best of the Achaemenids: Benevolence, Self-interest and the 'Ironic' Reading of Cyropaedia", em Fiona Hobden e Christopher Tuplin (Eds.), *Xenophon: Ethical Principles and Historical Enquiry* (Leiden: Brill, 2012), pp. 499-539.

23. *Cyropaedia*, v. II, traduzida para o inglês por Walter Miller (The Loeb Classical Library, Cambridge, 1914).

24. Graças ao estudo de Gustavus Eichler, *De Cyrupaediae capite extremo* (Leipzig: Grimmae, 1880).

25. Ateneu, XI, 504f-505a; Aulo Gélio, XIV.3.4; e Diógenes Laércio, III.34.

26. Louis-André Dorion argumenta contra essa visão ("La responsabilité de Cyrus dans le Déclin de l'Empire perse selon Platon et Xénophon", *Revue Française d'Histoire des Idées Politiques*, n. 2, 2002, pp. 369-86).

27. Essa é a tese geral do livro de Deborah L. Gera (op. cit.).

28. "The Straussian Exegesis of Xenophon: The Paradigmatic Case of Memorabilia IV 4", em Vivienne Gray, *Oxford Readings in Xenophon* (Nova York: Oxford University Press, 2010), pp. 284-323.

29. *Rethinking the Other in Antiquity*. Princeton/Oxford: Princeton University Press, 2011, pp. 60-5.

30. Sobre a relação entre o texto de Xenofonte e a organização política que se desenvolve posteriormente às conquistas de Alexandre, conferir J. Joel Farber ("The *Cyropaedia* and Hellenistic Kingship", *The American Journal of Philology*, 100, 1979, pp. 497-514) e Vincent Azoulay ("Isocrate, Xénophon ou le politique transfiguré", *Revue des études anciennes*, 108 (1), 2006, pp.133-53).

31. Conferir Vivienne Gray (2010).

32. Christopher Nadon (op. cit.).

33. Ana Vegas Sansalvador em introdução de sua tradução da *Ciropédia* para o espanhol na coleção Gredos. *Ciropedia*. Madri: Editorial Gredos, 1987.

Leituras adicionais

AZOULAY, Vincent. *Xénophon et les grâces du pouvoir: De la charis au charisme*. Paris: Publications de la Sorbonne, 2004.

CERDAS, Emerson. *A história segundo Xenofonte: Historiografia e usos do passado*. São Paulo: Editora Unesp, 2017.

DUE, Bodil. *The Cyropaedia: Xenophon's aims and methods*. Aarhus: Aarhus University Press, 1989.

GERA, Deborah L. *Xenophon's Cyropaedia: Style, Genre, and Literary Technique*. Nova York: Oxford University Press, 1993.

GRAY, Vivienne (Org.). *Xenophon. Oxford Readings in Classical Studies*. Nova York: Oxford University Press, 2010.

_____. *Xenophon's Mirror of Princes: Reading the Reflections*. Oxford/Nova York: Oxford University Press, 2011.

HIGGINS, William E. *Xenophon the Athenian: The Problem of the Individual and the Society of the Polis*. Nova York: State University of New York Press, 1977.

HOBDEN, Fiona; TUPLIN, Christopher (Orgs.). *Xenophon: Ethical Principles and History Enquiry*. Leiden/Boston: Brill, 2012.

LEE, John. "Xenophon and his Times". Em: FLOWER, Michael (Org.). *The Cambridge Companion to Xenophon*. Cambridge/Nova York: Cambridge University Press, 2017, pp. 15-35.

NADON, Christopher. *Xenophon's Prince: Republic and Empire in the Cyropaedia*. Berkeley: University of California Press, 2001.

STRAUSS, Leo. "The spirit of Sparta: or, a taste of Xenophon", *Social Research* 6, 1939, pp. 502-36.

_____. *Xenophon's Socrates*. Ithaca/Londres: Cornell University Press, 1972.

TAMIOLAKI, M. "Xenophon's *Cyropaedia*: Tentative Answers to an Enigma". Em: FLOWER, Michael (Org.). *The Cambridge Companion to Xenophon*. Cambridge/Nova York: Cambridge University Press, 2017, pp. 174-94.

TATUM, James. *Xenophon's Imperial Fiction: On the Education of Cyrus*. Nova Jersey: Princeton, 1989.

TUPLIN, Christopher (Org.). *Xenophon and His World*. Munique: Franz Steiner, 2004.

A marca FSC® é a garantia de que a madeira utilizada na fabricação do papel deste livro provém de florestas gerenciadas de maneira ambientalmente correta, socialmente justa e economicamente viável e de outras fontes de origem controlada.

Copyright da tradução © 2021 Editora Fósforo

Todos os direitos reservados. Nenhuma parte desta obra pode ser reproduzida, arquivada ou transmitida de nenhuma forma ou por nenhum meio sem a permissão expressa e por escrito da Editora Fósforo.

EDITORAS Rita Mattar, Fernanda Diamant e Juliana de A. Rodrigues
ASSISTENTE EDITORIAL Mariana Correia Santos
PREPARAÇÃO Camila Aline Zanon e Guilherme Tauil
REVISÃO Paula B. P. Mendes e Geuid Dib Jardim
PRODUÇÃO GRÁFICA Jairo da Rocha
CAPA Alles Blau
IMAGEM DA CAPA Purchase, Friends of Ancient Near Eastern Art and The Ishtar Society Gifts, 2019
PROJETO GRÁFICO DO MIOLO Alles Blau
EDITORAÇÃO ELETRÔNICA Página Viva

Dados Internacionais de Catalogação na Publicação (CIP)
(Câmara Brasileira do Livro, SP, Brasil)

Xenofonte
  Ciropédia / Xenofonte ; tradução de Lucia Sano. — São Paulo : Fósforo, 2021.

  Título original: Κύρου παιδεία
  ISBN: 978-65-89733-24-9

  1. Ciro, Rei da Pérsia, m. 529 a.C. 2. Literatura grega
  I. Título.

21-73644   CDD – 888

Índice para catálogo sistemático:
1. Literatura grega clássica   888

Cibele Maria Dias — Bibliotecária — CRB/8-9427

Editora Fósforo
Rua 24 de Maio, 270/276
10º andar, salas 1 e 2 — República
01041-001 — São Paulo, SP, Brasil
Tel: (11) 3224.2055
contato@fosforoeditora.com.br
www.fosforoeditora.com.br

Este livro foi composto em GT Alpina
e GT Flexa e impresso pela Ipsis
em papel Pólen da Suzano para a
Editora Fósforo em agosto de 2021.